MEDEDELINGEN EN VERHANDELINGEN
van het
VOORAZIATISCH-EGYPTISCH GENOOTSCHAP "EX ORIENTE LUX"

XXXI

"IK HADDE DE NIEUSGIERIGHEID"

De reizen door het Nabije Oosten van Cornelis de Bruijn (ca. 1652-1727)

"IK HADDE DE NIEUSGIERIGHEID"

De reizen door het Nabije Oosten van Cornelis de Bruijn (ca. 1652-1727)

Redactie:

Jan Willem Drijvers
Jan de Hond
Heleen Sancisi-Weerdenburg

Ex Oriente Lux, Leiden
Peeters, Leuven
1997

INHOUD

VOORWOORD

In 1989 werd in het kader van het Lustrum van de Groningse Universiteit een tentoonstelling ingericht van boeken geschreven door reizigers die de oude Perzische koningssteden Persepolis en Pasargadae hadden bezocht, bestudeerd, opgemeten en getekend. Vanaf de late zestiende eeuw was er grote belangstelling voor deze vermaarde ruïnes die in 330 voor Christus door Alexander de Grote waren verwoest. Het onderwerp van de beschrijvingen en tekeningen veranderde nauwelijks — hoogstens vielen er af en toe een paar trommels van de zuilen of werd door omwonenden of bezoekers een loszittend stuk steen meegenomen. Daardoor was goed te zien hoe variërend in kwaliteit de afbeeldingen en verslagen waren. De prenten van Cornelis de Bruijn waren aanmerkelijk beter dan die van zijn tijdgenoten. De Bruijns werk kreeg op de tentoonstelling een speciale plaats, niet alleen in Groningen, maar ook bij daarop volgende exposities rond hetzelfde thema, in de Universiteitsbibliotheek van Leiden en in The Hatcher Library te Ann Arbor (Michigan).

Tijdens de voorbereidingen werden we regelmatig geattendeerd op een tentoonstelling over het leven en werk van Cornelis de Bruijn die enige jaren eerder zou hebben plaats gevonden. Ondanks herhaalde nasporingen zijn we er nooit in geslaagd daar precieze gegevens over te vinden. Er zijn twee verklaringen voor dit raadsel mogelijk: ofwel de expositie is er geweest, maar heeft weinig sporen nagelaten. Of er bestond een verbreid gevoel dat Cornelis de Bruijn een tentoonstelling waard was. Waarschijnlijk hing het onderwerp Cornelis de Bruijn in de lucht.

In de jaren daarna bleek dat het geval te zijn. In Nijmegen en Utrecht werden doctoraal scripties over De Bruijn geschreven. In Amsterdam figureerde het werk van De Bruijn op de tentoonstelling *De wereld binnen handbereik*, hetgeen een van de medewerksters aan deze tentoonstelling ertoe bracht een scriptie over De Bruijn te schrijven. Min of meer bij toeval raakten al deze in De Bruijn geïnteresseerden op de hoogte van elkaars activiteiten. Dat leidde tot de eerste bijeenkomst van wat het De Bruijn Genootschap zou gaan heten. Een gezelschap dat naast de bijdragers aan deze bundel ook bestond uit Dymphéna Groffen, Igor Wladimiroff en Marion Peters. De geanimeerde bijeenkomsten leverden zoveel interessant materiaal op dat al spoedig besloten werd tot de produktie van een bundel. Het laatste woord over De Bruijn is daarmee nog niet gezegd. Deze bundel bevat, naast algemene artikelen over De Bruijn en zijn boeken, voornamelijk bijdragen over De Bruijns verrichtingen en wederwaardigheden in het Nabije Oosten en over de invloed die zijn werk op andere reizigers en wetenschapsbeoefenaren had.

Wellicht kan deze bundel toch het voorwerk zijn voor de tentoonstelling waarvan zo velen dachten dat hij er al geweest was, maar waarvan wij, redactie en auteurs van de bundel, nog steeds hopen dat hij er ooit zal komen. Misschien is 1998 een goede datum: driehonderd jaar na het verschijnen van het eerste reisboek van Cornelis de Bruijn?

Tenslotte dank aan de vakgroep Geschiedenis van de Universiteit Utrecht die een Cornelis de Bruijn symposium subsidieerde. Dank ook aan Prof. Dr. K. Veenhof en Prof. Dr. M. Stol die niet alleen bereid waren dit boek als deel van de serie "Mededelingen en Verhandelingen van Ex Oriente Lux" te laten verschijnen, maar bovendien vele nuttige opmerkingen en suggesties maakten.

JAN WILLEM DRIJVERS
JAN DE HOND
HELEEN SANCISI-WEERDENBURG

“DEN VERMAARDEN CORNELIS DE BRUYN”. EEN KORTE BIOGRAFIE

JAN DE HOND

De belangrijkste bronnen voor een biografie van Cornelis de Bruijn zijn zijn twee lijvige reisverslagen.[1] Over het deel van zijn leven dat hij in Nederland doorbracht zijn we veel minder uitvoerig geïnformeerd. Zo weten we uit zijn eerste reisboek dat hij een geboren Hagenaar was en in 1672 “omtrent 20 jaaren” (1698: 388) oud was, hetgeen betekent dat hij rond 1652 werd geboren (Van Gool 1750: 112-116). Een Cornelis de Bruijn is echter niet terug te vinden in de doopregisters uit die tijd. Wel vinden we in de doopregisters van de Evangelisch Lutherse kerk te Den Haag een Anna Maria de Bruijn vermeld.[2] Uit het testament dat Cornelis de Bruijn in 1701 liet opmaken blijkt dat hij minstens drie zussen had: Johanna de Bruijn, getrouwd met Israël Anderson, Cornelia de Bruijn, getrouwd met de kunstschilder Pieter Peuteman, en, inderdaad, Anna Maria de Bruijn, getrouwd met een Van Limmel.[3] Mocht deze Anna Maria uit 1651 inderdaad Cornelis’ zuster zijn — hetgeen mij niet onwaarschijnlijk lijkt — dan leren de doopregisters ons dat zijn vader Jan de Bruijn heette. De voornaam van de moeder wordt in de doopregisters niet vermeld.

Over De Bruijns jeugd in Den Haag weten we verder alleen dat hij in 1674 leerling van de kunstschilder Theodoor van der Schuer was.[4] De Bruijn voelde vanaf zijn prille jeugd “een onverzettelijke neiging om vreemde gewesten en landen te bezichtigen” (1698: 1). Naar eigen zeggen besloot hij bij Van der Schuer in de leer te gaan omdat hij vond dat niets nuttiger was voor een reiziger dan een grondige kennis van de teken- en schilderkunst (1698: 1). In 1674 kwam hij tot de conclusie dat hij het tekenen en schilderen voldoende meester was om een grote reis aan te vangen. De directe aanleiding voor die reis vormde het Heilig Jaar van 1675 in Rome.

---

1 Voor eerdere biografische schetsen van De Bruijns leven en reizen zie: Hotz 1911; Blankwaard 1944; Van Wijngaarden 1946; Voyage au Levant 1974; Wereld binnen handbereik 1992; De Hond 1994. Voor een chronologisch overzicht van De Bruijns reizen zie Appendix I.

2 Anna Maria de Bruijn werd op 7 juni 1651 in de Evangelisch Lutherse kerk te Den Haag gedoopt. Haar vader was Jan de Bruijn; G.A.D.H., Doopregisters, nr. 317, 192.

3 G.A.A. Notariële Archieven, nr. 6455, 495.

4 In de rekeningen van de Haagse schildersconfrerie staat: “Den 12 Mey 1674 heeft Cornelis de Bruijn, als dissipel van den Hooftman Th. van der Schuer betaalt 2-0-0” (Obreen 1877-1890: dl.5, 150).

1. Portret van Cornelis de Bruijn naar Godfrey Kneller in *Klein Asia* (1698).

De eerste reis

Op 1 oktober 1674 vertrok De Bruijn uit Den Haag. Hij reisde samen met een collega, de schilder Pieter van der Hulst.[5] Via onder andere Leipzig, Wenen, en Florence arriveerde hij op 22 december in Rome; juist op tijd om de plechtigheden rond de opening van het Heilig Jaar bij te wonen. Tijdens deze feesten ontmoette hij de schilder Robert du Val, die hem introduceerde bij de Bentvogels, een genootschap van Nederlandse en Vlaamse kunstenaars te Rome. De Bruijn werd in dit gezelschap opgenomen en ontving de bentnaam 'Adonis'. De passage in zijn reisverslag waar hij het inwijdingsritueel van de Bentvogels beschrijft vormt nog steeds de belangrijkste bron voor deze opvallende ceremonie. Tijdens zijn verblijf in Rome maakte hij onder andere een tocht naar Napels en omgeving om de oudheden aldaar te bewonderen. Na ruim anderhalf jaar vertrok hij in 1677 vanuit Rome naar Livorno, maar niet zonder eerst afscheid genomen te hebben van zijn bentbroeders, "met dewelken ik geduurende myn verblyf aldaar den meesten tyd in vrolykheid had doorgebracht" (1698: 15).

Hij had inmiddels besloten vanuit Livorno niet naar huis terug te keren, maar verder te trekken naar het Oosten. De talloze bezienswaardigheden in Rome en de andere Italiaanse steden hadden zijn reiskoorts pas goed aangewakkerd:

> "...zynde de begeerte, die ik had, om vreemde gewesten te bezoeken, door het bezichtigen van die Pauselijke Stad, en andere aanmerkelyke plaatsen, en zeldzaamheden, zodanig aangegroeid, dat ik my inbeeldde dezelve noit tydts, genoeg te zullen konnen doen." (1698: 16)

Op 10 juni 1878 verliet De Bruijn Livorno aan boord van één van de schepen van de Nederlandse handelsvloot en zette koers naar de Turkse kust. Onderweg werden enkele Griekse eilanden aangedaan en op 18 juli ging men bij Smyrna, het huidige Izmir, voor anker. Tijdens zijn verblijf te Izmir sloot De Bruijn zich aan bij een groot gezelschap van de Engelse consul om de ruïnes van Ephese te bezichtigen. Op 1 juli 1679 reisde hij over land naar Istanbul, waar hij zich een jaar ophield. Hij bezocht er de belangrijkste moskeeën maar moest tot zijn grote spijt constateren dat de Hagia Sofia niet langer voor westerlingen toegankelijk was:

> "De bouwkunde van de S. Sophia is aan de Turken zo behaaglijk, dat zy zedert in meest alle hunne andere mosqueën die kerk tot voorbeeld genomen hebben, doch hoe fraay'er ook onder dezelven mogen wezen, komen ze echter niet in vergelijking by dat uitstekend gebouw." (1698: 41)

---

[5] Vreemd genoeg noemt De Bruijn Pieter van der Hulst niet in zijn reisverslag. De kunstenaarsbiograaf Houbraken (1721: dl.2, 256) weet echter te melden dat De Bruijn en Van der Hulst samen reisden. Net als De Bruijn werd Van der Hulst ook lid van de Bentvogels en kreeg als bentnaam 'Zonnebloem'. Houbrakens informatie wordt indirect bevestigd door het feit dat Van der Hulst voordat hij in 1674 naar Rome vertrok een testament liet maken. Daarin werd bepaald dat bij zijn overlijden Theodoor van der Schuer de helft en De Bruijn een kwart van zijn omvangrijke schilderijencollectie zouden erven. De Bruijn kreeg bovendien nog de helft van het vruchtgebruik van zijn overige bezittingen, die aanzienlijk waren. De Bruijn en Van der Hulst waren in die tijd dus zeer goede vrienden. Vermoedelijk duurde die vriendschap niet erg lang want De Bruijn noemt Van der Hulst nergens in zijn reisverslag en in latere testamenten van Van der Hulst komt de naam van De Bruijn niet meer voor; Bredius 1915-1922: dl.4, 1379-1381.

Voor iemand die de Hagia Sofia alleen van buiten heeft kunnen bewonderen, toch niet bepaald haar mooiste kant, en voor een indruk van het interieur alleen heeft kunnen afgaan op beschrijvingen van eerdere reizigers, mag dit een opvallende conclusie heten. We moeten deze opmerking dan ook niet zozeer als een afgewogen esthetisch oordeel beschouwen, maar meer als een uiting van eurocentrisme. De Turkse moskeeën komen er overigens niet slecht af — de meeste zijn immers "altemaal treffelijke gebouwen" (1698: 42) — zeker als we De Bruijns oordeel over de paleizen en tuinen in ogenschouw nemen. Over het serail heet het: "...het gansche uiterlyke van dit Keizerlyk Paleis vertoont niets fraays nog reculiers" (1698: 44) en ook de tuinarchitectuur is veel te rommelig: "...niets anders als een verwarring van boomen, zonder eenige order hier en daar geplant" (1698: 64).[6]

De terugreis naar Izmir verliep per boot, zodat hij de mogelijkheid had om de plek te bezoeken waarvan men dacht dat er eens het oude Troje had gelegen. De tocht ging op 11 februari 1681 verder via Chios en Rhodos naar Egypte. Te Rhodos bracht De Bruijn enkele aangename uren door in het tolhuis met de lokale Turkse beambten. Dezen toonden grote bewondering voor De Bruijns reislust en waren zeer geïnteresseerd in zijn verhalen over vreemde steden en verre landen. Ze dronken samen koffie en rookten tabak.

> "Om kort te gaan, deze lieden beweezen my zo veel vriendschap, en scheenen zo veel belang in myne zaken te neemen, dat ik, tot beschaaming der Christenen, voor hen niet kon verbergen, dat het yts zeldzaams zou weezen, zo zy dezelve genegentheid, en eerbewyzingen, by ons kwaamen te vinden." (1698: 175-176)

Dit is overigens een van de weinige keren dat De Bruijn zich onder de lokale bevolking mengde, meestal beperkte hij zich in zijn sociale contacten tot andere Europeanen. We moeten ook niet vergeten dat hij Turks noch Arabisch sprak.[7]

Eind maart kwam De Bruijn in Damietta in Egypte aan. Aanvankelijk was hij van plan om Pasen in Jeruzalem door te brengen, maar toen bleek dat dat niet meer haalbaar zou zijn, besloot hij door te varen naar Caïro. Vanuit Caïro bezocht hij in gezelschap van de Venetiaanse consul de piramiden. De piramide van Cheops werd beklommen en van binnen bezocht. Er werd ook nog een bezoek aan de ruïnes van Alexandrië gebracht.

Op 21 juli 1681 arriveerde De Bruijn in de haven van Jaffa. Van hieruit reisde hij naar Ramla, waar hij op 17 oktober van de autoriteiten toestemming kreeg om door te trekken naar Jeruzalem. Hij bezocht onder begeleiding van een franciscaner pater de heilige plaatsen in en rond Jeruzalem en Bethlehem en keerde op 26 november via Ramla weer terug naar Jaffa. Daar nam hij dezelfde nacht nog een boot naar Tripoli. Vanuit Tripoli maakte hij een tocht naar de berg Libanon om de beroemde cederbomen te zien. Onderweg overnachtte hij in het klooster van de Patriarch van Antiochië. Het beviel De Bruijn in Tripoli zo goed dat hij besloot er de winter door te brengen. Drie maanden later zette hij zijn reis weer voort en zeilde naar Akko om van hieruit Nazareth, het Meer van Galilea en de berg Thabor te bezoeken. Eind april 1682 ging hij aan boord van een schip dat hem via Tyrus

[6] Voor De Bruijns oordeel over de Oosterse kunsten, zie ook De Hond 1994: 66-68.

[7] Zie De Hond 1994: 68-78 voor De Bruijns contacten met de lokale bevolking en zijn beeld van de Turken, Arabieren en Perzen. Het valt op dat De Bruijn veel positiever over de Turken is dan over de Arabieren en Perzen.

en Saïda weer naar Tripoli bracht. Op 4 mei verliet hij de stad samen met een gids met de bedoeling zich aan te sluiten bij de karavaan naar Aleppo, waar hij bijna een jaar zou verblijven. Hij had zich voorgenomen om de recent ontdekte ruïnes van Palmyra te bezoeken, maar dit bleek onmogelijk, aangezien Arabische rovers het gebied onveilig maakten. Op 10 april ging hij te Iskenderun, een havenstad drie dagreizen verwijderd van Aleppo, aan boord van een schip dat hem naar Cyprus moest brengen. Hij trok een maand uit om het eiland te bezichtigen en voer toen verder naar Antalya aan de zuidkust van Turkije. Daar nam hij de voor Europeanen hoogst ongebruikelijke landroute naar Izmir. Tot zijn grote verbazing vernam hij te Izmir dat men hem daar al die jaren had aangezien voor een zekere Kornelis de Bruin die in 1672, samen met drie anderen, had getracht raadpensionaris Johan de Witt te vermoorden. Ook consul Van Dam te Izmir en ambassadeur J. Colyer te Istanbul hadden hier nooit aan getwijfeld. Toen De Bruijn na het vernemen van dit misverstand onmiddellijk naar Van Dam ging om deze geruchten uit de wereld te helpen, bleek dat de consul moeilijk te overtuigen was. Uiteindelijk liet De Bruijn uit de Nederlanden een getuigschrift opsturen om de twijfelaars voorgoed de mond te snoeren. Dit getuigschrift nam hij ook op in zijn reisverslag.[8]

De Bruijn verliet het Ottomaanse grondgebied op 25 oktober 1684. Hij had zo'n zes jaar door de Levant gezworven, was reeds tien jaar van huis, maar nog was zijn reis niet ten einde. Toen hij op 10 november 1684 aankwam in Venetië, besloot hij niet meteen door te reizen naar de Nederlanden. Hij wilde in Venetië blijven om zich verder te bekwamen in de schilderkunst. Hiertoe ging hij in de leer bij de Duitse schilder Carlo Loth. Uiteindelijk keerde hij pas acht jaar later terug naar zijn geboortestad. Op 19 maart 1693 arriveerde De Bruijn in Den Haag. Hij was negentien jaar weg geweest.

Eenmaal terug in Den Haag schreef hij zich in bij de Haagse schildersconfrerie *Pictura*. Hij werd tevens lid van de *accademie van de Teyken-Const*, waar de Haagse schilders, naar voorbeeld van hun Italiaanse collega's, zich konden bekwamen in de studie van het naakt.[9]

De Bruijn begon al snel met de voorbereidingen voor de druk van zijn reisverslag, *Reizen door de vermaardste deelen van Klein Asia*, want nog voor 1696 liet hij een prospectus verschijnen, waarin hij de uitgave van zijn eerste reisboek aankondigde, dat uiteindelijk pas in 1698 zou verschijnen.[10]

In de laatste maanden van 1700 of wellicht de eerste van 1701 maakte De Bruijn nog een reis naar Engeland. Op 31 oktober 1700 werd hem voor deze reis door de Haagse resident van de Engelse koning een paspoort verstrekt.[11]

---

[8] Het getuigschrift toont aan dat De Bruijn niet de moordenaar van De Witt geweest kan zijn, maar eerdere auteurs hebben al terecht opgemerkt dat De Bruijn opvallend vaag blijft over zijn afkomst. Het geven van zijn stamboom had elke twijfel over deze persoonsverwisseling weg kunnen nemen. Had onze Cornelis de Bruijn wellicht toch iets te verbergen en was hij misschien familie van de moordenaar? Zie voor deze discussie De Hond 1992: 9-10.

[9] Obreen 1877-1890: dl.4, 96, 110, 166, 167, 171, 172, 173 en dl.5, 138.

[10] De intekening begon in januari 1696 en beloofd werd dat het boek een jaar later gereed zou zijn. Uit een notitie van een boekverkoper achterop een overgebleven prospectus, blijkt echter dat De Bruijn de boeken pas in november 1698 kon afleveren (De Wilt 1955-1957: 199-205).

[11] British Museum Londen, Manuscript Department, Brit. Mus. Additional MS 39.860, 87v. Dit paspoort zit in een band die de titel "Kings Letter, letter-book of W. Blathwayt 1695-1701" draagt.

De tweede reis

In het voorwoord van zijn eerste reisbeschrijving kondigde De Bruijn al aan een tweede grote reis te willen maken. Hij was zich kennelijk terdege bewust van het gevaar van zo'n reis, want op 30 juli 1701 liet hij zijn testament opmaken ten huize van zijn vriend David van Mollem, eigenaar van de zijdefabriek *Zydebalen* nabij Utrecht.[12] In dit testament staat vermeld dat hij op dat moment woonachtig was te Amsterdam. De Bruijn zelf echter schreef dat hij nog geen maand later uit Den Haag vertrok om via Amsterdam naar Texel te reizen, waar hij op 1 augustus 1701 scheep ging naar Archangelsk. Vanuit Archangelsk bezocht hij meerdere malen de Samojeten. In zijn reisboek vinden we een uitgebreide beschrijving van de zeden en gewoonten van dit nomadische volk dat de noordelijke toendra's van Rusland bewoonde. De Bruijn maakte ook verschillende schetsen van hen. Om een nauwkeurige afbeelding van een span rendieren voor een slee te maken moest hij zich veel moeite getroosten:

> "Dewyl ik myn kamer beneden op den gront hadt, deed ik den geschilderden met zyne rendieren en slede binnen ryden, en tekende voorts alles af, om te vertoonen, op welke eene wyze de beesten daer voor gespannen en gement worden." (1711: 9)

Dit was hem echter nog niet genoeg:

> "Maer om dit gespan en het loopen der dieren beter te begrypen, deed ik de Samojeden 2 sleden inspannen, en voor elke sleede 2 dieren zetten. Dus reed ik met hun de rivier over en weder over, daer ik toen met voordacht uitstapte om alles naeukeurig aen te merken. Toen maekte ik ook een kleine schets hier af, en bevont, dat het geen in myn kamer gemaekt was, door de Samojeden niet naer behooren was gestelt." (1711: 9)

2. Samojeet in slee door rendieren getrokken (1711: Pl. 19).

---

[12] G.A.A., Notariële Archieven, nr. 6455, 495. Zie ook Van der Veen 1992: 55. Voor meer informatie over David van Mollem zie pp. 68-69.

Deze passage geeft goed aan hoezeer De Bruijn hechtte aan de waarheidsgetrouwheid van zijn tekeningen.

Op 21 december voegde hij zich te Archangelsk bij een konvooi van enkele kooplieden die per slede naar Moskou trokken. Hij verbleef van 24 februari 1702 tot 2 april 1703 in de Russische hoofdstad. Hij logeerde in de Duitse Slabode, de wijk buiten Moskou waar de buitenlanders verbleven, en ontmoette er enkele malen Peter de Grote, die regelmatig een bezoek bracht aan deze wijk. Eenmaal ontmoette De Bruijn de tsaar ten huize van diens persoonlijke vriend, staatsman en vooraanstaand militair, Alexander Mensjikov, waar Peter bezig was een zojuist gearriveerde brandspuit uit de Nederlanden te beproeven. De tsaar liep op hem af en sprak; "Gij hebt veel in de Werrelt gezien. Maar of gy oit hebt gezien, dat ik u vertoonen zal, weet ik niet" (1711: 28). Vervolgens liet Peter hem een Rus zien wiens darmen, tengevolge van een messteek, gedeeltelijk buiten zijn lichaam hingen en wiens ontlasting nu uit die wond boven zijn navel naar buiten kwam. De Bruijn schrok aanvankelijk, maar liet zich niet afbluffen:

> "Ik betuigde den Vorst mijne verwondering, en dat ik iets dergelyks wel noit gezien had, maer eenen man kende, die alle de spyze, als die verteert was, weder door den mont loozen most." (1711: 29)

Nadat Peter vertrokken was vroeg Mensjikov namens hem of De Bruijn de drie nichtjes van de tsaar wilde portretteren. De Bruijn gaf gevolg aan dit verzoek. Het is helaas niet bekend of deze schilderijen nog bestaan. De Bruijn maakte ook deel uit van het gezelschap dat door Peter werd uitgenodigd om hem te vergezellen naar Voronezj [Veronis] om er de scheepswerven te bekijken waar de nieuwe oorlogsvloot van de tsaar werd gebouwd. 's Avonds dineerde De Bruijn aan de tafel van de tsaar en tot diep in de nacht werd er uitbundig gedronken en gedanst. Terug in Moskou werd De Bruijn ziek. Toen de tsaar hem in de Duitse Slabode opzocht en hem vroeg wat hij mankeerde, antwoordde De Bruijn dat hij zich al enkele dagen beroerd voelde en dat hij dat weet "aen het onmatigh drinken op de Veronische reize gepleegt" (1711: 66).

De reis ging verder en De Bruijn besloot in het gezelschap van de Armeense koopman Jacob Davidoff, die enkele maanden in Amsterdam had gewoond (Bekius 1989: 35-36), de Wolga af te zakken naar Astrakhan, een havenstad aan de Kaspische Zee. In Astrakhan ging hij aan boord van een schip dat zich aansloot bij een konvooi dat over de Kaspische Zee naar Perzië voer. De Bruijn zette op 21 juli 1703 te Nizovaya, een plaatsje in de buurt van Derbent, de eerste schreden op Perzische bodem. Vanuit deze kustplaats vertrok hij met een grote handelskaravaan naar Isfahan. Onderweg verliet hij de karavaan enkele malen om bezienswaardigheden langs de route te bezichtigen. Hoewel hij in het Ottomaanse Rijk en Rusland ook altijd op zijn hoede moest zijn voor mogelijke overvallers, klaagde De Bruijn in het bijzonder over de gevaren in Perzië. Vroeger waren de wegen veel veiliger geweest, maar in het begin van de achttiende eeuw liep de macht van de dynastie der Safawiden op haar eind. Het centrale gezag brokkelde af en de ooit goed bewaakte Perzische wegen vielen steeds vaker ten prooi aan rovende benden. Plaatselijke autoriteiten hadden moeite de orde te handhaven in de steden. In Shemakha [Samachi] kon De Bruijn als Europeaan niet langer veilig over straat gaan: "Om dit gevaer te mijden hielt ik my in huis, daer ik zelf naeulyx veiligh was, dewyl'er ettelyke malen met steenen tegen

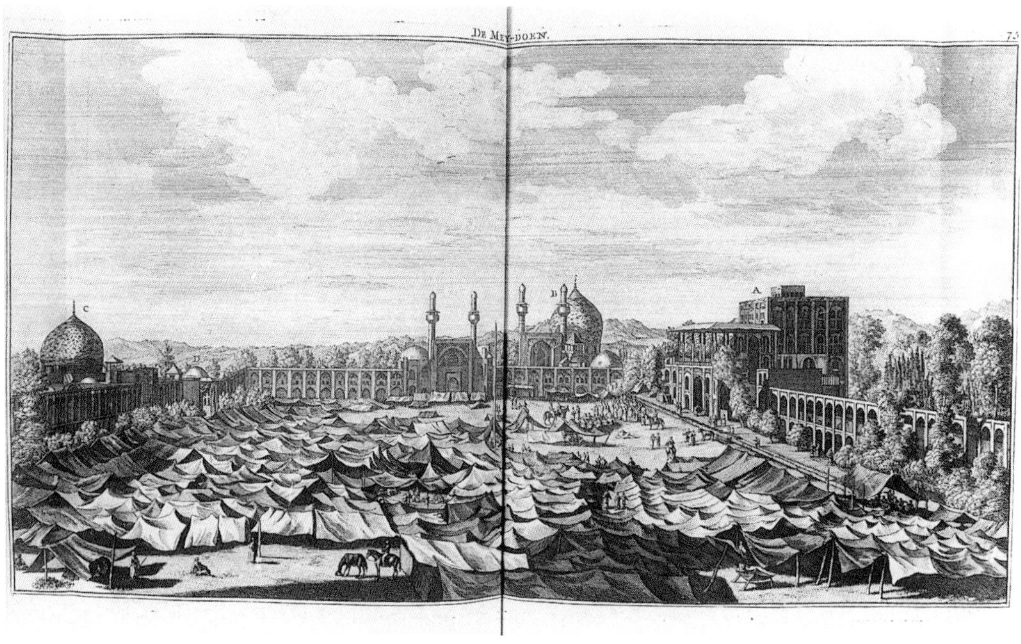

3. De Mey-doen te Isfahan (1711: Pl. 75).

gegooit wert" (1711: 434). Ook andere reizigers uit die tijd klagen over een opkomende vreemdelingenhaat. Dit lijkt overigens alleen op te gaan voor het begin van de achttiende eeuw want eerdere reizigers maken hier geen melding van (Schuster-Walser 1970: 54-55).

Op 15 november 1703 arriveerde hij eindelijk in Isfahan, de hoofdstad van het Perzische Rijk, "zijnde het voornaemste oogwit mijner reize" (1711: 133). Aldaar werd hij gastvrij ontvangen door François Kastelein, het hoofd van het plaatselijke VOC-kantoor, met wie hij goed bevriend zou raken. Vanuit Isfahan maakte De Bruijn van 26 oktober 1704 tot 7 april 1705 een tocht naar Persepolis. De Bruijn maakte deze reis samen met Adriaan de Backer, secondant van Kastelein. De Backer kon niet lang in Persepolis blijven omdat hij meteen verder moest naar Gamron, het huidige Bandar Abbas, om in opdracht van zijn baas Kastelein enkele zaken af te handelen voor de VOC. Hij had echter nog wel tijd om, net als De Bruijn, te Persepolis zijn naam in de Poort van Xerxes te krassen (ill. 4). De Bruijn bleef bijna drie maanden in Persepolis. Aanvankelijk lag het in zijn bedoeling om na Persepolis direct via Shiraz door te reizen naar de havenplaats Bandar Abbas. Toen hij te Shiraz arriveerde kreeg hij echter te horen dat zijn vriend Kastelein verlof had gekregen om over Batavia terug te keren naar het vaderland. Kastelein zou echter pas in augustus vanuit Isfahan naar Bandar Abbas reizen om daar scheep te gaan. Toen hij dit vernam besloot De Bruijn terug te keren naar Isfahan, waar hij op 7 april arriveerde, zodat hij later dat jaar samen met Kastelein verder zou kunnen reizen naar Batavia. Uiteindelijk ging het plan niet door. Toen De Bruijn en Kastelein in september te Bandar Abbas aankwamen, was bekend geworden dat Kastelein benoemd was tot hoofd van de VOC-factorij te

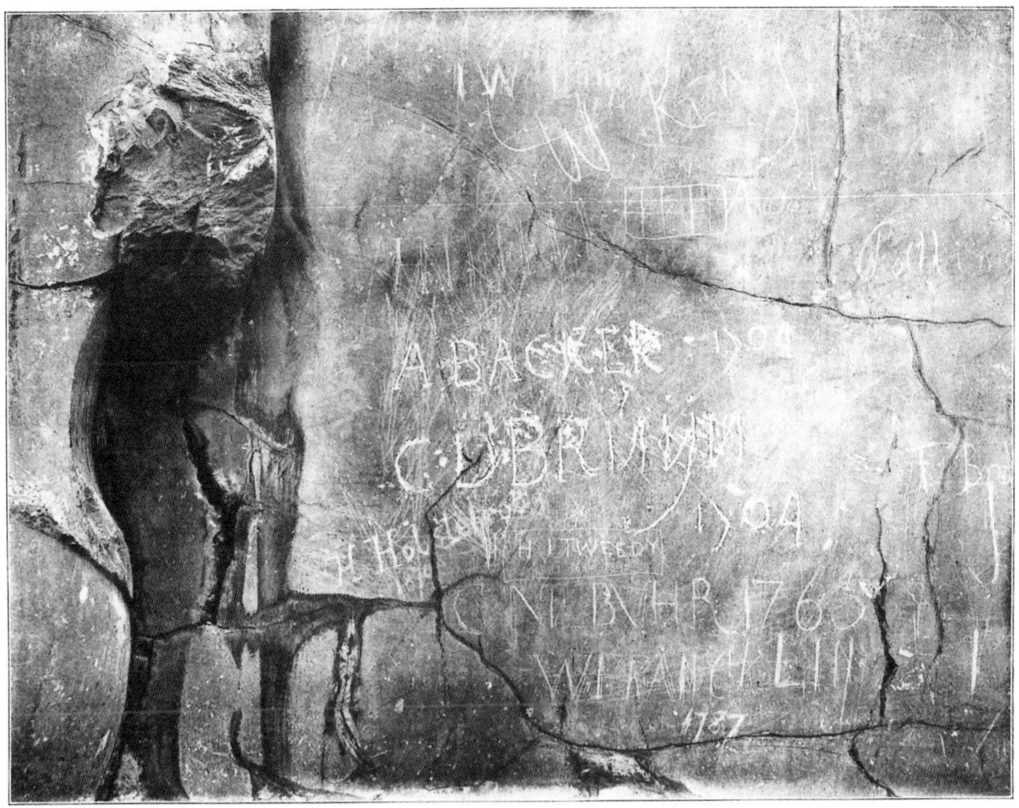

4. De Bruijns naam gebeiteld in de Poort van Xerxes te Persepolis.

Bandar Abbas en dus niet zou doorreizen naar Batavia. Op 25 oktober 1705 vertrok De Bruijn, alleen, met het schip *de Meydrecht* uit Perzië.

De Bruijn had in de tussentijd een ziekte opgelopen en hij hoopte dat de zeelucht hem hiervan zou genezen. Na een bootreis van vier maanden met een oponthoud van enkele weken in Sri Lanka, ging De Bruijn op 24 februari 1706 voor anker in de haven van Batavia. Hij kreeg een kamer aangeboden in het Waterkasteel. De bekende reiziger en auteur Valentijn vermeldt dat hij De Bruijn hier bezocht en zijn tekeningen van Persepolis bewonderde (Valentijn 1856-1858: dl.3, 524). De Bruijn was eigenlijk voornemens verder Indië in te trekken en enige oudheden te Koromandel, de westkust van India, te bezichtigen, maar omdat hij nog steeds niet hersteld was van zijn ziekte zag hij hier vanaf. Hij bracht nog wel een bezoek aan Bantam, waar hij zeer hoffelijk onthaald werd door de sultan. Eerder dan gepland zeilde hij aan boord van de *Prins Eugenius* op 25 augustus 1706 de haven van Batavia uit.

Het schip voer direct naar Bandar Abbas en vandaar koos De Bruijn dezelfde route als op de heenreis: via Isfahan (30 oktober 1706 - 1 maart 1707), Nizovaya (27 mei 1707), de Kaspische Zee en Astrakhan (4 juli 1707 - 20 augustus 1707) de Wolga op naar Saratov en verder over land naar Moskou, waar hij op 5 december 1707 aankwam. Op de terugreis bezocht hij regelmatig vrienden en ook te Moskou bracht hij verschillende bezoeken aan oude bekenden en maakte hij hernieuwd kennis met de tsaar.

Ondanks het feit dat het slagveld van de Noordse Oorlog inmiddels was verlegd naar de Poolse grens, besloot De Bruijn toch om via de landroute naar de Nederlanden terug te keren. Op 10 februari verliet hij Moskou. Hij reisde samen met vier Engelse kooplieden. Het gezelschap kwam al snel in aanraking met de verschrikkingen van de oorlog. Ze trokken door een troosteloos landschap, gebrandschat door het zich terugtrekkende Russische leger, en ze moesten voortdurend op hun hoede zijn voor plunderende troepen van beide kampen: Kalmukken, Kozakken, Walachen en Tartaren, die al enkele maanden geen soldij meer hadden gehad. De gidsen sloegen op de vlucht en bijna dreigde het avontuur verkeerd af te lopen toen een groep Russische Walachen hen ervan verdacht spionnen te zijn. Op dat moment kwam er echter een Engelse officier in Russische dienst voorbij die hun verhaal geloofde en de vrijgeleidebrieven aanvaardde, maar hen wel sterk afraadde nog verder te trekken. Het gezelschap besloot met hem mee terug te reizen. Toen men enkele dagen later van generaal Mensjikov, een oude bekende van De Bruijn, hetzelfde advies kreeg, werd definitief afgezien van een reis door Polen. Ruim twee maanden later was De Bruijn weer terug in de Moskou.

Op 23 maart 1708 verliet hij voor de tweede maal de Russische hoofdstad, maar nu met de bedoeling via Archangelsk terug te keren naar het vaderland. De Bruijn bereikte eind juni de havenstad aan de Noordelijke IJszee en vandaar voer hij met de *Hoogepriester Aäron* naar Amsterdam. Op 9 oktober 1708 werd afgemeerd aan het IJ en De Bruijn constateerde tot zijn grote vreugde dat de bagage, die hij eerder vanuit Batavia had verzonden, ongeschonden was aangekomen. Dankzij de zorgen van burgemeester Witsen lagen de spullen reeds een jaar veilig opgeslagen in het *Oostindisch huis*. Nadat De Bruijn enkele zaken in Amsterdam had geregeld, arriveerde hij op 24 oktober 1708 in Den Haag. De tweede reis van de inmiddels zesenvijftigjarige Cornelis de Bruijn had ruim zeven jaar in beslag genomen.

In Den Haag begon De Bruijn meteen te werken aan zijn tweede reisverhaal, *Reizen over Moskovie, door Persie en Indie*. Er moesten meer dan driehonderd tekeningen en schilderijen overgebracht worden op koperplaten om ze te kunnen afdrukken in het reisverslag. Hiervoor trok hij verschillende graveurs aan en vermoedelijk heeft hij ook zelf enkele prenten gestoken. In de prospectus stelde hij de verschijning van het tweede boek reeds voor de zomer van 1710 in het vooruitzicht.[13] Men kon weer op het boek intekenen. De uitgave liep echter vertraging op. Het boek werd pas in 1711 door de gebroeders Goeree te Amsterdam gedrukt.

Ook nu werden de geïnteresseerden uitgenodigd om de tekeningen, schilderijen en wonderbaarlijkheden die De Bruijn van zijn laatste reis had meegenomen, bij hem thuis te komen bewonderen. Van dit aanbod maakten onder andere Zacharias Conrad von Uffenbach, Nicolaes Witsen en Gisbert Cuper gebruik. Naar aanleiding van een bezoek aan zijn kabinet in 1709 ging Cuper met De Bruijn een briefwisseling aan over het mysterieuze

[13] K.B., Verz. Cuper, 72 G 12, 14-15

spijkerschrift dat De Bruijn in Persepolis had gekopiëerd. Enkele jaren later correspondeerden Cuper, De Bruijn en Witsen wederom, maar nu over de betrouwbaarheid van de prenten in De Bruijns reisverslag. Cuper had opvallende verschillen gevonden tussen deze prenten en de afbeeldingen in de contemporaine reisboeken van Jean Chardin en Engelbert Kaempfer. Deze correspondentie vormde voor De Bruijn de aanleiding om in 1714 een gedrukt verweer uit te geven, *Aenmerkingen over de printverbeeldingen van de overblijfzelen van het oude Persepolis*, waarin hij overtuigend aantoonde dat zijn afbeeldingen van Persepolis die van Chardin en Kaempfer in nauwkeurigheid verre overtroffen.[14]

De Bruijn liet in 1714 notarieel vastleggen dat Hendrik Wetstein, boekverkoper te Amsterdam zijn toestemming had om de restanten van de twee reisbeschrijvingen te veilen (zie bijdrage Hannema, p. 42).[15] In 1715 herriep hij zijn testament uit 1702 met het enigszins raadselachtige uitdrukkelijk verzoek niemand hiervan op de hoogte te stellen.[16] Zijn naam komt nog één keer terug in de boeken van de Haagse schildersconfrerie. Men vindt hem vernoemd onder de rekeningen van het jaar 1719-1720 (Obreen 1877-1890: dl.4, 96).

De Bruijn verhuisde na zijn terugkeer in 1708 regelmatig. Uit de archiefstukken blijkt dat hij al snel van Den Haag naar Amsterdam trok om daar de voorbereidingen te treffen voor de uitgave van zijn reisboek. In januari 1710 nodigde hij Cuper uit om zijn werk te komen bekijken te Amsterdam in zijn "logement ten huize van Juffr. Swaen in de Hartstraet".[17] Een goed jaar later was hij verhuisd en logeerde hij bij "mijn Heer Brouwer, Doctor op de Prinsegragt, regt over het Aelmoeseniers Huys".[18] In november 1712 schreef Witsen aan Cuper dat De Bruijn niet bereikbaar was, omdat hij zich in Haarlem bevond.[19] In december was hij weer terug in Amsterdam, maar onder zijn brief aan Cuper van 26 januari 1713 stond "Buyten Haerlem op de plaats van Heer Henrico Lub".[20] Aangezien De Bruijn in 1719-1720 voorkomt in de rekeningen van de Haagse schildersconfrerie, mag men aannemen dat hij ook later nog regelmatig vertoefde in zijn geboortestad. Jacob Campo Weyerman, een overigens lang niet altijd even betrouwbare bron, weet te melden dat De Bruijn uiteindelijk te Vianen belandde, een beruchte vrijplaats voor criminelen en schuldenaars, waar hij een weinig benijdenswaardig bestaan leidde (Hannema 1994: 38).

> "Den vermaarden Kornelis de Bruyn vertrok zich aldaar in een klein Huisje, het voorspook van een aanstaande noch een meer bepaalde Doodkist, alwaar hy eenigen tyd den

---

[14] Voor de discussie tussen De Bruijn, Cuper en Witsen over de nauwkeurigheid van De Bruijns prenten van Persepolis zie Drijvers 1989.

[15] G.A.A., Notariële Archieven, nr. 8292, 29. Deze tekst staat gedeeltelijk afgedrukt in Kleerkooper/Van Stockum 1914-1916: 927.

[16] G.A.A., Notariële Archieven, nr. 6455, 495. In de marge van dit testament uit 1701 staat dat De Bruijn op 22 november 1715 het testament herriep, "niet willende dat daarvan eenige oordere oft schriften sullen gegeeven worden".

[17] De Bruijn aan Cuper, 2 januari 1710, K.B., Verz. Cuper, 72 G 19, 26. Deze brief staat afgedrukt in Hotz 1911: 12-13.

[18] De Bruijn aan Cuper, 6 januari 1711, K.B., Verz. Cuper, 72 G 19, 26. De transcriptie van deze brief staat in Hotz 1911: 13, maar de opmerking van De Bruijn op de achterkant staat niet afgedrukt. Deze luidt: "Mijn logement tot U. Ed. dienst is jegenwoordig bij mijn Heer Brouwer, Doctor op de Prinsengragt, regt over het aelmoeseniers Huys".

[19] Witsen aan Cuper, 12 november 1712, in: Gebhard 1881-1882: dl.2, 347-349.

[20] De Bruijn aan Cuper, 26 januari 1713, U.B.A., Be 68 b. Afgedrukt in Hotz 1911: 39.

> taaien Pekdraat zyns levens heeft uitgerekt, met minder verquikking als wel hooge Jaaren komen te vereisschen. Zeker Heer, noch levende, en woonachtig te Utrecht, genoopt door een Kristelyk medely, verzorgde dien vermoeiden en geheelyk afgesloofden Reiziger van alle levensnoodwendigheden. Maar het is boven het vermoogen van de Liefdadigheid, om den Mensch een innigen Troost by te zetten, welken zegen alleen van den hemel koomt." (Weyerman 1729-1769: dl.4, 64)

Dat De Bruijn geen prettige oude dag heeft genoten kan ook opgemaakt worden uit de kunstenaarsbiografie van Johan van Gool die schrijft dat deze "in 't lest van zyn leven zo wonderzinnig en eigenwys [was], dat zyn gezelschap voor luiden van verstant onaengenaem wiert" (Van Gool 1750-1751: dl.1, 116; Hotz 1911: 20). Overigens werd dit weer door Gerard Hoet in zijn *Aanmerkingen op het eerste en tweede deel des Nieuwen Schouburgs...door J. van Gool* ten stelligste ontkend: "Licht geloof ik voor zulke verstandige, die by hem in wetenschap verre te kort schooten en daar over jaloers waren; want menigmalen, noch jong zijnde, heb ik De Bruyn aan mijn vaders huis gezien, maar nooit iets diergelyks hem hooren nageven" (naar Hotz 1911: 20).

Hoe het ook zij, de "zeker heer, noch levende, en woonachtig te Utrecht" die bij Weyerman genoemd wordt en zich de laatste jaren over De Bruijn ontfermde, kan niemand anders zijn dan zijn oude vriend David van Mollem, eigenaar van een zijdefabriek en bijbehorend landgoed, *Zydebaelen,* iets buiten Utrecht aan de Vecht. Op dit buiten stierf De Bruijn in 1726 of 1727.[21]

[21] Van Gool 1750-1751: dl.1, 116 weet te melden dat De Bruijn te Utrecht bij David van Mollem stierf, maar kent zijn sterfjaar niet. Kramm 1857-1864: dl.1, 23 vermeldt dat hij in 1726 of 1727 stierf. Hij beroept zich voor deze informatie op brieven van Pieter Terwesten, die twee delen notulen schreef bij gelegenheid van het feest ter herinnering aan het 200-jarig bestaan van de Haagse schildersconfrerie 'Pictura' in 1882 (Obreen 1877-1890: dl.5, 129).

“GROOT GELT GESPILT”. DE BOEKUITGAVEN VAN DE BRUIJN

KIKI HANNEMA

Cornelis de Bruijn heeft drie boeken gepubliceerd. Zij zijn alle vertaald, waarbij in enkele gevallen een editeur ingreep in de tekst van De Bruijn. In dit artikel zullen de publicaties van De Bruijn en de verschillende vertalingen en bewerkingen ervan worden besproken.

I. DE BRUIJNS BOEKEN

Reizen Klein Asia

Toen De Bruijn in maart 1693 van zijn eerste reis was teruggekeerd in Den Haag had wellicht het idee al postgevat dat hij van zijn reisavonturen een fraai geïllustreerd reisverslag kon samenstellen. In 1698 had hij het idee uitgewerkt in een boek van kloek formaat: *Reizen van Cornelis de Bruyn, door de vermaardste Deelen van Klein Asia etc.* Het boek werd door Hen(d)rik van Krooneveld in Delft gedrukt.[1]

Klein Asia is door De Bruijn in eigen beheer uitgebracht. Geïnteresseerden konden zich voor het boek inschrijven. Het uitgeven van een dergelijk kostbaar boek was een risicovolle onderneming. Roofdrukkers lagen op de loer bij succesvolle uitgaven en daarom was het zaak dat De Bruijn zijn *Klein Asia* zo goed mogelijk beschermde tegen nadruk zonder zijn toestemming. Hij vroeg daarom voor het verschijnen van zijn werk een privilege of octrooi aan bij de raadpensionaris van Holland. Het privilege werd hem verleend op 15 juli 1698. Het verstrekken van een privilege aan een auteur is te beschouwen als auteursrecht. Auteursprivileges werden overigens zelden verstrekt. Bij voorkeur ging een privilege naar boekverkopers, maar ook aan hen werden niet veel privileges toegekend en alleen dan indien het bestuur van het Lucasgilde ermee kon instemmen.[2] In het geval van een auteursprivilege was het Lucasgilde zeer terughoudend met het verstrekken van het gewenste privilege. De Bruijn drukt het hem verleende privilege op de versozijde van het titelblad

[1] Voortaan verkort tot *Klein Asia*. Er bestaan exemplaren van dit werk met een afwijkend titelblad. Hierop komt de mededeling voor dat het is gedrukt door “H. van Krooneveld. Voor rekening van den auteur”; in dat geval ontbreekt de plaats van uitgave. Het Amsterdams Historisch Museum bezit een dergelijk exemplaar in de Collectie-Van Eeghen. Door analytisch bibliografisch onderzoek zou men kunnen vaststellen of de exemplaren verschillen, of dat alleen de titelpagina’s verschillen, m.a.w. of er sprake is van een, of van twee afzonderlijke drukken. Volgens een zekere J.L.A.I. in de *Navorscher* 8 (1858) 169-170 bevatten de exemplaren met de mededeling “H. van Krooneveld. Voor rekening van den auteur” de eerste afdrukken (de eerste staat) van de platen.

[2] Van het Lucasgilde waren boekverkopers, boek- en plaatdrukkers, binders en uitgevers lid.

Privilegie.

DE Staaten van Holland ende West-Vriesland. Doen te weeten. Alzo ons vertoond is by CORNELIS de BRUYN Schilder Gebooren en Woonachtig alhier in den Hage, dat hy Suppliant bezig was met over groote en zeer zwaare kosten in Folio te Drukken, zyne *Negentien Jaarige Reizen, gedaan door de Vermaardste Deelen van Europa, ende Kleyn Azia, over 't Eyland Rhodus, na Ægypten, Syrien, Palestina, ende Cyprus, &c. geyndigd in den Jaare 1693. Verçierd met ruym twee Honderd kopere Konst-platen.* Ende bedugt zynde, dat ligtelyk eenige nydige en baatzoekende Menschen door wangunst, ofte anderzints tot zyn Suppliants groote schaade en nadeel 't voorsz Boek in onzen Lande wel mogten willen nadrukken, ofte elders buyten 's Lands gedrukt zynde, in onzen Lande invoeren, verkoopen ofte verruylen, waar door den Suppliant in de vreedzame bezittinge van dit zyn voorsz Boek 't eenemaal verydeld zoude worden. Zo keerde hy Suppliant zich tot ons, oodmoediglyk biddende, dat wy hem Suppliant geliefden te begunstigen met een speciaal Octroy, ofte Privilegie voor den tyd van vyftien eerst komende Jaren, waar by aan hem Suppliant voor zich zelve, zyne erven, ofte Actie verkrygende geconsenteert ende geoctrojeert wierde, omme alleenlyk, met seclusie van alle anderen, 't boven-gemelde Boek, in zodanigen formaat ende Taalen als hy Suppliant goed vinde zoude, te mogen Drukken, doen Drukken, ende Verkoopen, met verbod dat niemand, wie 't ook zoude mogen zyn, 't zelve Boek, geduurende den zelven tyd, in 't geheel ofte ten deelen op eenigerhande manieren, ofte in eenige Taalen, ofte ook de voorsz Kopere Konst-platen apart zoude mogen nadrukken, verhandelen ofte verkoopen, ofte elders nagedrukt zynde, in onzen Lande in te voeren, te verkoopen, te verruylen ofte anders te beneficeren op zeekere groote pœne by de overtreeders te verbeuren; ZO IST. Dat wy de zake en 't verzoek voorsz overgemerkt hebbende, ende genegen wezende ter beede van den Suppliant, uit onze rechte wetenschap, Souveraine magt ende Authoriteit, den zelven Suppliant geconsenteert, geaccordeerd ende geoctrojeerd hebben, consenteren, accorderen, ende octrojeren mits dezen, dat hy geduurende den tyd van vyftien eerst achter een volgende Jaren het voorsz Boek, genaamd de *Negentien Jaarige Reizen, gedaan door de Vermaardste Deelen van Europa en Kleyn Azia, over 't Eyland Rhodus na Ægypten, Syrien, Palestina, ende Cyprus, &c. geeyndigd in den Jare 1693. Verçierd met ruym twee Honderd kopere Konst-platen, in Folio,* binnen den voorsz onzen Lande alleen zal mogen Drukken, doen Drukken, uitgeven ende Verkoopen, verbiedende daarom allen, ende een ygelyken het zelve Boek in 't geheel ofte deel na te Drukken, ofte elders nagedrukt binnen den zelven onzen Lande te brengen, uit te geven, ofte te verkoopen, op verbeurte van alle de nagedrukte, ingebragte, ofte verkogte exemplaren, ende een boete van drie honderd guldens daar en boven te verbeuren, te appliceren een derde part voor den Officier, die de calange doen zal, een derde part voor den Armen der Plaatze, daar het casus voorvallen zal, ende het resterende derde part voor den Suppliant: alles in dien verstande, dat wy, den Suppliant met dezen onzen Octroje alleen willende gratificeren tot verhoedinge van zyne schade door het nadrukken van het voorsz Boek, daar door in genigen deele verstaan den Inhoude van dien te authoriseren, ofte te advoeren, ende veel min het zelve onder onze protextie ende beschverminge eenig meerder credit, aanzien ofte reputatie te geven, nemaar den Suppliant in cas daar inne yts onbehoorlyks zoude influeren, alles het zelve tot zynen laste zal gehouden wezen te verantwoorden, tot dien eynde wel expresselyk begeerende, dat by aldien hy dezen onzen Octroje voor het zelve Boek zal willen stellen, daar van geen geabreviëerde ofte gecontraheerde mentie zal mogen maken, nemaar gehouden zal wezen het zelve Octroy in 't geheel ende zonder eenige omissie daar voor te Drukken, ofte te doen Drukken, ende dat hy gehouden zal zyn een exemplaar van het voorsz Boek gebonden ende wel geconditioneert te brengen in de Bibliotheeck van onze Universiteit tot Leyden, ende daar van behoorlyk te doen blyken, alles op pœne van het effect van dien te verliezen; ende ten eynde den Suppliant deze onzen consente ende Octroje mogen genieten als na behooren, lasten wy allen ende een ygelyken, die 't aangaan mag, dat hy den Suppliant van den Inhoude van dezen doen, laten, ende gedoogen, rustelyk, vreedelyk, ende volkomentlyk genieten ende gebruyken, cesserende alle belet ter contrarie. Gedaan in den Hage, onder onzen grooten Zegel, hier aangehangen op den vyftienden July, in 't Jaar ons Heeren en Zaligmakers, duyzent ses honderd acht-en-tnegentig.

A. HEINSIUS.

Ter Ordonnantie van de
Staten

SIMON VAN BEAUMONT.

5. Privilege aan De Bruijn verleend voor het uitgeven van *Klein Asia*.

REIZEN

Van

CORNELIS de BRUYN,

Door de vermaardste Deelen van

KLEIN ASIA,

De Eylanden

SCIO, RHODUS, CYPRUS,

METELINO, STANCHIO, &c.

Mitsgaders de voornaamste Steden van

ÆGYPTEN, SYRIEN

En

PALESTINA,

Verrijkt met meer als 200. kopere Konst-plaaten, vertoonende de beroemdste Land-schappen, Steden, &c. Alles door den Autheur selfs na het le-ven afgetekend.

Tot DELFT,

Gedrukt by HENRIK van KROONEVELD. CIƆ IƆ C XCVIII.

MET PRIVILEGIE.

6. Titelpagina *Klein Asia* (1698).

af (ill. 5).[3] Het privilege beschermde De Bruijn voor een bepaalde periode tegen nadruk van het gehele werk of een gedeelte ervan. Ook kon het boek niet straffeloos in vertaling worden uitgegeven. Werd er een uitgave aangetroffen van een zogenaamde omloper — een drukker die een boek illegaal nadrukt — dan kreeg deze een boete van 300 gulden.[4] Het verkrijgen van een privilege moet De Bruijn veel geld hebben gekost, maar een roofdruk zou hem duurder zijn komen te staan.

Bij de aanvraag van het privilege staat geen datum afgedrukt. We weten wel dat De Bruijn oorspronkelijk het idee had zijn reisverslag eerder te publiceren dan uiteindelijk is gebeurd. Uit de boekprospectus blijkt dat de publicatie voor januari 1697 was voorzien (De Wilt 1955-1957: 199-205). Uit het privilege in *Klein Asia* blijkt dat de verschijning pas anderhalf jaar later gerealiseerd werd. Als het boek dan eindelijk aan de intekenaars gegeven kan worden, ontbreekt er nog wat:

> "Bekendmakinge. Aan d'Intekenaars werd bekend gemaakt, dat nog onder handen is, een Kaart, behoorende tot deze Reis-beschryving, welke Kaart afgedrukt zynde, aan de Intekenaars zal werden ter hand gesteld."[5]

De prospectus spreekt zelfs van "kaarten". Uit de boekprospectus blijkt verder dat degenen die voor zeven stuks tegelijk intekenen, het voordeel genieten de boeken een maand eerder te krijgen. De intekening stond vanaf januari 1696 open. In totaal hebben 625 personen ingetekend voor 1330 exemplaren, waarvan 79 personen voor zeven of meer exemplaren ingeschreven hebben.[6] De prijs van *Klein Asia* bedroeg 100 gulden voor zeven exemplaren, dus ruim 14 gulden per stuk. Het is opvallend dat er in de prospectus niet

---

[3] Het rekest van De Bruijn om octrooi voor zijn eerste reisbeschrijving is in het gildearchief van Den Haag teruggevonden: "Request van Cornelis de Bruyn, Schilder gebooren en woonagtig in den Hage. Geeft enz. dat hij supplt. bezig is met overgrote costen in folio te drucken sijne *negentienjarige Reysen*, gedaan door de vermaartste deelen van Europa en Kleyn Asia, over 't Eyland Rhodus naar Egypten, Syrien, Palestina en Cyprus, geëindigt in 1693, verciert met ruym 200 copere konstplaten, verzoekt octrooi daarvoor. Dit wordt hem verleend 15 July 1698." Ontleend aan Obreen 1877-1890: dl.7, 159. Het blijkt uit deze tekst dat De Bruijn de titel van het boek na toekenning van het octrooi nog heeft gewijzigd.

[4] Door toedoen van Pieter Mortier uit Amsterdam werd in 1715 de boete op overtreding van het privilege verhoogd tot 3000 gulden; zie Van Eeghen 1974: 123.

[5] Mededeling op ***1v. In het Apparaat Van Stockum, een verzameling fiches uit veilingcatalogi, op de Afdeling ZKW van de U.B.A., vond ik een fiche met de tekst "350. C. de Bruyn. *Reizen...Klein Asia*.... Delft H. van Krooneveld. 1698 av. front. cartes et 200 pls...", waaruit blijkt dat er kaarten zijn opgenomen. Andere fiches uit dit apparaat, nr. 583 en 1010, noemen ook 'cartes'. Daar wijst ook de Franse editie uit 1725 op, die vermeerderd is met de *Reizen over Moskovie*, die drie kaarten heeft, maar deze editie uit 1725 telt er vijf. De Engelse vertaling van 1702 heeft volgens de titelbeschrijving echter maar één 'map'.

[6] Op deze lijst van intekenaren, die het "werk begeerden te hebben, en haare naamen ter bekominge en koop van 't zelve ingeteekend hebben, zelfs eer het gedrukt was" (*Klein Asia* 1698: *4r) zien we de namen van boekverkopers (Jan ten Hoorn, Barent Bos, Nicolaus van Hoorn en Hendrik van Krooneveld) en kunstenaars (als Robert du Val, Theodoor van der Schuer, die beiden 14 exemplaren bestelden, Willem van Mieris, Jan Luyken, en Godfrey Kneller). Enkele namen van De Bruijns vrienden vinden we hiertussen, zoals Adriaen van Rierbeeck en Henrico Lub. Verder zijn er twee mannen die De Bruijn als achternaam hebben en misschien familie van de schrijver zijn: Jan (mogelijk zijn vader) en Abram. Tot de familie behoort waarschijnlijk ook Hieronimus Peuteman, misschien de zwager van De Bruijns zuster Cornelia. Peuteman heeft voor zes exemplaren getekend. Onderzoekers en rariteitenverzamelaars als Nicolaas Witsen, Jan Six, Graevius, Petrus Francius, Gisbert Cuper, Joan Huydecoper, Sybrand Feitema, Joan van Broekhuyzen, H. van Baerle, N. Valkenier, Daniel van Mollem (14) en Ameldonck Block tonen eveneens door intekening hun belangstelling voor het boek. Ook vinden we enkele buitenlanders in de lijst vermeld. Sommigen verplichtten zich vele exemplaren af te nemen, tot wel 37 stuks aan toe.

werd aangekondigd dat er keus bestond tussen folioformaat en groot papier. Het laatste heeft bredere marges, en is dus luxueuzer en duurder dan een exemplaar in folio.

De Bruijn, die prinsgezind was, droeg zijn reisbeschrijving op aan "Den Doorluchtigsten en Grootmagtigsten Vorst en Heer Willem den Derden, Door Gods genade Koning van Engeland, Vrankryk, Schotland en Yrland, Beschermer des Geloofs, &c. &c. &c." (1698: *2r,v). Zijn vriend en collega Robert du Val was in dienst van Willem III als directeur van de koninklijke schilderijenverzameling. Via Du Val kan De Bruijn in contact met Willem III zijn gekomen (Houbraken 1721: dl.1, 372).[7]

Zo'n opdracht aan een hooggeplaatst persoon, en het bijbehorende, prachtig ingebonden dedicatie-exemplaar, leverde de schrijver (of uitgever) financieel voordeel op. De schrijver kreeg bij het overhandigen van het boek een royaal geldbedrag of een kostbaar geschenk in ruil dat aanzienlijk waardevoller was dan het geschonken boek. Vooraf moest wel toestemming zijn verleend voor een dedicatie.

Na de "Voorreeden" volgen als aanbeveling voor het werk enkele drempeldichten of lofdichten. De eerste en tweede zijn in het Latijn, door respectievelijk Petrus Francius en Janus Broukhusius, de derde is door J. Vollenhove, die met enkele regels de praktische aard van de lezer aanspreekt:

> "Aaloutheits minnaars, moeite en reislast kunt gy sparen,
> Zoekt stromen, diep van gront, noch bergen, hoog van kruin,
> Noch bosschen, naar van loof: schuwt zee- en lantgevaren:
> Hier rustge, en reist met lust op kosten van DE BRUIN." (1698: *2v)

Het vierde gedicht is geschreven door Johannes Brandt, het vijfde door Lambert Bidloo, en het zesde en laatste dichtstuk door Pieter Peuteman, De Bruijns zwager. Hierna begint de eigenlijke reisbeschrijving, die door het nawerk, een alfabetisch zaken- en namenregister, toegankelijk wordt gemaakt.

Vele gravures zijn in het boek afgedrukt,[8] waaronder zeer grote uitslaande prenten, met daarop stadsgezichten (veduten). De dagboekaantekeningen van Conrad Zacharias von Uffenbach, die rond 1710 met zijn broer een educatieve reis door Nedersaksen, Holland en Engeland maakte, hebben in verband met De Bruijns *Klein Asia* grote waarde. Op 24 maart 1711 zag hij bij De Bruijn in Amsterdam diens

> "erste Reisebeschreibung sowohl in holländischer als französischer Sprache, Es waren diese beyde Exemplare nicht nur auf grosz Papier, sondern er hatte Sie nach seinen Zeichnungen, so er nach dem Leben auf seiner Reise gemacht, mit Farben drucken lassen. Er sagte dasz viele diese seine Reisebeschreibung mit Farben illuminiren lassen, es wäre aber mit diesem gar nicht zu vergleichen. Er machte gar viel Wesens, was ihn diese beyde Exemplare vor Geld und Mühe gekostet, indem er bey dem Abdrucke beständig selbst zugegen seyn müssen." (Uffenbach 1754: dl.3, 675)

[7] Willem III had ook drie "stuks Turksche heeren en dame na 't leven geschildert door Cornelis de Bruin, braef schilder en groot reisiger etc." in zijn bezit (Drossaers 1974-1976: dl.2, 502-503).

[8] Volgens Ad Stijnman, graficus, bibliografisch onderzoeker en techniekhistoricus, werkzaam bij het Centraal Laboratorium in Amsterdam, zijn de prenten eerst afgedrukt, en werd daarna de tekst gedrukt. Dit is afwijkend van de normale gang van zaken. Door de weerdruk of offset ziet hij, dat er op één dag verschillende prenten gedrukt zijn. Op verscheidene achterkanten van prenten in het exemplaar op het Scheepvaart Museum in Amsterdam is een weerdruk zichtbaar (catalogusnummer A VIII 4 51/K 56e).

Tot nu toe heeft iedereen deze uitspraak van Uffenbach over kleurendrukken van *Klein Asia* en de Franse vertaling ervan verworpen. Niemand heeft ooit een dergelijk exemplaar gezien. Op het Scheepvaartmuseum in Amsterdam hangt echter in zaal 12 een gezicht op 'Constantinopolen' in kleur gedrukt, dat men herkent als een prent uit *Klein Asia*.[9] Het vormt in dit boek de eerste van een serie van drie gezichten op Constantinopel. Elk gezicht heeft een nummer. De kleurendruk draagt in de linkerbovenhoek het nummer 22A, wat net als de afbeelding zelf, met het gezicht op Constantinopel in *Klein Asia* overeenkomt. De prent komt exact met die in het boek overeen. Er is maar één conclusie mogelijk: de kleurendruk in het Scheepvaartmuseum is van dezelfde koperplaten gedrukt als die in het boek.

Bij het drukken met kleuren werden de diverse kleuren inkt in een keer op de koperplaat aangebracht, waarna de plaat door de pers werd gehaald, een keer heen, en een keer terug. Van een kopergravure kunnen ongeveer duizend scherpe afdrukken gemaakt worden, daarna wordt de plaat opgewerkt en worden bepaalde lijnen met de burijn opgestoken. De fijnere nuances zijn dan echter verdwenen op de afdruk. Bij de kleurendruk van Constantinopel zijn alle details scherp zichtbaar, het moet een zeer vroege afdruk van de plaat zijn.

Het bestaan van een kleurendruk die afkomstig is uit *Klein Asia* én de getuigenis door Von Uffenbach lijkt me genoeg reden om het bestaan van een geheel in meerkleurendruk uitgevoerd *Klein Asia* voor waarheid aan te nemen. Het ligt voor de hand dat de druk onder verantwoording van de drukker Hendrik van Krooneveld is geschied, omdat hetzelfde papier gebruikt werd om zowel tekst als de meeste prenten te drukken.[10]

---

[9] De prent meet ca. 25 x 150 cm. (afmetingen van de koperplaat) en bestaat uit drie vellen papier, die buiten over binnen geplakt zijn. De gebruikte kleuren zijn blauw, groen, roodbruin, rood en geel. Vlakken als water, de achterspiegel van schepen, bomen en torenspitsen zijn met de hand bijgekleurd. Midden onderaan de prent staat in een onscherp en klein potloodlettertje, waarschijnlijk laat-achttiende-eeuws "Lebrun (d'apres Corneille) / Planche du Voyage au Levant de Corneille a Bruyn Curieux impression en couleurs, publie a Delft en 1700." De begeleidende tekst op de zaal meldt ons het volgende: "Lebrun. / gedrukt P. Schenk 1699 / een der eerste kleurendrukken met verschillende kleuren op de koperplaat / Schenking van KNSM." Het Rijksmuseum 'Nederlands Scheepvaart Museum' kon mij geen nadere informatie geven omtrent jaar van schenking, herkomstgeschiedenis, uitgever en graveur, noch over de juistheid van de gegevens op het tekstbordje. De jaartallen 1699 en 1700 duiden op een latere druk van deze kleurendruk dan de prenten in de Nederlandstalige uitgave van 1698 van *Klein Asia*. De scherpe kwaliteit van de prent lijkt juist in tegenspraak met een latere druk.

Wouter Henkelman heeft op 8 april 1995 in Rāmsar aan de Kaspische Zee twee ingekleurde prenten van De Bruijn gezien: de kaart uit *Reizen over Moskovie* en een prent van Persepolis. De prenten sierden de wanden van Hotel-e Rāmsar. Toen dit boek reeds ter perse was werd door een antiquariaat het tot nu enig bekende exemplaar van de Franstalige editie van *Klein Asia* met kleurendrukken ter verkoop aangeboden. Het gaat inderdaad om de editie die in 1700 door Hendrik van Krooneveld is gedrukt. Bovengaande door mij gedane suggestie dat er meerkleurendrukken van *Klein Asia* in omloop waren is daarmee bevestigd. Zie: Antiquariaat Forum, 't Goy-Houten (Utrecht), *Catalogue* 104 (1996), nr. 24. Deze catalogus bevat twee gekleurde prenten van De Bruijn, nl. die van de Sfinx en piramiden in Gizeh en die van de Grote Galerij in de piramide van Cheops. De vraagprijs voor deze editie met kleurendrukken bedraagt fl. 275.000,-.

[10] Het is opmerkelijk dat het papier van een enkele prent, zoals die in het Scheepvaartmuseum, wel de karakteristieke bruine vlekken laat zien die veroorzaakt zijn door verzuring. De vlekken zitten over het hele papier verspreid, ook waar de inwerking van inkt onmogelijk is. Hier moet dus wel een afwijkende papiersoort gebruikt zijn door de drukker. Dit papier had een lijmlaag van een inferieure kwaliteit. Mogelijk duidt dit op samenwerking van twee drukkers of op uitbesteding van een gedeelte van de opdracht. Het is mogelijk dat Van Krooneveld de opdracht voor het drukken van de prenten aan de graveur P. Schenk heeft uitbesteed.

Reizen over Moskovie

Aan het eind van het jaar 1708 keerde Cornelis de Bruijn van zijn tweede wereldreis terug in Den Haag. De voorbereiding in Holland op zijn tweede reis was aanzienlijk beter dan op de eerste reis (Van der Torn in deze bundel p. 49ff.). Voor het belangrijkste reisdoel, Persepolis of Tchehelminar, had hij zich voor vertrek grondig in de bestaande literatuur verdiept. De Bruijn schrijft op de eerste pagina van het tweede reisboek dat hij een ervaren reiziger is en dat hij, nu hij ouder en wijzer is, beter wist waar hij aandacht aan diende te schenken tijdens de reis opdat de beschrijving waardevoller zou worden. Hij was inmiddels ook meesterschilder.

Ook het tweede reisverslag, *Cornelis de Bruins Reizen over Moskovie etc.* (t'Amsterdam, Gedrukt voor den Auteur, Door Willem en David Goeree, 1711), is door De Bruijn in eigen beheer uitgegeven en wederom kon men zich voor het boek intekenen. We weten dat de helft van de koperplaten voor de prenten in het boek op 2 januari 1710 gereed waren. Van de tekst heeft hij dan een letterproef laten drukken. Het werk is zo ver gevorderd, dat hij de intekening op zijn boek heeft geopend.[11] Toch was De Bruijn pas 6 januari 1711 zover dat hij zich aan een voorspelling over de publicatiedatum van het boek durfde te wagen.[12] Op 17 januari 1711 is hij volgens Nicolaas Witsen een eind op weg, en op 24 maart zijn bijna alle koperplaten klaar.[13]

Reizen over Moskovie is opgedragen aan Anton Ulrich, hertog van Brunswijk. De hertog stond bekend als een hartstochtelijk verzamelaar en kenner van antiquiteiten. Drempeldichten ontbreken in deze uitgave. Wel staan onder het portret van De Bruijn vier Latijnse dichtregels uit een drempeldicht voor *Klein Asia* door Janus Broukhusius. Het portret is hetzelfde als dat in *Klein Asia*, alleen is het hoofd nu met een ovalen lijst omrand. De namen van de schilder en graveur van het portret, G. Kneller en G. Valck, staan eronder.

In hetzelfde jaar dat *Reizen over Moskovie* gepubliceerd werd, verscheen Abraham Bogaerts *Historische Reizen* (1711). Bogaert was jurist en was na de voltooiïng van zijn rechtenstudie medicijnen gaan studeren. Als scheepsheelmeester nam hij dienst bij de VOC en reisde in de jaren 1701 tot 1706 naar verschillende delen van Indië. In Batavia kreeg hij het verzoek van gouverneur-generaal Joan van Hoorn om voor de Compagnie te

---

[11] "Ik oordeele mijn pligt te sijn UwEd. te doen weten dat mijn onderhanden werck tot op de helft in de platen is geavanseert. Ook twee bladen tot proef van den druck soo om den stijl van schrijven als den letter te doen sien tgeen goet gekeurt sijnde, hebbe ik na overleg van de oncosten voor weynig weecken een begin tot de intekening gemaeckt". Uit een brief aan Cuper, 2 januari 1710 (K.B. Verz. Cuper, 72 G 19; citaat uit Hotz 1911: 12-13).

[12] "In antwoort op UEd. bij mij seer ge'eerde van de 15 dese mds. 1710 sij UEd. bewust mijn werk soodanig geavanseert is, dat ik staet maek in 5 of 6 maenden sal gedaen sijn." Brief van 6 januari 1711 aan Cuper (Hotz 1911: 13).

[13] Op 17 januari 1711 schrijft Witsen aan Cuper over De Bruijns reisbeschrijving, waarvan de prenten en de tekst gedrukt worden: "Ik hebbe het reets afgedrukte bij de Hr de Bruyn gesien. Ook dat van Persepolis, door een Heer van studie ter neder gestelt... Wijders syn de figuren seer curieus gemaekt" (Gebhard 1881-1882: dl.2, 341-342). Op 24 maart 1711 ziet Uffenbach dat het werk vordert, maar nog niet volledig klaar is: "Im seiner neuen Reisebeschreibung gibt er eine sehr umständige und gute Beschreibung von Persien. Die bereits fertigen Kupferstiche waren gar viele, auch gar schön" (Uffenbach 1754: dl.3, 675).

CORNELIS DE BRUINS

REIZEN

OVER

MOSKOVIE,

DOOR

PERSIE

EN

INDIE:

Verrykt met

Driehondert konſtplaten,

Vertoonende

De beroemſte lantſchappen en ſteden, ook de byzondere dragten, beeſten, gewaſſen en planten, die daer gevonden worden:

Voor al

DERZELVER OUDHEDEN,

En wel voornamentlyk heel uitvoerig, die van het heerlyke en van oudts de geheele werrelt door beſaemde

HOF VAN PERSEPOLIS,

By de Perſianen TCHILMINAR genaemt.

Alles door den Auteur zelf met groote naeukeurigheit na 't leven afgetekent, en noit voor dezen in 't ligt gebragt.

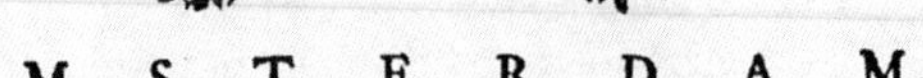

t'AMSTERDAM,

Gedrukt voor den Auteur,

Door WILLEM EN DAVID GOEREE, 1711.

7. Titelpagina *Reizen over Moskovie* (1711).

komen werken als schrijver. Bogaert heeft een interessant boek geschreven over de Oost dat hier het vermelden waard is omdat hij De Bruijn in zijn "Voorreden aan den lezer" noemt. In deze voorrede geeft hij af op de schrijfwijze van de reisbeschrijver in het algemeen. Deze klacht uitte men evenwel wel vaker — ook over De Bruijn[14] — maar Bogaert beschuldigde De Bruijn ervan zijn werk te hebben laten verfraaien door anderen. Hij noemt zelfs hun namen: Gerrit van Broekhuizen en David van Hoogstraten.

> "Veel minder had my kunnen behagen de taale en schryfwyze te volgen, gebruiklyk by de reizigers, aan welke doorgaans verweten werd, dat ze beter oogen om te beschouwen dan pennen om te beschryven hebbe: en is dit oordeel niet buiten den haak, tenwaar zy zich bedient hadden van besnedener schachten, als onder meer andere Cornelis de Bruin twemaal gedaan heeft, leenende tot optooying zyner eerste reisebeschryvinge de penne van Gerrit van Broekhuizen, tot zyne jongste die van den arts David van Hoogstraten." (Bogaert 1711: **3r,v)

Gerrit of Godfried van Broekhuizen vertaalde reisbeschrijvingen uit het Frans, o.a. dat van Thévenot. Onder de schuilnaam Eduward Melton heeft hij ook zelf een gefingeerde reisbeschrijving geschreven (Melton 1712). Als Van Broekhuizen inderdaad De Bruijns 'ghostwriter' van *Klein Asia* zou zijn geweest, wat overigens niet waarschijnlijk is, dan heeft De Bruijn tenminste een ervaren schrijver in de arm genomen. Voor zijn tweede reisbeschrijving kon De Bruijn geen beroep meer doen op Godfried van Broekhuizen omdat deze zich inmiddels aan de alcohol had dood gedronken.[15] Daarom zou De Bruijn zijn toevlucht tot een andere schrijver hebben moeten nemen, David van Hoogstraten. Van Hoogstraten was een Amsterdamse arts. Hij schreef veel taalkundig werk, gedichten en daarnaast biografieën van overleden vrienden en kunstbroeders, zowel in het Latijn als in het Nederlands. In dat geval heeft dus een zeer geleerd man zich over zijn *Reizen over Moskovie* gebogen.

Het is niet erg waarschijnlijk dat Bogaert gelijk heeft met zijn beschuldiging. Mensen die De Bruijn kenden, als Jean le Clerc, Pieter Rabus en Nicolaas Witsen, delen nergens mee dat hij zijn werk door een ander heeft laten (her)schrijven.[16] In de inleidingen van zijn boeken vertelt De Bruijn dat hij dankbaar gebruik heeft gemaakt van de beschrijvingen van anderen — Della Valle, Thévenot, Dapper e.a. — en in de tekst zelf doet hij dat ook.[17]

---

[14] Banier schreef in de voorrede op zijn editie (zie hieronder p. 34) van De Bruijns reisbeschrijvingen in 1725 dat "Il a aussi retouché le style en bien des endroits, pour adoucir ce qu'il y avoit de trop dur, afin de le rendre plus coulant" (*Voyage au Levant* 1725: a3v.). Daarvoor heeft het geleerdentijdschrift van Neocorus al kritiek geuit op De Bruijns stijl.

[15] "U wel Ed: gest: haelt aen, in sijne geleerde brief, de beschrijvingen onder de naem van Melton, dog hij believe te weten, dat er nojt sodaenigen reysiger in de werelt is geweest, want dat boek ik door sekeren Broekhuijsen...die van groote studie was, bijeengeflanst en gestolen uyt allerhande werken en vojagien van anderen; sijn kinderen sijn hier int weeshuis, en hij dronk sig doot." Witsen aan Cuper, 9 april 1713 (Gebhard 1881-1882: dl.2, 361-362).

[16] Zelfs Rabus niet, terwijl Abr. Bogaert volgens Molhuysen 1911-1937: dl.3, 131-133 mogelijk voor zijn *Boekzaal* werkte. Bots 1974: 85 heeft zijn twijfels over Bogaerts medewerking aan Rabus' *Boekzaal*.

[17] In *Klein Asia* gebruikte hij William Halifax' verslag van Palmyra, en daar komt De Bruijn rond voor uit in het betreffende hoofdstuk; zie het artikel van De Hond over Palmyra in deze bundel. De Bruijn vermeldt ook dat de verder onbekende H. P[raetorius] een uiteenzetting, gebaseerd op antieke auteurs, over de geschiedenis van Persepolis geeft in *Reizen over Moskovie*; zie Hotz 1911: 7 en Drijvers 1989: 65. Wel kan geconstateerd worden dat De Bruijn niet consequent naar zijn bronnen verwijst.

Waarom zou hij dan verbloemen dat hij een bedrevener schrijver zijn aantekeningen zou hebben laten uitwerken als dat het geval zou zijn geweest? Bogaert zal evenwel niet zonder reden de namen van Van Broekhuizen en Van Hoogstraten hebben genoemd. Jaloezie kan een drijfveer voor de beschuldiging zijn geweest. De Bruijn had al eerder te maken gehad met jaloerse mensen, wat blijkt uit zijn inleiding op *Reizen over Moskovie*:

> "Dogh omdat in het uitgeven van boeken niet wel te ontgaen is de afgunst en bedilzucht veeler menschen, gewoon dingen te berispen, die ze zelfs niet weten uit te voeren." (1711: *4r)

De achttiende-eeuwse literatuurhistoricus Jean-Noël Paquot signaleert de afgunst ook: "son nouvel Ouvrage, dont le succès lui suscita des envieux qu'il confondit" (Paquot 1765-1770: dl.5, 214).

De Aenmerkingen

In 1714 publiceerde Cornelis de Bruijn over zijn afbeeldingen van Persepolis een dun boekje in octavo: *Aenmerkingen over de printverbeeldingen van de overblyfzelen van het oude Persepolis etc.* (Gedrukt voor den Autheur, en zyn te bekomen te Amsterdam, by R. en G. Wetstein, J. Oosterwyk en H. van de Gaate). Het werk is ontstaan naar aanleiding van de vragen die Gisbert Cuper aan De Bruijn over zijn afbeeldingen van Persepolis stelde. In die tijd was er internationaal een levendige discussie gaande tussen diverse geleerden over de functie van de gebouwen in Persepolis, de Persepolitaanse inscripties in een schrift dat tot dan toe niet te ontcijferen was (spijkerschrift), de voorstellingen van dieren en mensen op de gebouwen en de bouwstijl (zie Sancisi-Weerdenburg 1989). In *Reizen over Moskovie* gaat De Bruijn prat op de juistheid van zijn afbeeldingen en op zijn grote nauwkeurigheid. Cuper twijfelt evenwel aan de juiste weergave van de ruïnes van Persepolis. De twee hebben hierover een heftige briefwisseling gevoerd, die grotendeels via Witsen verliep (zie Drijvers 1989: 69-79). In hun discussie werden de afbeeldingen van De Bruijn vergeleken met die in Jean Chardins *Voyages* (1711) en die in Engelbert Kaempfers boek *Amoenitates* (1712). De *Aenmerkingen* is een uitvloeisel van de briefwisseling.

> "'t Is dan, dat ik door eenige voornaeme en geleerde Heeren verzogt was onderrechting te geeven aengaende het groot verschil, dat gevonden word in de Printverbeeldingen van *Persepolis* in de Reisbeschryving van den Heer *Chardin* en de myne; waerop ik die Heer en het noodige hebbe geantwoordt: Doch op dat de nieusgierige Wereld den staet van dit verschil mede begrypen, en naer waerheid oordeelen zoude kunnen, wie van ons beiden geloof verdient, want een is'er zekerlyk aen misgreep schuldig, zoo hebbe ik goed geoordeeld...de tegenstrydigheden en gefingeerde verbeeldingen...klaer aen te wyzen; zonder evenwel den lof by die Heeren verdiend te verminderen, of de eere die hen in andere geleerdheid toekomt, te benadeelen, maer enkel om het myne in dat talent te bevestigen." (1714: 3-4)

De *Aenmerkingen* verscheen bij de compagnie van boekverkopers Rudolf en Gerard Wetstein, Johannes Oosterwyk en Hendrik van de Gaate. Aan De Bruijns tekst is toegevoegd een brief aan De Bruijn door H.P., H. Pr(a)etorius. Hierin bevestigde deze verder

AANMERKINGEN
Over de
PRINTVERBEELDINGEN
van de Overblyfzelen van het Oude
PERSEPOLIS,
Onlangs uitgegeven door de Heeren
CHARDIN en KEMPFER, waer in
derzelver mistekeningen en ge-
breken klaer worden aen-
gewezen, door
CORNELIS DE BRUIN.

Mitsgaders het oordeel over dezelve, vervat in een Brief van een Liefhebber der Oudheid.

Gedrukt voor den Autheur, en zyn te bekomen
Te AMSTERDAM,
By R. en G. WETSTEIN, J. OOSTERWYK,
en H. VAN DE GAATE, 1714.

8. Titelpagina *Aenmerkingen* (1714).

onbekende liefhebber van oudheden het gelijk van De Bruijn door klassieke auteurs te citeren over Persepolis.

De Wetsteins publiceerden in het door hen uitgegeven tijdschrift de *Republiek der Geleerden* een aankondiging — met een korte bespreking van de inhoud — van de *Aenmerkingen*. Ook werd onthuld dat De Bruijn de *Aenmerkingen*

> "al eer uitgegeven [zou] hebben, ten ware zyn Eed. gehoopt hadt, dat eenig kunstenaar, in de oude Bouwkunde geoeffent, hem meerder licht omtrent de bouworder van dat overblyfsel in 't algemeen zou gegeven hebben, om daar iets meerder merkwaardig van te kunnen zeggen."[18]

De *Aenmerkingen* is nooit als een los boekje heruitgegeven. Wel zijn er vertalingen van verschenen, in combinatie met de *Reizen over Moskovie*, waar het een logische aanvulling op is.[19]

II. De verschillende uitgaven en vertalingen

Franse en Engelse vertalingen van Klein Asia

De drukker van *Klein Asia*, Hendrik van Krooneveld, was in Delft werkzaam van 1688 tot 1702. Hij is in ieder geval ook de drukker geweest van de Franse vertaling van 1700.[20] Voor de Franse vertaling — *Voyage au Levant* — geldt ook weer dat De Bruijn het werk voor eigen rekening en risico heeft uitgegeven, en dat het zowel op folio formaat als op groot papier is gedrukt (Tiele 1884: 51). In de Franse vertaling ontbreken de Nederlandstalige drempeldichten. In plaats daarvan worden brieven afgedrukt gericht aan De Bruijn en geschreven door Giacomo de Bucquoy, koopman te Izmir, Jacob van Dam, consul te Izmir, en Guillielmo Slaers, eveneens een koopman. De brieven zijn alle rond januari 1700 geschreven. De drie mannen, vrienden van De Bruijn, bevestigen dat De Bruijn diverse afbeeldingen die in de uitgave van 1698 voorkomen echt zelf en 'na het leven' getekend heeft. Het schilderen en tekenen van de stadsgezichten, landschappen en andere zaken door De Bruijn werd blijkbaar door velen betwijfeld. Volgens Johann Beckmann, een achttiende-eeuwse specialist in reisbeschrijvingen, heeft De Bruijn in de eerste Franstalige editie al verbeteringen aangebracht in de tekst (Beckmann 1807-1809: dl.2, 415).

Een uitgave van *Voyage au Levant*, genoemd door o.a. Hoefer (1855-1866: dl.7, 667) en de Biographie universelle (1811-1862: dl.6, 179-180) door Guillaume Cavelier in Parijs in 1704 trek ik ernstig in twijfel. Naar ik meen is hier een drukfout in het spel en dateert deze

---

[18] Republyk 1711-1714: 557. Uit een 'Naamlyst van nieuwlyx gedrukte Boeken, welke te bekomen zyn in de Boekwinkel van R. en G. Wetstein' (p. 561), blijkt dat hun titelherdruk van *Reizen over Moskovie* eerder verschenen is dan de *Aenmerkingen*.

[19] De *Aenmerkingen* zijn opgenomen in de volgende vertalingen, waarvan de titels in Appendix II zijn opgenomen (waar mogelijk uitgebreid met de titel van de vertaling van *Aenmerkingen*): 1718, 1720, 1722, 1725, 1732, 1737, 1759.

[20] Voor de titel zie Appendix II.

druk van 1714. In dat jaar verscheen bij de gebroeders Gerard en Rudolf Wetstein (zie voor hen Gruys 1989) een titelherdruk van de eerste Franse vertaling uit 1700. Deze werd met het adres van Guillaume Cavelier op de Franse markt gebracht.[21]

De dedicatie in de titelherdruk uit 1714 is gericht aan Antoine Ulric, Duc de Brunswik et Lunebourg, &c., aan wie ook *Reizen over Moskovie* is opgedragen. De hertog had een reputatie als verzamelaar en kenner van antiquiteiten. De Bruijns boeken stonden vooral bij antiquiteiten- en rariteitenverzamelaars in hoog aanzien. Dat verklaart ook het relatief grote aantal herdrukken. De gravures in de editie van 1714 zijn duidelijk niet van een eerste staat, de opwerkingen van de koperplaten zijn goed zichtbaar. In 1724 wordt in Parijs een herdruk van *Voyage au Levant* uit 1700 uitgegeven.[22]

Hendrik van Krooneveld heeft wellicht ook een Engelse vertaling van *Klein Asia — Voyage to the Levant* — gedrukt, die in 1702 op de markt werd gebracht. Deze Engelse editie bevindt zich echter niet in een in Nederland voor het publiek toegankelijke verzameling en bibliografieën laten me op het punt van uitgever/drukker/boekverkoper in de steek, zodat over deze vertaling weinig valt te zeggen.[23]

Een mogelijke Nederlandse herdruk en vertalingen van Reizen over Moskovie

Een raadselachtige druk van *Reizen over Moskovie* in octavo wordt vermeld in een advertentie die de Amsterdamse boekdrukker en boekverkoper Hendrik Bosch plaatste in de *Ontleeder der Gebreeken*, een tijdschrift door Jacob Campo Weyerman geschreven en uitgegeven.[24] Ik ben nergens anders een vermelding van een *Reizen over Moskovie* in octavo tegengekomen. Bosch drukte voorts een 'Catalogus van Boeken, die by Hendrik Bosch, Boekverkoper tot Amsterdam, te bekomen zyn' af in de *Reizende Chinees*, ook door Weyerman uitgegeven. Hierin vindt men onder de kop 'In Folio' de titel *De Bruyns Reyzen door Muscovien, Persien en Indien*, op groot papier (*Reizende Chinees* 1, 464-465).

In 1718 brachten de gebroeders Wetstein de Franse vertaling van *Reizen over Moskovie* op de markt: *Voyages de Corneille le Brun par la Moscovie* (ill. 9).[25] Voordien had De Bruijn nog geen plannen voor een vertaling gemaakt. Op 19 juli 1712 schrijft Gisbert Cuper aan een van zijn Franse correspondenten:

> "Mr. Le Bruyn m'a écrit, que son Livre ne se traduira pas en François, que cette entreprise demande un autre tems, & qu'il ne croit pas qu'elle puisse executer si-tôt." (Cuper 1742: 114-115)

---

[21] Voor de titel zie Appendix II. Ook hierin de brieven van De Bruijn en Slaers, De Bucquoy en Van Dam uit 1699-1700.

[22] Voor de titel zie Appendix II; titel gevonden in: CC UBL. Bibl. Hotz 759.

[23] Uit het verslag van Uffenbach 1754: dl.3, 675, die de Bruijn in 1711 in Amsterdam bezocht, blijkt dat De Bruijn zelf wel beschikte over Nederlands- en Franstalige exemplaren van *Klein Asia*. Een Engelse vertaling wordt door Uffenbach niet genoemd, waaruit we wellicht mogen concluderen dat De Bruijn deze vertaling niet bezat.

[24] "Te Amsterdam, by H. Bosch, is gedrukt en te bekome...De Bruins 'Reizen door Moscovien', 8'", in: J.C Weyerman: *Ontleeder der Gebreeken* 1, nr. 18 (7 februari 1724). Bosch had in 1722 zijn winkel tegenover 't Meysjes Wees-huys (Apparaat-Enschedé = Alfabetische kaartcatalogus van Nederlandse uitgaven van voor 1801, geordend op namen van drukkers en uitgevers; aanwezig in U.B.A.).

[25] Voortaan verkort tot *Voyages*. Voor volledige titel zie Appendix II.

De *Voyages* zijn in deze vertaling door de Wetsteins uitgebreid met het reisverslag van Ysbrant Ides en de vertaling van de *Aenmerkingen*. Het werk is uitgegeven in twee delen. Het boek is niet meer aan Hertog Anton Ulrich opgedragen — hij was in 1714 gestorven — maar aan Madame Comptesse de Kielmansegg.[26]

De volgende Franse vertaling van *Reizen over Moskovie* vindt men in de vijfdelige editie door Antoine Banier, in 1725 in kwarto uitgegeven (zie hieronder). De uitgave van *Voyages* van 1732 in Den Haag bij Pierre Gosse en Jean Neaulme is ook vijfdelig. De laatste drie delen van beide edities beslaan de vertaling van *Reizen over Moskovie*.[27]

De Engelse vertaling, *Travels into Muscovy*, is gebaseerd op de Franse vertaling van 1718 die in Amsterdam bij de gebroeders Wetstein is uitgegeven (ill. 10).[28] De Engelse vertaling is net als deze Franse uitgave tweedelig. Het werk is verschenen bij een compagnie van tien Engelse uitgevers en is gedrukt in Londen. De titelprent, het portret van De Bruijn met het daaronder gegraveerde lofdicht van Broekhuizen, en de drie routekaarten zijn gelijk aan die in de Franse vertaling van 1718. Een opdracht aan een beschermer van kunsten en wetenschapppen ontbreekt. In 1759 wordt een verbeterde druk van de net genoemde *Travels into Muscovy* op de markt gebracht.[29] Het aantal prenten is teruggebracht tot 47.

De grote belangstelling voor Rusland in de eerste helft van de achttiende eeuw was aanleiding om in 1722 een Engelstalig uittreksel van De Bruijns *Reizen over Moskovie* uit te geven. De catalogus van het British Museum geeft geen volledige titelbeschrijving, maar omdat De Bruijn als Le Brun gespeld wordt, mag aangenomen worden dat dit uittreksel ook op een Franse editie terug te voeren is.[30]

Fragmenten uit De Bruijns *Reizen over Moskovie* verschenen in het Russisch in 1873.[31] Het betreft tekstgedeelten waarin De Bruijn over Tsaar Peter de Grote schrijft. Een herdruk of een nieuwe Russische vertaling is in 1954 gepubliceerd.[32]

---

[26] Sophie Charlotte von Kielmansegg (ca. 1675-1725), getrouwd met baron Johann Adolf, vice-president van het hof in Hannover. Ze was de dochter van keurvorst Ernst August van Hannover. Haar halfbroer is George I, koning van Engeland vanaf 1714; Wagner 1953-1990: 579.

[27] *Voyage au Levant* etc. [Vol. 1-2]. *Voyages par la Moscovie* etc. [Vol. 3-5]. La Haye, Pierre Gosse et Jean Neaulme 1732. 5 vol a. portr. crts et pls. (kwarto). Titel gevonden in: App. Van Stockum en Kossmann 1937: 147. Het eerste deel van de drie banden waarover *Voyages par la Moscovie* verdeeld is, behandelt het eerste deel van De Bruijns beschrijving van Rusland. Gezien de overeenkomst met het derde deel van de Franse uitgave in vijf banden in 1725 (editie Banier), verwacht ik dat de uitgave van Gosse en Neaulme daaraan parallel loopt.

[28] Voor volledige titel zie Appendix II.

[29] Voor titel zie Appendix II. Titel gevonden in Cox 1935: dl.1, 251 (portr. and 47 illus. M. Powis tr., tr. from Fr. 1718, A'damse dr.); en in: British Museum general catalogue 1965. De catalogus zegt over deze uitgave: *"A New and more correct Translation than has hitherto appeared in Public, of Mr. C. le Brun's Travels into Muscovy, Persia, and divers parts of the East Indies...By a Gentleman of Oxford...with copper plates [1737]*, J. Warcus, London 1759 (folio)".

[30] Titel in Appendix II, (1722b). Titel uit *British Museum general catalogue* 1965, 382-383.

[31] Titel in Appendix II.

[32] Oleg Neverov, conservator van The State Hermitage Museum in St. Petersburg, deelde mij mondeling mee dat in 1954 fragmenten van De Bruijns *Reizen over Moskovie* in het Russisch zijn vertaald en uitgegeven. Voor een Nederlandstalige heruitgave van dit deel van *Reizen over Moskovie*, zie Hannema 1996.

VOYAGES

DE

CORNEILLE LE BRUN

PAR LA

MOSCOVIE, EN PERSE,

ET AUX

INDES ORIENTALES.

Ouvrage enrichi

De plus de 320. Tailles douces, des plus curieuſes,

REPRESENTANT

Les plus belles vuës de ces Païs; leurs principales Villes; les differens habillemens des Peuples, qui habitent ces Regions éloignées; les Animaux, les Oiſeaux, les Poiſſons & les Plantes extraordinaires, qui s'y trouvent. Avec les Antiquitez de ces Païs, & particulierement celles du Fameux

PALAIS DE PERSEPOLIS.

Que les Perſes appellent CHELMINAR.

Le tout deſſiné d'après Nature ſur les Lieux.

On y a ajoûté la route qu'a ſuivie

Mr. ISBRANTS, Ambaſſadeur de MOSCOVIE,

En traverſant la Ruſſie & la Tartarie, pour ſe rendre à la Chine.

Et quelques Remarques contre

MRS. CHARDIN & KEMPFER.

Avec une Lettre écrite à l'AUTEUR, ſur ce ſujet.

TOM. I.

A AMSTERDAM,

Chez les FRERES WETSTEIN, 1718.

9. Titelpagina *Voyages de Corneille le Brun par la Moscovie* (1718).

T R A V E L S

I N T O *Lord Rodney*

M U S C O V Y,

P E R S I A,

And P A R T of the

E A S T - I N D I E S.

C O N T A I N I N G,

An Accurate DESCRIPTION of whatever is moſt remarkable in thoſe COUNTRIES.

AND EMBELISHED

With above 320 Copper Plates, repreſenting the fineſt Proſpects, and moſt conſiderable Cities in thoſe Parts; the different Habits of the People; the ſingular and extraordinary Birds, Fiſhes, and Plants which are there to be found: As likewiſe the Antiquities of thoſe Countries, and particularly the noble Ruins of the famous Palace of PERSEPOLIS, called *Chelminar* by the *Perſians*. The whole being delineated on the Spot, from the reſpective Objects.

To which is added,

An Account of the Journey of Mr. *ISBRANTS*, Ambaſſador from *Muſcovy*, through *Ruſſia* and *Tartary*, to *China*; together with Remarks on the Travels of Sir *John Chardin*, and Mr. *Kempfer*, and a Letter written to the AUTHOR on that Subject.

In Two V O L U M E S.

By M. *C O R N E L I U S L E B R U Y N.*

Tranſlated from the Original *F R E N C H.*

V O L. II.

L O N D O N:

Printed for A. BETTESWORTH and C. HITCH, S. BIRT, C. DAVIS, J. CLARKE, S. HARDING D. BROWNE, A. MILLAR, J. SHUCKBURGH, and T. OSBORNE.

M DCC XXXVII.

10. Titelpagina *Travels into Muscovy* (1737).

Integrale uitgaven en bewerkingen van de complete werken van De Bruijn in het Frans en Engels

In 1720 verschijnt het werk van De Bruijn voor het eerst in een complete uitgave. Het betreft een integrale Engelse vertaling van de afzonderlijke Franse uitgaven.[33] In 1725 volgt de publicatie van het complete werk van De Bruijn in het Frans, vermeerderd met aantekeningen op De Bruijns tekst door Abbé Antoine Banier,[34] het reisverslag van Ysbrand Ides, gezant voor de Peter de Grote naar China, en een uittreksel van de acte van een reisverslag. Banier voegde Ides' reisverslag toe vanwege de grote belangstelling in heel Europa voor China en het Russische rijk; Ides' verslag bracht over deze rijken veel nieuws.

Banier was een erudiet man. Hij demonstreert zijn belezenheid vaak met ellenlange, stekelige terechtwijzingen in zijn voetnoten bij De Bruijns tekst. Hij geeft de Hollandse schrijver af en toe een compliment, maar over De Bruijns schrijfstijl is hij niet tevreden. De uitgever schrijft dat

> "il [Banier] a aussi retouché le stile en bien des endroits, pour adoucir ce qu'il y avoit de trop dur, afin de le rendre plus coulant." (1725: a1v)[35]

De Banier-editie is door een compagnie van boekverkopers uitgegeven: Jean-Baptiste-Claude Bauche le fils in Parijs, en in Rouen door Charles Ferrand, en Robert Machuel. Volgens het koninklijke privilege is de laatste de initiatiefnemer voor deze gezamenlijke onderneming. Door de Franse censuur werd de uitgave al in 1720 in orde bevonden:

> "J'ay lû, par ordre de Monseigneur le Chancelier, les Voyages de Corneille le Bruyn, où je n'ay rien trouvé qui en doive empêcher l'impression. Fait à Paris le 14. de Juin 1720. [ondertekend door] De Boze." (1725: t.1, e3r)[36]

Er verliepen vijf jaren tussen deze toestemming en de publicatie van de Banier-editie. Na twee jaar komen we de namen van Machuels collega's Bauche le fils en Ferrand in officiële documenten tegen.[37] Daarna duurt het nog drie jaar voor het werk op de markt wordt gebracht.

---

[33] Voor titel zie Appendix II. Titel gevonden in: Cox 1935-1949: dl.1, 218, 251; Biographie universelle 1811-1862: dl.6, 179-180: *Travels into Moscovy etc.*, Londres, 3 vol. in fol.

[34] Voor titel zie Appendix II. Antoine Banier (1 november 1673-19 november 1740), was bekend geworden met zijn *Explication historique des fables*. "Die Wahl fiel auf ihn, weil er bereits den dritten Theil der Reisen des Paul Lukas ausgearbeitet hatte. Aber ein Glück ist es, dass er sich bey der Reisebeschreibung des De Bruyn weniger Freyheit, als bey jener erlaubt hat."; Beckmann 1807-1809: dl.2, 416. Iets afwijkende levensjaren geeft Cioranescu: Dallet (Puy-de-Dôme) 2 november 1673-Parijs 19 november 1741. In Baniers bibliografie ontbreekt *Voyage au Levant...*; *Voyages par la Moscovie* (Cioranescu 1969: dl.1, 271-272).

[35] Opvallend is dan dat enkele jaren eerder het *Journal des Sçavans* 1719: t.65, Mars, 274 De Bruijn had gecomplimenteerd met zijn stijl: "M. le Brun ne laisse rien à desirer, ni de sa plume, ni de son crayon."

[36] De Boze is een van de veertig leden van de 'Académie Française' en secretaris van de afdeling voor 'Belles Lettres'.

[37] Hierop wijst 1) de tekst van het privilege door de koning verleend, gedateerd Parijs, 18 december 1721; 2) de registratie in het register van de 'Communauté des Imprimeurs & Libraires de Roüen', gedateerd 4 juni 1722; 3) de navolgende tekst: "Je soussigné Robert Machuel, Imprimeur & Libraire à Roüen, reconnois avoir cedé aux Sieurs Jean-Baptiste-Claude Bauche le fils, Libraire à Paris, & Charles Ferrand, Libraire à Roüen, suivant le Traité passé entre nous, à chacun un tiers dans le Privilége du Livre intitulé, Voyages de Corneille le Bruyn. Fait à Roüen le 30. Avril 1725. [ondertekend door] R. Machuel," (1725: t.1, e3v).

Hoewel de uitgevers zich er veel aan gelegen hebben laten liggen om de uitgave aantrekkelijk te maken, valt op dat het folioformaat veranderd is in kwarto. De grootste verdienste van De Bruijns uitgaven is volgens vele kritische beschouwers juist zijn prentkunst. In deze Franse kwarto-uitgave is noodzakelijkerwijs op de grootte van de prenten ingeboet; het zijn verkleiningen naar voorbeeld van De Bruijns prenten. De uitgever vergoelijkte de verkleining van het formaat van de boeken door de koper voor te spiegelen dat hij nu veel beter af was dan met de twee afzonderlijke folio-edities. Niet alleen waren die boeken in verschillende jaren uitgegeven, waardoor ze met moeite compleet te krijgen zouden zijn, ook hun prijs en hun zeldzaamheid benam de huidige geïnteresseerde de kans op aanschaf van De Bruijns werken. Daar kwam nog het voordeel van de toegenomen hanteerbaarheid bij.

In de originele uitgave komen de prenten uiteraard veel beter tot hun recht. De graveurs van de editie-Banier waren Jean-Baptiste Scotin (zie voor hem Thieme 1992: dl.30, 406) en een zekere B.M.F.; het lijkt erop dat zij een haastklus opgedragen hebben gekregen. De fijne details in de prenten zijn totaal genegeerd, de figuren slecht geproportioneerd, en de grote vedutes zijn gecomprimeerd tot het formaat van een kwartovel, in plaats van de ca. 150 cm. lengte die ze in de folio-edities hebben. Het belangrijkste deel van hun charme is nu verdwenen. Vele prenten zijn zelfs niet in deze uitgave opgenomen. Het werk telt in totaal 84 gegraveerde afbeeldingen, en vijf uitslaande gegraveerde kaarten. De teksten bepalen dus de waarde van deze editie, terwijl De Bruijn zelf aan zijn prenten het grootste belang hechtte.

In 1732 is in Den Haag nog een vijfdelige Franstalige uitgave in kwarto verzorgd van de complete werken van De Bruijn door Pierre Gosse en Jean Neaulme. Deze uitgave was voor wat de *Voyages au Levant* betreft gebaseerd op de Krooneveld-druk uit 1700. Het zou zelfs een titeluitgave zijn van die druk.[38] Het laatste lijkt me onmogelijk. Een editie in folio kan niet van een nieuw titelblad in kwarto worden voorzien, en daar bovendien nog eens twee destijds niet geschreven titels, *Reizen over Moskovie* en *Aenmerkingen*, aan toevoegen. Eerder lijkt mij aannemelijk dat deze uitgave stoelt op die van Banier.

Een Engelse editie van De Bruijns beide reisbeschrijvingen verschijnt in Londen in 1720, in drie folianten.[39]

III. Besprekingen in tijdschriften

Aan de boeken van Cornelis de Bruijn werd door een aantal tijdschriften aandacht besteed. Dit heeft de verkoop van de reisbeschrijvingen ongetwijfeld gestimuleerd. Tot het jaar 1714 was een vergroting van de afzet voor De Bruijn voordelig omdat hij zijn boeken in eigen beheer uitgaf.

---

[38] Zie Appendix II. Informatie en titel uit Apparaat-Van Stockum, U.B.A. Voor Gosse en Neaulme zie Kossmann 1937: 144-147, 286; Kruseman 1893: 57-58; Ledeboer 1877: 44-45.

[39] Zie Appendix II; titel in Cox 1935: dl.1, 218, 251, en Biographie universelle 1811-1862: dl.6, 179-180: *Travels into Moscovy etc.*, Londres, 3 vols. in fol.

Klein Asia krijgt vrijwel onmiddellijk na verschijning een bespreking in de *Bibliotheca librorum novorum* (1698: 766-784). De twee recensenten, L. Neocorus en H. Sikius, vatten de reis van De Bruijn in grote lijnen samen, waarbij ze sterke nadruk op de bezochte plaatsen uit de klassieke oudheid leggen. Ze prijzen de nauwkeurigheid van de tekst over de overblijfselen uit de oudheid. Verder zijn ze verheugd te constateren dat De Bruijn de vertaling van een artikel van de Engelse geleerde W. Halifax over Palmyra opgenomen heeft. Aan de recensie zijn twee prenten uit *Klein Asia* toegevoegd.[40]

Pieter Rabus wijdt in 1699 twee afleveringen van zijn *De Boekzaal van Europe* (mei/juni 1699: 389-412; nov/dec. 1699: 404-428) aan de Nederlandse editie van *Klein Asia*.[41] Rabus was zelfs zo geboeid door De Bruijns avonturen dat hij in 1701 ook van de Franse editie een korte bespreking opnam in de *Twee-Maandelyke Uittreksels* (maart/april 1701: 307-312). Rabus neemt het in de laatste bespreking op voor De Bruijns eerlijke bedoelingen. Hij poogt de geruchten die de ronde doen over vermeende oneerlijke praktijken met betrekking tot de prenten in *Klein Asia* de kop in te drukken. Rabus citeert De Bucquoy, Van Dam en Slaers uit *Voyage au Levant* (zie hierboven p. 32) die verklaard hadden dat de prenten in *Klein Asia* door De Bruijn zelf getekend waren.

Het *Journal des Sçavans* (Octobre 1715: 430-442; Novembre 1715: 483-493) bespreekt de *Voyage au Levant* uitvoerig in twee afleveringen, met veel nadruk op de antieke munten die De Bruijn beschrijft.

In september wordt een zeer uitgebreide bespreking van *Reizen over Moskovie* gepubliceerd in de *Republyk der Geleerden* (1711: 234-289, 408-471), het geleerdentijdschrift van Jean le Clerc. De Bruijn heeft geen nadere introductie nodig; bij de liefhebbers van "wonderwaardige zeldzaamheden" is hij bekend genoeg. Ook staat er in hetzelfde tijdschrift (1711: 378) een advertentie van de boekdrukkers van de *Republyk*, Gerard en Rudolf Wetstein; zij bieden het boek te koop aan in hun boekwinkel. In augustus zal het boek dus waarschijnlijk klaar zijn geweest. De herdruk, en in het geval van *Reizen over Moskovie*, de titelherdruk,[42] werd aangekondigd in een advertentie in de *Republyk der Geleerden* (1714: 561).

Het Latijnse geleerdentijdschrift *Acta eruditorum* (1719: 233-237) geeft een bespreking van de *Voyages* van 1718. De Bruijn wordt om zijn nauwkeurige afbeeldingen zeer geprezen. Het hele werk wordt in het kort weergegeven. Zoals te verwachten is bij een geleerdentijdschrift in het Latijn, ligt de nadruk op de wetenschappelijke discussie over Persepolis. De afbeeldingen van de bezienswaardigheden krijgen meer waardering dan de tekst. De prenten van het "mausoleum Sersi, Persarum Regis" wordt zelfs "magnifique" genoemd.

---

[40] De afgebeelde prenten zijn de prent van het interieur van de Egyptische tempel in Caïro, en de prent van de aldaar gekochte munten en beeldjes. Blijkbaar hebben de uitgevers van het tijdschrift, Fr. Halma & Guil. van de Water, de beschikking over de koperplaten gekregen.

[41] Zoals blijkt uit Rabus' *Twee-Maandelyke Uittreksels* 1701: 311 kenden Rabus en De Bruijn elkaar persoonlijk: "Het laatste dat ik te openbaren hebbe, is niemand bekend, dan den Heere de Bruyn, en zulke, die, als ik, daar van uit hem mondeling verstendigd zijn."

[42] Van dit werk is alleen de titelpagina van een andere druk afkomstig: de Wetsteins kochten de niet-verkochte exemplaren van *Reizen over Moskovie* van 1711 op (zie hieronder p. 41), en lieten er onmiddellijk een heruitgave op volgen, gedateerd 1714.

Anders dan zijn tijdgenoten had De Bruijn het complex in Persepolis terecht als paleizen geïnterpreteerd en niet als tempels; de schrijver van de recensie houdt zich aan de gangbare opinie (Sancisi-Weerdenburg 1989: 24-29).

Het *Journal des Sçavans* (1715-1726: t.65, Mars 262-274 en Avril 363-377) wijdt een bespreking aan het verschijnen van de *Voyages*, verdeeld over twee afleveringen. Zowel de reisbeschrijving als de *Remarques* worden in het kort weergegeven. De schrijver van het artikel beveelt het boek van harte aan in de gunst van de lezer. Het tijdschrift *L'Europe savante* (Mars 1719: 155-156), dat op een internationaal publiek van geleerden is gericht, plaatste een aankondiging van het verschijnen van dit boek in de rubriek 'Nouvelles Literaires - D'Amsterdam'.

In het *Journal des Sçavans* van juli/augustus 1722 (t.72, 213-217) — in Amsterdam (in 1723) uitgegeven — werd drie jaar voor de publicatie van de editie Banier deze uitgave reeds aangekondigd. In deze aankondiging worden de weetgierigheid en de exactheid van de tekenaar, schilder en antiquariër De Bruijn geroemd, waarop de vaststelling volgt dat zijn *Voyages* zeer zeldzaam en kostbaar zijn geworden, wat de goedkope en in kleiner formaat uitgevoerde herdruk in Frankrijk rechtvaardigt. Deze editie zal vanwege het commentaar door Banier, die overigens niet met name genoemd wordt, zeer waardevol zijn. Baniers commentaar zal bestaan uit aanvullingen uit werken door klassieke en moderne schrijvers, de exacte geografische plaatsbepaling, de coördinaten van de geografische lengte en breedte en verbeteringen van omissies door De Bruijn. Om deze nieuwe editie ook interessant te maken voor de gelukkigen die de *Voyages* van De Bruijn al bezitten, schrijft het *Journal* dat de gebroeders Wetstein geen los verkrijgbare herdruk met commentaar van Banier voor Holland overwegen. Elders lezen we echter dat de gebroeders Wetstein de uitgave van de opmerkingen door Banier wél overwegen (Beckmann 1807-1809: dl.2, 416 n.7). Een dergelijke uitgave is er evenwel nooit gekomen.

Om de lezer te overtuigen dat de verkleinde prenten toch fraai zullen zijn, wordt van Scotin, die de prenten zal steken, gezegd dat hij graveur van de koning is en dat hij zeer bekend is door dit soort werken. De schoonheid van het papier en die van de druk zullen overeenstemmen met die van de prenten.

> "On vendra cet Ouvrage par souscriptions, qui seront de vingt livres pour le papier ordinaire, & de trente pour le grand, avec une pareille somme, lorsqu'on retirera les Exemplaires, qui seront délivrés en blanc. On le vendra un tiers de plus à ceux qui n'auront point souscrit; c'est-à-dire, soixante livres en petit papier, & quatre vingt-dix en grand." (Journal 1723: t.72, 216)

Dat is bij elkaar opgeteld een uitgave van 180 plus 60 op klein papier en 270 plus 90 op groot papier, dus 600 exemplaren in totaal. Het werk zal in de loop van het jaar gereed zijn, en de inschrijving zal na juli aanstaande gesloten worden. Opvallend is de tijd die verstreken is tussen de aankondiging en de daadwerkelijke publicatie.

Het *Journal des Sçavans* verzorgde uitstekende reclame voor de uitgave van Bauche le fils, Ferrand en Machuel, want in januari 1726 plaatste het tijdschrift een 35 pagina's tellende bespreking van Baniers editie. De Bruijn wordt een precieze en waarheidsgetrouwe beschrijver genoemd. De bespreking uit 1722 wordt in deze aflevering eigenlijk alleen maar geparafraseerd (Journal 1726: t.78, 80-115).

IV. VEILING

De Bruijn liep grote financiële risico's met het in eigen beheer uitgeven van zijn reisboeken. De lasten waren hoog en De Bruijn moest een flink aantal boeken verkopen om uit de kosten te zijn. Ogenschijnlijk liep de verkoop van de tweede reisbeschrijving goed. De Bruijn was voorzichtig geweest en had door middel van intekening de belangstelling voor zijn tweede boek gepeild. Hij zou er niet meer dan duizend van hebben laten drukken.[43] Misschien was zijn voorzichtigheid ingegeven door onverwacht slechte verkoopresultaten van zijn eerste werk. In zijn inleiding schrijft De Bruijn:

> "Van de zware kosten aen het toereeden dezes werx gehangen wil ik niet reppen, dewyl uit het beschouwen der naeukeurige konstplaten, die daer in voorkomen, niet bezwaerlyk te begrypen is, dat van ons hier toe groot gelt gespilt is." (1711: *4r)[44]

Zijn tweede werk bracht hem in elk geval niet het financiële succes waarop hij waarschijnlijk gehoopt had. Op 19 mei 1714 blijkt Cornelis de Bruijn bij de notaris te zijn geweest om daar een contract op te maken waarin hij zijn niet-verkochte reisbeschrijvingen door Hendrik Wetstein laat veilen.[45] De Nederlandstalige uitgave van *Klein Asia* blijkt uitverkocht te zijn, maar van de Franse vertaling uit 1700 zijn nog 172 exemplaren op groot papier en 296 op klein papier onverkocht. De Bruijn bleef zitten met een voorraad van 468 *Voyages au Levant*; in 1701 moet die zeker 5000 gulden waard zijn geweest. In zijn testament van 1701, toen de Franse vertaling al gedrukt was, stelde De Bruijn de waarde van zijn reisbeschrijving namelijk vast op nog maar 10 guldens per exemplaar. De boekprospectus geeft afnemers van minstens zeven exemplaren echter al een voordeelprijs van ongeveer 14 gulden. Op de veiling kunnen deze zelfde boeken nooit meer hebben opgebracht dan de 10 gulden uit 1701, wat verlies voor de uitgever (De Bruijn) betekende. De Bruijns behoefte aan geld moet groot geweest zijn, want hij liet ook 760 exemplaren op zowel groot als klein papier van zijn recente uitgave *Reizen over Moskovie* veilen. Volgens de prospectus zijn er niet meer dan 1000 exemplaren van *Reizen over Moskovie* gedrukt. Dat betekent dat er in drie jaar slechts 240 exemplaren verkocht zouden zijn.

De oorzaak van de tegenvallende verkoop is niet bekend. Het aantal advertenties voor *Reizen over Moskovie* in de geleerdentijdschriften is betrekkelijk klein. Het blijkt dat de

---

43 "Ieder exemplaer geduckt op klein papier sal komen op 24 gulden, en groot mediaen op 30, zullende daervan niet meer worden gedruckt dan 1000 exemplaren." Uit de prospectus voor *Reizen over Moskovie*; K.B., Verz. Cuper, 72 G 19.

44 Dit is een topos, die men in veel inleidingen op reisverslagen leest.

45 Tekst van de acte door notaris George Wetstein verleden op 19 mei 1714 in Amsterdam, geciteerd uit Kleerkooper/van Stockum 1914-1916: dl.2, 927-928: "19 May 1714 — Compareerde voor mij George Wetstein, openbaar notaris bij den Hove van Holland geadmitteerd binnen Amsterdam residerende ter presentie van de nagenoemde getuigen: de Heer Cornelis de Bruin, jegenwoordig woonende alhier dewelke verklaarde bij deezen te stellen ende machtig te maken de Heer Hendrik Wetstein, boekverkoper alhier, specialijk omme uit de naam en voor rekening van hem comparant op de auctie welke de geconstitueerde in de naastkomende week van meeninge is te houden, onder de boekverkopers op te veilen en te verkopen zijn Comparants beide Reisbeschrijvingen te weeten van de eerste na Palestina en Klein Asia in 't Frans 172 exemplaren op groot pampier en 296 dito op klein pampier, dog zonder de kopere platen, daartoe behorende alzoo dezelve niet meer in wezen zijn. En van de tweede Reise door Moscovien, Persien en Oost-Indien in Duitz groot en klein pampier van elke soort 380 en zulx gesamentlijck 760 exemplaren met en benevens de koperen platen daartoe behoorende...".

uitgevers van geleerdentijdschriften wierven voor eigen en vreemde fondsartikelen, als ze de laatste in hun boekwinkel verkochten. De Bruijn was zijn eigen uitgever. Hij had geen geleerdentijdschrift achter zich staan dat een publiciteitscampagne voor zijn boeken zinvol achtte. De gebroeders Goeree, drukkers van *Reizen over Moskovie* in 1711, gaven geen geleerdentijdschrift uit.

Hendrik Wetstein, die de boekenveiling organiseerde, was een assortimentshandelaar. In 1699 had hij alleen al 6000 Latijnse boeken in voorraad. Wetstein onderhield veel buitenlandse contacten (Kruseman 1893: 56-57, 532). Twee zoons, Gerard en Rudolf, zaten beiden in het boekenvak (Kleerkooper/van Stockum 1914-1916: dl.2, 903). Zij hadden reisbeschrijvingen, bijbels, religieus werk en werk van klassieke auteurs in hun fonds.[46] In 1714 waren zij de eigenaars geworden van de restanten van de oplage van *Klein Asia*, de oplage van *Reizen over Moskovie* en de daarbij behorende koperplaten. Van *Reizen over Moskovie* brengen ze al snel een titelherdruk op de markt (zie hierboven p. 33) in compagnie met twee andere boekverkopers, Johannes Oosterwyk en Hendrik van de Gaate (zie voor hen Ledeboer 1877 en Gruys 1989). De partij van 760 exemplaren werd van een nieuwe titelblad voorzien.[47]

V. Conclusie

Het is evident dat De Bruijns reisboeken zich in de eerste decennia na verschijning in een grote populariteit in West-Europa mochten verheugen. Het aantal Frans- en Engelstalige uitgaven rechtvaardigt deze conclusie. Bovendien blijkt uit besprekingen in wetenschappelijke tijdschriften dat De Bruijns boeken onder geleerden zeer gewaardeerd werden. Ondanks deze waardering en populariteit weten we niet door hoevelen de boeken zijn gelezen. Wat we wel weten is dat de verkoop van de door De Bruijn in eigen beheer uitgegeven edities achterbleef bij de verwachting. De enorme kosten die De Bruijn moest maken voor de productie van zijn boeken wogen uiteindelijk niet op tegen de opbrengsten. Het is niet onmogelijk dat De Bruijn hierdoor in financiële problemen geraakte waardoor hij gedwongen was de voorraad boeken die hij nog bezat te veilen. Zelf is hij dus niet rijk, in financiële zin, van zijn reisverslagen geworden. Wel vormden de boeken een verrijking van kennis op velerlei terrein in Europa.

---

[46] Apparaat-Enschedé in de Bibliotheek van de Vereeniging tot Bevordering van de Belangen des Boekhandels.

[47] Voor volledige titel zie Appendix II (1714a).

HET VERSCHIL TUSSEN DE BRUIJNS EERSTE EN TWEEDE REIS

JANNEKE VAN DER TORN

In het Rijksmuseum te Amsterdam bevindt zich een portret van Cornelis de Bruijn, rond 1700 geschilderd door Sir Godfrey Kneller:[1] een bohémienachtige figuur, ongedwongen gekleed, met openstaande boord van het overhemd en een donkere krullende haardos, die zelfbewust de toeschouwer aankijkt. Het portret is met een losse toets geschilderd. Dit is duidelijk niet het portret van een burgemeester, notaris of koopman. Het onderschrift bij een gravure die van dit schilderij is gemaakt, luidt:

"Wat zwier speelt in de Bruins opmerkende gelaat:
een halve weerelt doet zich voor in deze plaat;
laat andre reizigers bekladden hun papieren.
De wijsheid kranst dit hooft met zee- en lantlaurieren.
Uit beter oogen ziet ons Neerland als het plag,
Deez tekende, deez schreef niet anders dan hij zag."[2]

Cornelis de Bruijn was reiziger en schilder. Als we de lof in het gedicht serieus nemen, dan was hij kennelijk zeer nauwkeurig in het afbeelden van wat hij zag. Niet altijd verdienden reizigers deze lof. Soms misten ze tekentalent of technische tekenvaardigheden, soms namen ze het niet zo nauw met het afbeelden van wat er te zien was. Controle op hun weergave was veelal niet mogelijk. Cornelis de Bruijn geldt nu als een van de beste tekenaars onder de zeventiende en achttiende-eeuwse reizigers. Dat blijkt uit zijn twee lijvige reisverslagen die zijn geïllustreerd met grote, soms uitvouwbare prenten.

Wie zijn beide reisverslagen leest, valt onmiddellijk op dat het eerste en het tweede boek nogal van elkaar verschillen. Het eerste boek lijkt meer een toeristisch verslag van iemand die vol nieuwsgierigheid vreemde landen bezoekt en terloops daarover vertelt; het tweede lijkt doelgerichter en wetenschappelijker. In de reisverslagen is een verschuiving van interesse waar te nemen. Alles wat hij op zijn tweede reis waarneemt wordt gemeten, uitgeprobeerd en tenslotte nauwkeurig vastgelegd. Ontstaat deze verschuiving vanuit zijn eigen innerlijke groei en uit de vele ervaringen die hij tijdens zijn reizen heeft opgedaan? Of was het invloed van buitenaf, van de mensen die hij tijdens zijn leven heeft ontmoet? Waren het vragen die hem werden gesteld, o.a. door wetenschappelijk geïnteresseerden of kwamen de gerichte vragen steeds vaker bij hemzelf op?

Over De Bruijns sociale herkomst is weinig bekend (zie De Hond in deze bundel, p. 9). Het is niet aannemelijk dat hij uit een familie van aanzien stamde of een goede

[1] Rijksmuseum te Amsterdam, inv. nr. A1280, doek maten 70.5x 59, de afbeelding op de omslag van dit boek.
[2] Gedicht van Joannes Brandt, als onderschrift bij het portret van Cornelis de Bruijn in *Reizen door de vemaardste deelen van Klein-Asia.*

(klassieke) opleiding had genoten. Niets wijst erop dat de gerichte wetenschappelijke belangstelling in zijn jeugd was aangekweekt. In dat opzicht is hij een 'selfmade man'; hij heeft zich alles eigen gemaakt door gebruik te maken van de mogelijkheden en de kansen die hem werden geboden. Opmerkelijk is wel dat hij zich overal thuis voelde en zich in verschillende sociale milieus wist aan te passen. Hij was een welkome gast, en wist door zijn beminnelijke aard gemakkelijk contacten te leggen. Dit blijkt o.a. duidelijk uit de warme ontvangst in het klooster in Jeruzalem, uit de genegenheid die Peter de Grote hem toedroeg en de wijze waarop Nicolaas Witsen zijn persoon verdedigde tegen de aanvallen van Cuper, toen deze hem beschuldigde van onnauwkeurigheid. Op zijn reizen ontmoette De Bruijn personen van allerlei sociale niveaus en van gevarieerde intellectuele ontwikkeling. Hij had de gelegenheid andere culturen en godsdiensten te observeren. Waren het die uiteenlopende contacten die De Bruijns gezichtsveld hebben verruimd en tot zijn ontplooiïng hebben bijgedragen? Of kwamen de stimulansen vooral uit Holland waar men op zijn reiservaringen en verzamelde curiosa zat te wachten?

De jonge reiziger in Italië

Voor het begin van zijn buiten-Europese reizen is De Bruijn niet meer dan een nieuwsgierige jongeman, die voornamelijk belangstelling had voor de wijnen en de toeristische bijzonderheden van de streek die hij bezocht. Zo beschrijft hij regelmatig de wijnen die hij tijdens zijn verblijf in Italië dronk:

> "...Monte-Fiascone, alwaar uitsteekende Muskadelwijn is; om welke reden een zeker Reiziger zich daar, vrij wat langer als hij behoorde, ophield, vindende den zelven zoo smaakelijk, dat hij, konnende die Nectar niet een oogenblik missen, zijne wellust eindelijk met de dood moest betaalen: ter gedachtenis van het welk ziet men op zijn Graf (want hij wierd alhier ter aarde besteld) de volgende latijnschen regelen..." (1698: 3)

Kort na aankomst in Rome ontmoette De Bruijn een bekende, Robert Du Val, ook een kunstschilder. De Bruijn weet van hem gedaan te krijgen dat hij geïntroduceerd wordt bij de *Bentvogels*, een groep Hollandse schilders in Rome. Het is duidelijk dat De Bruijn het heel belangrijk vindt om hierin te worden opgenomen; hij moet nogal wat moeite doen om er lid van te worden. In zijn reisverslag wordt zijn inwijding uitgebreid beschreven en getekend. Het is een vrolijke ceremonie, waarbij de Bruijn de doopnaam *Adonis* ontvangt. Het wordt besloten met een feestmaal en drinkgelag. De volgende ochtend begiet men, bij de Santa Costanza het 'graf van Bacchus' met wijn.[3] Het hele ritueel doet denken aan een introductie van een studentensociëteit:

> "Na den Nacht aldus in alle vrolijkheid doorgebracht te hebben, begeeft men zich met het krieken van den dageraad na het Graf van Bacchus, om hetzelve, volgens de gemeene wijze van spreeken, te begieten; zijnde een goed uur van de stad gelegen, nabij een kerkje genaamd S. Agnese. Dit graf is van eenen schoonen Porfyrsteen, met d'afbeelding van den

[3] In de nissen van de Santa Costanza hebben verscheidene Bentvogels hun namen ingekrast. Die van Cornelis de Bruijn is er niet bij.

11. De inwijding van een Bentvogel (1698: Pl. A).

> Wijngod op alle vier de hoeken. Dicht tegen over staat een herberg, alwaar men den nieuwen Bendvogel doet zien de aangenaamste gezichten van Romen, en zich dien dag vrolijk maakt; doch hetgeen men alhier komt te verteeren, staat aan de vrije wil van den nieuwen Bendvogel, om het geheel, of ten deele te betalen, na dat zijne mildheid, of ruimheid van penningen, toelaat of zich daartoe strekt." (1698: 5-6)

Bij de beschrijving is ook een prent opgenomen van de inwijding (ill. 11). Centraal zit, op een verhoging, de Veldpaap met een zwaard in zijn rechterhand waarmee hij de 'ridderslag' zal gaan verlenen. Hij draagt een lauwerkrans op het hoofd en links van hem is iemand geknield die een drinkbeker aanbiedt. Voor een stellage staan de nieuw in te wijden Bentvogel en zijn paranimf.

Het kleurrijke verhaal over de inwijding vormt een opmerkelijk contrast met de afwezigheid van tekeningen of beschrijvingen van Rome. Het is de vraag of De Bruijn iets van de bezienswaardigheden van Rome heeft getekend. In ieder geval heeft hij er niets van in zijn reisverslag opgenomen; de enige prent uit deze periode is de inwijding bij de Bentvogels. Even opmerkelijk is dat nergens iets blijkt over zijn artistieke wederwaardigheden zoals bewondering voor een bepaalde kunstenaar. Men krijgt de indruk dat de hele inwijding en de daarbij behorende feesten meer indruk op De Bruijn hebben gemaakt dan het artistieke klimaat van de Eeuwige Stad. Als hij Rome verlaat schrijft hij:

> "Ik nam op den 16den Juny van den Jaare 1677 met een avondmaaltijd afscheid van de Bentbroeders, met dewelken ik geduurende mijn verblijf aldaar den meesten tijd in vrolijkheid had doorgebracht, en zijnde des anderendaags morgens door dezelven met een treffelijk Gastmaal buiten de stad onthaald, verliet ik het bekoorlijk Romen, niet zonder erinnering van alle vermakelijkheden, die ik 'er had genooten." (1698: 15)

Van zijn tocht door Italië beschrijft hij nauwelijks oudheden, bijzondere gebouwen of beroemde kunstwerken, hoogstens wat curiositeiten. Zijn belangstelling voor oudheden is nog niet expliciet ontwaakt, maar zijn nieuwsgierigheid naar het vreemde wordt steeds duidelijker. Af en toe beschrijft hij een oudheidkundig monument dat hij op zijn weg tegen komt, maar vaker (en uitgebreider!) gaat zijn aandacht uit naar bijvoorbeeld een vuurwerk dat hij heeft gezien, een aan godsdienstwaanzin lijdende vrouw die op straat luidkeels het geloof verkondigt, een ruzie tussen twee processies en het ritueel van het aanraken van de hand van de overleden paus Clemens X. Tussen dit bonte gebeuren door treffen we opmerkingen aan als: "een stedeken, vermaard wegens zijne treffelijke wijnen" (Albano), "lekkere wijnen, dewijl het overdadig gebruik, veroorzaakt door de bekoorlijke smaak, daar de tong en het gehemelte mee gekitteld konnen worden, veelen de traanen uit d'oogen doet vloeyen" (bij Napels), " een overblijfsel van een kerk..., dienende tegenwoordigh tot een herberg, om de goede wijnen van Falerne in te drinken" (1698: hfdst. 3).

Overigens is het wel opvallend dat De Bruijn niet alles wat hij hoort onmiddellijk aanneemt. Vaak vermeldt hij in zijn reisverslag dat hij de maten heeft opgenomen of iets gecontroleerd heeft wat door anderen is beweerd. Een voorbeeld hiervan is te vinden in het verslag van een uitstapje naar Napels. Hij komt daar bij een grot, de 'grotta dei cani', waarvan werd beweerd dat als men een binnengebrachte hond met zijn kop dicht bij de grond hield, deze onmiddellijk zou sterven. Dit is zo'n verhaal dat De Bruijns nieuwsgierigheid wekt. Proefondervindelijk toont hij aan dat het gerucht op waarheid berustte door er zelf twee honden mee naar toe te nemen en het uit te proberen. Inderdaad wordt een van de honden onwel en moet naar buiten worden gebracht. De Bruijn poogt een verklaring te geven voor het verschijnsel door te opperen dat er kwalijke dampen in de grot zijn. Kortom, de kritische geest is er in Italië al wel, maar de interesse voor cultuur legt het nog even af tegen de geneugten van het alledaagse leven.

De eerste reis

Vanuit Italië reist hij in 1678 naar Izmir. Onderweg passeert het schip op een nacht de Stromboli, die brandt. De Bruijn vertelt dat rond deze berg soms een vreselijk gehuil en geloei te horen is. Volgens goedgelovigen komt dat omdat hier de ingang naar de hel zou zijn. Zelf voelt hij meer voor de mening van 'natuurkenners' die zeggen dat het loeien veroorzaakt wordt door de wind.

In Istanbul (Constantinopel) is De Bruijn anderhalf jaar gebleven. Uit het verslag valt niet op te maken dat hij veel tijd besteedde aan het maken van aantekeningen (zie Versteeg in deze bundel, p. 74). Wel maakt hij een paar prachtige, grote stadsgezichten. De bekende gebouwen worden met letters gemarkeerd en in bijschriften verklaard. De beschrijving en de afbeeldingen in het boek zijn nog steeds van groot belang voor een goed beeld van hoe de stad met zijn monumenten er in de zeventiende eeuw uitzag (Gezisi 1974).

Onderweg door Turkije maakt De Bruijn waterverfschetsen, waarop de gravures in het reisverslag zijn gebaseerd. Tekeningen van oudheden in Turkije zijn niet erg talrijk in het boek en wat er is maakt meer de indruk om het pittoreske karakter te zijn geschilderd dan om kennis over de monumenten wereldkundig te maken. Hij verzamelt ook antieke artefacten en krijgt kennelijk in toenemende mate oog voor de waarde ervan. Op Delos hakt hij een stuk van een marmeren beeld van Apollo af en stuurt het op naar het vaderland. In Izmir veroordeelt hij de houding van de Turken, die veel oudheden vernielden:

> "Ik heb eens, hier ter plaatze zijnde, een steen, met basrelieven behouwen, staande boven de deur van een Turks huys, in de muur, willen koopen, dog konnende wegens de prijs niet overeen komen, en krijgende de Turk mogelijk een inkeer, wegens beeldwerk aan zijn huys te hebben, zag ik het zelve t'eenenmaal geschonden." (1698: 26)

In Palestina bezoekt hij de bekende bijbelse plekken (zie Drijvers in deze bundel, p. 97ff.). Enerzijds toont hij zich in het Heilige Land een (goed)gelovige, anderzijds denkt hij ook kritisch na over alle wonderlijke verhalen die hem verteld worden en controleert hij voor zover dat mogelijk is wat hij ziet. Hij neemt niet zonder meer op gezag van anderen dingen aan. Illustratief is het volgende voorbeeld (bij het gezicht op Jerusalem):

> "De letter B vertoond de brug, die over de Beeke Kedron legd, alwaar de Paters zeggen dat Christus onder het kruis neerviel, en wijzen ter zelver plaatze noch de vorm van zijnen eener voet aan, in de steen ingedrukt. Doch, uit dezen kan alleen afgemeten werden, hoe deze Devotarissen haar zelver bedriegen, en anderen niet als beuzelingen vertellen. Want, doe Christus het kruys opgelegd wierd om te draagen, was hij niet langer in Getzemane, aan den Olijfberg, van waar hij na Jerusalem geleid werdende, om van 't oosten in de stad

> te komen, over de Beeke Kedron moest passeeren: maar hij was in 't Rechthuys, en moest van daar, door de straaten der Stad, na het westen, daar Golgotha lag, zij kruys torssen, en alzo is 'er geen de minste gedachte te maken, dat onze kruysdraagende Heyland de Beeke Kedron, onderweg, kan ontmoet hebben." (1698: 261)

Ook het geval van de 'Roos van Jericho' is een aardige illustratie van De Bruijns kritische houding. Er werd verteld dat dit plantje, als het in de kerstnacht in water wordt gelegd, open gaat. De Bruijn probeert het dan zelf uit en ontdekt dat dat altijd gebeurt als het plantje in water wordt gelegd. In het reisverslag is een tekening van de 'Roos van Jericho' opgenomen.

Er is in De Bruijns eerste reisverslag aandacht voor opmerkelijke verschijnselen, voor landschappelijke aspecten van de bereisde gebieden en voor wat daarover door anderen wordt verteld. De Bruijn is een bekwaam tekenaar en zijn prenten zijn ook nu nog interessante historische bronnen voor deze gebieden. Zijn aandacht voor oudheden is echter nog gering en komt eigenlijk alleen te voorschijn bij — ook toen al — vrij algemeen bekende monumenten als bijvoorbeeld de Heilige Grafkerk en de piramiden.

In 1684 keert De Bruijn met een konvooi terug naar Venetië, waar hij acht jaar verblijft en les neemt van de Duitse schilder Carlo Loth. Pas daarna komt hij terug naar Holland en publiceert hij zijn eerste reisverslag. Het is niet duidelijk wat hem tot publicatie heeft bewogen. Was het bewondering voor zijn tekeningen en vraag naar meerdere exemplaren ervan? Niets wijst erop dat hij al voor het begin van zijn reis van plan was zijn tekeningen in boekvorm uit te geven. De talrijke van andere reizigers overgenomen passages (zie Versteeg en Drijvers in deze bundel) doen vermoeden dat hij tijdens de reis niet veel schreef. Ook dat wijst erop dat het plan voor een boek van na de reis dateert.

De tweede reis

In de tijd van 1695 tot 1697 staat De Bruijn ingeschreven bij de Haagse Schilders-Confreyre. Al snel vat hij plannen op voor een nieuwe reis. Hij vertrekt in 1701 naar Rusland, met aanbevelingsbrieven op zak van Nicolaas Witsen. Financiële steun voor deze onderneming door Witsen is vaak vermoed, maar nooit aangetoond (zie De Hond in deze bundel, pp. 67-69).[4] Wel mogen we aannemen dat Witsens grote belangstelling voor verre gebieden een stimulans vormde voor het opvatten van een nieuw reisplan. Mogelijk waren het dit soort vragen waarin tekenaar-reiziger De Bruijn 'brood' zag.

In Rusland ontvangt de tsaar Cornelis de Bruijn aan het hof. Het werd hem toegestaan om alles te tekenen en te schilderen wat hij wilde; in die tijd een uitzonderlijk privilege in Rusland. De Russen weten dan ook niet wat zij er van moeten denken als ze hem aan de rand van Voronezj met een groot boek zien zitten schetsen:

> "de russen, besloten eindelijk, ik most een Profeet zijn, nieulings van over zee gekomen: om overal omwandelende de oude kerkhoven te bezoeken, en voor de afgestorvene menschen zielmissen te doen, en andere godsdienstigheden te plegen. Waarom ik altijd een groot boek bij mij had." (1711: 60)

---

[4] Zie De Hond 1994 voor een nadere uitleg over de verhouding tussen De Bruijn en Witsen.

Via de rivier de Wolga, de Kaspische zee en Astrakhan reist De Bruijn per schip naar Perzië. Voornaamste reisdoel in dat land is Persepolis. Hij verblijft er vanaf oktober 1704 drie maanden lang. De reizigers die de ruïnes voordien hadden bezocht zoals Tavernier, Chardin, Kaempfer en Philip Angel waren er slechts korte tijd gebleven. De Bruijn verblijft er drie maanden en zijn tekeningen bevatten een schat aan op dat moment nog onbekende informatie.

> "Ik begon dan met den morgenstondt op den 9den der maent een aanvang te maken van het bezichtigen der beroemde overblijfselen van het oudste koninklijk hof van geheel oosten, met voornemen van meerder vlijt dan andere reizigers aan te wenden en de werelt hetgeen ik ondervonden had mede te deelen, wel wetende, dat tot het onderzoeken van gedenkteekenen, hoedanig nergens ter wereld meer te vinden zijn, liefde, tijd en arbeid verricht worden." (1711: 208)

Tot de bekendste tekeningen die hij gedurende zijn verblijf in Persepolis maakte behoren de vier 'gesigten op Persepolis', een uit ieder van de vier windrichtingen. Geen van de andere reizigers had dat gedaan. De vier prenten gaven een goed overzicht van wat er nog stond en hoe het eruit zag. Verder tekende hij een groot aantal reliëfs, en een serie opmerkelijke details van zuilen en beeldhouwwerk. Dit deel van het reisverslag is het meest uitvoerig en, wat de tekeningen betreft het meest, gedetailleerd.[5]

Dat juist Persepolis in zijn geheel zo minitieus wordt geregistreerd is niet zo vreemd. Nicolaas Witsen had grote belangstelling voor Persepolis, zoals bijvoorbeeld uit zijn correspondentie met Cuper blijkt. De Bruijn heeft waarschijnlijk uitdrukkelijke instructies gekregen om juist Persepolis zo uitgebreid te tekenen. Toch is er ook echte interesse te bespeuren in de manier waarop hij de oudheden tegemoet treedt. Hij doet niet alleen zijn werk, maar vraagt zich ook af welke functie bepaalde gebouwen hadden of wat de reliëfs voorstelden. Verder hakt De Bruijn ook nog met veel moeite verscheidene brokstukken van de antieke overblijfselen uit en verzendt deze naar Holland.

Verschillen tussen de eerste en tweede reis

Bij vergelijking van beide reisverslagen zijn opvallende verschillen te constateren. De Bruijns aandacht gaat geleidelijk aan meer uit naar oudheden, volkenkunde, vreemde planten en dieren. Niet langer zijn het lukrake opmerkingen over de dingen die hij onderweg tegenkomt, maar steeds vaker zijn het bepaalde onderwerpen die hem gericht bezig houden en die hij systematischer gaat onderzoeken. Hij gaat in op het nut van planten en gewassen en tekent een tak katoen, een pepertakje, indigo, koffiebonen, cacaovruchten, pistachebomen, granaatbloemen. Het gaat niet meer om het curieuze, maar ook om het bruikbare. Waarschijnlijk valt hier de invloed te bespeuren van zijn connecties met de Verenigde Oostindische Compagnie.

---

[5] Zie voor verdere uitwerking van dit deel van De Bruijns reis en de betekenis ervan voor de wetenschap de artikelen van Sancisi-Weerdenburg en Henkelman in deze bundel.

Toch was deze belangstelling voor planten en dieren slechts bijzaak; het allerbelangrijkste vindt hij toch het onderzoek naar oudheden, zoals blijkt uit het volgende citaat:

> "Dit alles was maer sieraet en bijwerk: zijnde mijn voornaemste oogwit de overblijfselen der Outheden, door mij te beschouwen, te onderzoeken, en de behoorlijke aenmerkingen daer over te maken: en ondertusschen mijn gezicht en aandacht te laten gaen over de voornaemste dragten en kleedingen, zeden en Godsdienst." (1711: 208)

Het tweede boek bevat ook meer tekeningen dan het eerste: ruim 300, terwijl het eerste reisverslag er 200 telde. In een bekendmaking van het verschijnen van het tweede boek heet het:

> "de groote van dit Reijsboeck sal gelijk sijn aen het eerstuitgegeven werk bovengemelt. Behalven dat hier een derde deel platen meer in sal zijn, zoodat het getal daervan sal loopen over de drie hondert: om nu niet te zeggen dat de beschrijvingh selve de voorgaende, gelijck d'een dagh den anderen leert, in naukeurigheijt verre sal overtreffen... De inteecknaers zullen sigh verseeckeren dat alles zinlijck en naeukeurigh sal uijtgevoert worden op seer schoon papier, en met eene nieuwe schoone letter. De platen ook worden gesneden door alle de bequaamste en beroemste meesters die hier te lande gevonden worden." (geciteerd uit Hotz 1911: 11-12)

Het tweede boek is inderdaad zeer fraai uitgevoerd. Niet alleen telt het meer platen, maar de prenten zijn ook beter uitgewerkt. Portretjes in het eerste boek zien er vaak wat medaillonachtig uit. In het tweede boek worden de verschillende ethnische groepen meestal ten voeten uit en op een gehele pagina afgebeeld. Het zijn ook vaker echte karakters, geen typetjes. De prenten zijn bepaald levendiger, er zit meer diepte in en er is meer gewerkt met contrast tussen licht en donker.[6]

Ook de onderwerpen veranderen. In het eerste boek waren het vooral stadsgezichten; in het tweede reisverslag vinden we talrijke afbeeldingen van mensen, dieren, planten, vruchten en bomen. Het wetenschappelijk belang prevaleert hierbij over het kunstzinnige, d.w.z. gedetailleerdheid en duidelijkheid zijn belangrijker dan het esthetische aspect. De Bruijn heeft bovendien geleerd hoe hij planten, dieren en vruchten kan conserveren, zodat ze naar Holland gezonden konden worden. Daar is kennelijk ook vraag naar.

Als we de tekeningen van de oudheden van Persepolis vergelijken met die van Alexandrië dan is het verschil opmerkelijk. Na terugkeer in Nederland heeft De Bruijn er spijt van dat hij de obelisk met hiëroglyfen niet van drie kanten heeft getekend (zie Drijvers in deze bundel, p. 92). Die fout herhaalt hij in Perzië niet, zoals blijkt uit de vier gezichten op Persepolis, maar ook uit zijn tekeningen van het spijkerschrift. Wat daar later door Niebuhr over gezegd mag worden (zie bijdrage van Henkelman in deze bundel), het resultaat is beduidend beter dan dat van zijn voorgangers.

De Bruijn heeft tijdens zijn tweede reis een soort vastbeslotenheid om oudheden te gaan zien terwijl hij bij zijn eerste reis vooral registreerde wat hij toevallig tegenkwam. De opdracht van Nicolaas Witsen om Persepolis te tekenen is niet vreemd aan deze doelgerichtheid, maar het begint hem ook zelf te boeien. Hij had zich er gemakkelijk vanaf

[6] Het is niet geheel zeker of vooral dit laatste aan De Bruijn zelf ligt. Het is ook mogelijk dat bij het tweede boek betere graveurs aan het werk waren.

kunnen maken, want wie controleerde hem? Het is naast het evidente vakmanschap vooral ook de uitvoerigheid waarmee hij zich van de taak kwijt waaruit waarachtige interesse blijkt. De tekeningen zijn van voortreffelijke kwaliteit. Wat een prestatie dat was kan blijken uit een vergelijking met de prenten in de werken van Kaempfer en Chardin.

Ten bewijze van zijn nauwlettende waarneming van het geheel van de ruïnes en de details ervan geeft De Bruijn in zijn tweede reisverslag steeds de afstanden tussen de paleisruïnes in schredental, en de hoogte, lengte en breedte van de voorwerpen in voetmaat. Hij tekent er menselijke gestaltes bij om ook op die manier een indruk van de afmetingen te geven. Bovendien begint hij zelf ook te speculeren over de functie en betekenis van de ruïnes en de reliëfs en durft dan een afwijkende mening te ventileren dan zijn voorgangers. Hij geeft zelf in het voorwoord van *Reizen over Moskovie* redenen voor het met andere ogen bekijken van de vreemde landen en hun bezienswaardigheden.

> "Hierbij quam dat ik, nu tot rijper jaren gekomen, begreep wat ik in jonger tijdt beter had kunnen aenleggen en aenmerken: gelijk ook mijne ondervinding daar na, en het verkeeren met luiden van letteren, en minnaers van zeltzame zinlijkheden, mij gedachten deed scheppen van dingen te kunnen aen den dagh brengen, die grooter opmerking waerdig waren. Want door denzelven aengezet, begaf ik mij niet alleen tot het bezichtigen van veeler Kabinetten, maer leerde ook door mijne eige drift en onderrechting van de bezitters der zelve, veele fraaye dingen, alom geacht, zodanig opzetten, dat men ze konde voor bedervinge bewaren, of in krachtig nat, gemeenlijk Spiritus genoemt, ingelegt medevoeren, of overzenden. Dus trachtte ik te geraken aen veel gevogelte, beesten, en visschen, en die op dezelfde wijze te behandelen en te bewaren. Dezelve lust strekte zich uit tot veelderhande zeegoet, ook bloemen, planten, kruiden, en vruchten met hunne bladeren, naer het leven met koleuren op doek, of met waterverw op papier te brengen." (1711: 1)

Twee factoren geeft De Bruijn aan voor de betere kwaliteit van zijn werk in het tweede boek. Hij is zelf ouder en wijzer geworden en zijn contacten met kunstminnaars en wetenschapsbeoefenaren hebben hem geattendeerd op wat de moeite van het observeren, registreren en conserveren waard was. De vraag naar berichten over antiquiteiten en exotica heeft hem bij zijn tweede reis tot een meer wetenschappelijk verantwoorde verslaggeving gebracht. Daar zaten immers in Holland verzamelaars, geleerden en liefhebbers van curiosa op zaten te wachten. Door het succes van zijn eerste boek ontdekte hij dat er een markt was voor gegevens uit exotische oorden. Die markt heeft hij in de periode tussen de reizen verkend. In het tweede boek levert hij het produkt af waar vraag naar is. Hij doet dat met vakmanschap en talent: "zinlijck en naeukeurigh", maar ook met gretige belangstelling voor wat hij tegenkomt.

BEROEP REIZIGER

JAN DE HOND

De twee reizen van Cornelis de Bruijn namen in totaal bijna zesentwintig jaar in beslag. Dit doet de vraag rijzen hoe De Bruijn zijn reizen kon bekostigen, want deze moeten hem ongetwijfeld een klein fortuin hebben gekost. Dit artikel poogt een antwoord te vinden op de vraag naar de financiering van De Bruins wereldreizen.

Voor zover bekend, was De Bruijn niet afkomstig uit een bijzonder welvarende familie. Uit zijn testament van 1701 blijkt dat hij weliswaar wat geld had, maar bepaald geen vermogend man was.[1] Hij kon dus niet, zoals bijvoorbeeld de Italiaanse patriciër Pietro della Valle, gedurende zijn reizen teren op een aanzienlijk familiekapitaal. Evenmin maakte hij deel uit van een officieel diplomatiek gezantschap of was hij in dienst van de VOC, zoals de meeste Nederlandse wereldreizigers.[2] De Bruijn diende dus op een andere manier aan zijn geld te komen.

Reis- en verblijfkosten

De Bruijn kon op zijn eerste reis gebruik maken van de bijstand die de vaderlandse consulaten hem boden. Doorgaans meldde De Bruijn zich bij aankomst in een vreemde stad eerst bij de Nederlandse vertegenwoordiger. De diplomaat op zijn beurt bood zijn gast gewoonlijk "zijn huis en tafel" aan. Zeker als De Bruijn niemand anders in de stad kende, maakte hij hier graag gebruik van. Zo logeerde hij in Izmir, Tripoli en Chios bij de Nederlandse vertegenwoordiger. Als er in de stad geen Nederlandse vertegenwoordiger zetelde, wendde De Bruijn zich tot diens Europese collega's. De Engelse, Venetiaanse en Franse diplomaten, die soms tevens de Nederlandse belangen behartigden, ontvingen hem zeer hartelijk. De gastvrijheid van de Franse consuls mag opmerkelijk heten omdat de Nederlanders en Fransen elkaar op de Middellandse Zee in die dagen regelmatig bevochten.

Het aanbieden van "huis en tafel" hield vaak meer in dan het verlenen van onderdak en maaltijd alleen. Zo nam De Bruijn deel aan excursies die door de consulaten werden

---

[1] G.A.A., Notariële Archieven, nr. 6455, 495. Het testament spreekt over een vermogen van 1200 gulden en niet nader omschreven "goederen, actien, crediteren en gerechtigheeden". Indien er niet genoeg contanten voor handen zouden zijn, moesten de geldbedragen in de vorm van reisboeken worden uitgekeerd. Voor aanwijzingen dat De Bruijn de laatste jaren van zijn leven in zeer gebrekkige financiële omstandigheden doorbracht, zie pp. 19-20.

[2] Men denke bijvoorbeeld aan reizigers als Herbert de Jager, Philip Angel, Cornelis Speelman, Isaac Massa en Evert Ysbrant Ides die allen in dienst waren van de VOC, dan wel deel uitmaakten van een diplomatieke missie.

georganiseerd, zoals de tocht vanuit Izmir naar Ephese onder leiding van de Engelse consul en het bezoek aan de piramides in het gezelschap van de Venetiaanse consul te Caïro. Meerdere malen kon De Bruijn op zijn tochten gebruik maken van de tolken, janitsaren en ezels van de consulaten. De Franse consul op Cyprus gaf hem zelfs een jachthond cadeau.

Een enkele maal, zoals te Ramla, Tripoli, Aleppo en Izmir, nam De Bruijn zijn intrek bij een Nederlandse koopman. In Damietta, Caïro, Jaffa, Jeruzalem, Bethlehem, Nazareth en op de berg Libanon vond hij onderdak in een klooster. Soms werd van hem verwacht dat hij hiervoor een geringe vergoeding betaalde.

Op zijn tweede reis maakte De Bruijn eveneens dankbaar gebruik van de Nederlandse diplomatieke vertegenwoordigingen. Veelvuldig gebruikte hij de maaltijd bij de Nederlandse resident in Moskou, Van der Hulst. Te Moskou, net als te Archangelsk in de maanden daarvoor, sliep hij echter bij een Nederlandse koopman. Dankzij aanbevelingsbrieven van Witsen, een goede bekende van de tsaar, en de medewerking van resident Hendrik van der Hulst kon De Bruijn in contact komen met Peter de Grote. Door zijn contacten met de tsaar en diens beschermelingen, kwam hij in het bezit van waardevolle vrijgeleide- en aanbevelingsbrieven die hem het reizen in Rusland aanzienlijk vergemakkelijkten. Russische ambtenaren boden hem onderweg onderdak aan en de gouverneur van Astrakhan liet hem meerdere malen geschenken brengen; aanvankelijk vooral voedsel en sterke drank, later ook zeldzame dieren voor zijn collectie.

Eenmaal in Perzië aangekomen kon De Bruijn weer rekenen op de steun van landgenoten. Te Isfahan, Shiraz en Bandar Abbas werd hem onderdak aangeboden door de plaatselijke VOC-ambtenaren. Hij maakte daar overigens niet altijd gebruik van. Soms verkoos hij een karavanserai of een klooster omwille van zijn rust. Met name te Isfahan werd De Bruijn door de Compagnie in de watten gelegd. Hij zat elke dag aan de tafel van het opperhoofd Kastelein, had constant een tolk, enkele bedienden en een paard tot zijn beschikking, en meerdere malen vergezelden ambtenaren van de factorij hem bij zijn tochten naar de bezienswaardigheden in de omgeving. Kastelein voorzag De Bruijn bij diens vertrek uit Isfahan van proviand waaronder zeventien flessen goede wijn.

Op weg naar de Indische Archipel verbleef De Bruijn te Kochin en op Sri Lanka wederom bij VOC-ambtenaren. Bij zijn aankomst te Batavia bood de gouverneur-generaal Joan van Hoorn hem een kamer in het gastenverblijf van het Waterkasteel aan. Van Hoorn was reeds schriftelijk ingelicht over de komst van De Bruijn door Nicolaas Witsen.

De conclusie mag dus luiden dat De Bruijn aanzienlijk kon besparen op reis- en verblijfkosten door zich te vervoegen bij Europese diplomatieke vertegenwoordigingen, VOC-kantoren, kloosters en vaderlandse kooplieden. Ongetwijfeld zal hij hierbij geholpen zijn door zijn uitstekende referenties, met name tijdens zijn tweede reis. Dit heeft er toe bijgedragen dat De Bruijn kon besparen op zijn kosten, maar dat wil niet zeggen dat er niet genoeg uitgaven overbleven. De vervoerskosten, zoals de huur van schepen, sledes, wagens, ezels en paarden, de kosten voor de reisproviand en de kosten voor overnachtingen in herbergen en karavanserais, kwamen grotendeels voor zijn eigen rekening.

Schilder

Tot nu toe werd er in de literatuur alleen aandacht besteed aan Cornelis de Bruijn de wereldreiziger. Voor de kunstenaar De Bruijn bestond weinig of geen belangstelling. De meeste auteurs sloten zich aan bij de mening van G.J. Hoogewerff die in De Bruijn geen kunstschilder zag, maar een "schilder-liefhebber": een dilettant die verdienstelijk kon tekenen, maar beslist geen professioneel kunstenaar (Hoogewerff 1923: 231; 1952: 133). Dit beeld behoeft enige bijstelling.

Alles wijst erop dat De Bruijn een gedegen schildersopleiding heeft genoten. In 1674 stond hij ingeschreven bij het Haagse schildersgilde als leerling van Theodoor van der Schuer, die dat jaar hoofdman was van *Pictura* (Obreen 1877-1890: dl.5, 150). Zoals zoveel Nederlandse kunstenaars in de zeventiende eeuw besloot De Bruijn zijn opleiding in Italië af te ronden. Vele Haagse kunstenaars, onder wie zijn leermeester Theodoor van der Schuer en zijn jeugdvriend Robert du Val, waren hem hierin voor gegaan. In 1674 vertrok De Bruijn samen met de schilder Pieter van der Hulst, een vriend van Van der Schuer, naar Italië, waar beiden lid van de *Bentvogels* werden (Houbraken 1721: dl.3, 256). Naar eigen zeggen vervolgde De Bruijn zijn studie na zijn terugkeer uit de Levant bij de schilder Carlo Loth in Venetië.

Eenmaal terug in Den Haag werd De Bruijn in 1695 weer lid van *Pictura*. Ditmaal echter niet meer als leerling maar als zelfstandig meester.[3] Inmiddels hadden vijf vooraanstaande Haagse schilders, Willem Doudyns, Theodoor van der Schuer, Daniel Mytens, Augustinus Terwesten en Robert du Val, in 1682 de *Accademie van de Teyken-Const* opgericht. De oprichters hadden allen voor kortere of langere tijd in Italië gewerkt en wensten, naar Italiaans voorbeeld, nu ook in Den Haag de mogelijkheid te creëren naar naaktmodellen te tekenen. De Bruijn, die enkele van de oprichters goed kende, werd in 1694 lid van de academie. Reeds een jaar later had hij zich opgewerkt tot de assistent van de regent, welke functie hij ook in 1697 bekleedde. In 1699 behoorde hij zelfs tot de regenten van de academie.[4]

Na thuiskomst van zijn tweede reis spendeerde De Bruijn minder tijd aan het Haagse schildersgilde en de tekenacademie. De eerste jaren had hij het te druk met de uitgave van het tweede reisboek. Bovendien was hij niet erg honkvast. Vermoedelijk verbleef hij meer in Amsterdam, Haarlem en Utrecht, dan in Den Haag. Desalniettemin vinden we hem in het jaar 1719-1720 nog eenmaal genoemd in de rekeningen van de Haagse schildersconfrerie (Obreen 1877-1890: dl.4, 96).

Niet alleen De Bruijns opleiding en zijn lidmaatschap en bestuurlijke functies bij het Haagse schildersgilde en de tekenacademie doen vermoeden dat hij in ieder geval tijdens een deel van zijn leven professioneel kunstenaar was, ook de archiefstukken wijzen in die richting. In het testament van Pieter van der Hulst uit 1674 heet De Bruijn "insgelycs const-schilder (ende nu een discipel van de gem. Heer Verschuer)" (Bredius 1915-1922:

[3] Obreen 1877-1890: dl.4, 96, 110, 166, 167, 171, 172, 173 en dl.5, 38.

[4] Obreen 1877-1890: dl.4, 96, 110, 166, 167, 171, 172, 173 en dl.5, 38. Voor meer informatie over de Haagse tekenacademie zie Gramm 1882.

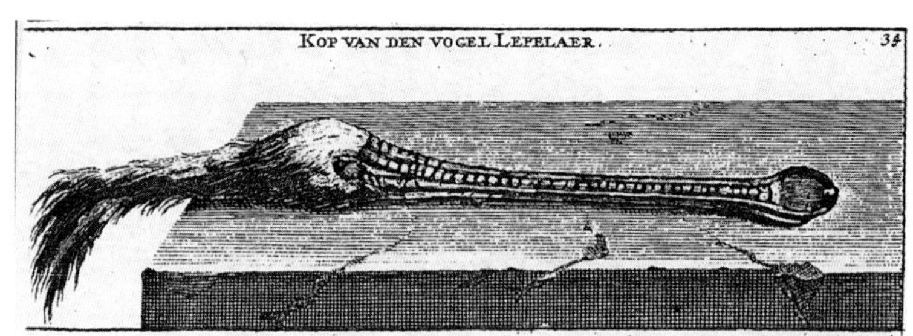

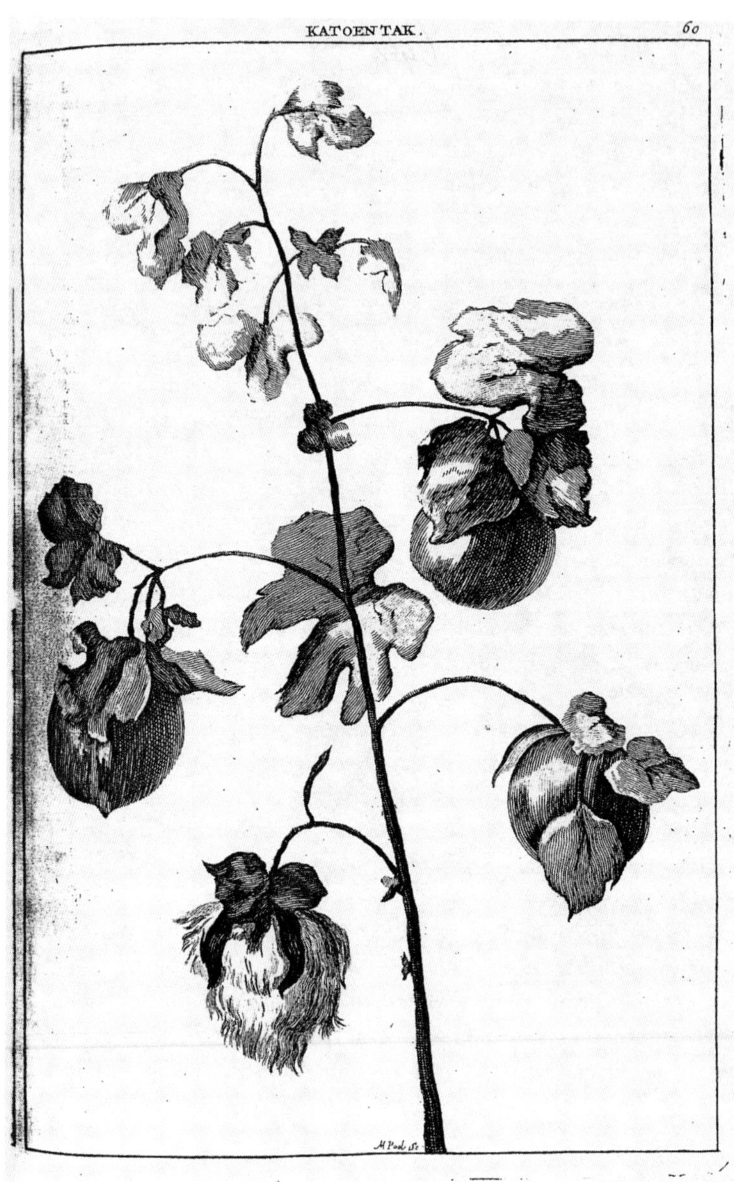

12. Kop van een lepelaar (1711: Pl. 34).
13. Katoentak (1711: Pl. 60).

14. Door De Bruijn uit de Apadana gehakt reliëf (1711: Pl. 142).

15. Zeldzame vissen (1711: Pl. 205).

dl.4, 1381). De Amsterdamse notaris die in 1701 De Bruijns eigen testament moest opmaken noemde hem "de hr. Cornelis de Bruyn, fijnschilder" en toen de inmiddels 61-jarige De Bruijn in 1715 dit testament wilde herroepen werd hij nog steeds met "fijnschilder" aangeduid.[5] Ook Nicolaas Witsen noemde De Bruijn "kundig in de teken en schilderkonst" en schreef aan Gisbert Cuper: "hij is een schilder van sijn konst, en het tekenen is zijn fort".[6] Cuper zelf omschreef De Bruijn als "een vermaert tekenaer en schilder".[7]

Het ligt voor de hand dat De Bruijn tijdens zijn reizen zijn beroep bleef uitoefenen. Hij maakte onderweg zowel krijt- en pentekeningen, aquarellen als olieverfschilderijen. Zijn onderwerpen varieerden van topografische gezichten, monumenten en ruïnes, kostuumprenten, tot uitheemse planten- en dierensoorten. Een groot deel van de werken was bedoeld om later in prentvorm als illustraties in de reisboeken te dienen (afb. 16, 17 en 18, 19). Een ander deel echter, met name de aquarellen en de olieverfschilderijen,

[5] G.A.A., Notariële Archieven, nr. 6455, f. 495.
[6] Witsen aan Cuper, 1 januari 1713, in: Gebhard 1881-1882: dl.2, 351.
[7] Cuper aan Witsen, 1 februari 1713: U.B.A., Be 68 a. Ook in Hotz 1911: 47-48.

hoopte De Bruijn na terugkeer in de Nederlanden te kunnen verkopen, zoals blijkt uit het reisverslag van Zacharias von Uffenbach. Toen de Duitser in 1711 het kabinet van De Bruijn bezocht, zag hij er nog twintig kleine olieverfschilderijen van "Trachten, Vögeln, Thieren etc.", die De Bruijn te koop aanbood. Volgens Uffenbach was het beste werk toen echter al verkocht (Hotz 1911: 15).

Uffenbachs getuigenis bevestigt dat er in de zeventiende en achttiende eeuw een markt bestond voor tekeningen met uitheemse onderwerpen. Zo waren er genoeg verzamelaars die graag tekeningen van exotische oorden in hun kabinetten wilden hebben.[8] Een bekend voorbeeld van zo'n verzameling tekeningen, kaarten en prenten van buitenlandse gewesten en steden is de *Atlas van der Hem*. Ook Nicolaas Witsen bezat duizenden kaarten, prenten, tekeningen en schilderijen van verre landen. De veilingcatalogus van Witsens kabinet vermeldt ook 24 schilderijen van De Bruijn:

> "24 stuks Turkse afbeeldzels, zynde de Dragten van alle de Grooten van Staat, die aan 't Hof van den Sultan gevonden worden tot Constantinopolen, geschildert door den grooten Reiziger Cornelis de Bruin, benevens de Beschrijvinghe van haar Qualiteiten."[9]

De catalogus van Witsens kabinet geeft van de meeste tekeningen niet de auteursnaam. Het is dus zeer wel mogelijk dat er zich meer werken van De Bruijn in Witsens kabinet bevonden, men denke bijvoorbeeld aan de afbeeldingen van "De Muydan of Markt tot Ispahan, bestaande in gesigten van alle vier de zyde".[10] Zulke topografische tekeningen van uitheemse plaatsen en zeker de 24 portretten van Turkse hofdienaars compleet met een functiebeschrijving, lijken geknipt voor het kabinet van een erudiet verzamelaar als Witsen, die de werken niet alleen kon bewonderen om hun artistieke kwaliteiten, maar ook hun waarde als 'wetenschappelijke illustraties' op prijs kon stellen.

Schilderijen van Oosterlingen in exotische klederdrachten bekoorden echter niet alleen erudiete verzamelaars met wetenschappelijke interessen. De belangstelling voor het Oosten was veel algemener. Schilders als Vermeer, Peter Frans de Grebber en Rembrandt bezaten oosterse kledingstukken en andere exotica om deze motieven in hun historiestukken te kunnen verwerken. Rembrandt en Rubens kopieerden zelfs oosterse miniaturen. Oosterse elementen zijn niet alleen terug te vinden op de historiestukken. In de zeventiende eeuw was het niet ongewoon zichzelf in oosterse kledij te laten portretteren. Rembrandt en De Grebber schilderden zelfportretten in oriëntaalse kleding en Rubens portretteerde de koopman Nicolas de Respaigne in een Turks gewaad (Breukink-Peeze 1989: 132-135). De fascinatie voor het Oosten uitte zich ook in de populariteit van uitheemse kostuumboeken, de introductie van oosterse kledingstukken in het westerse modebeeld, de overname van Turkse motieven in het Delftse aardewerk en het verschijnen van de eerste 'Turkse tenten' in de tuinen van de Hollandse patriciërs.[11]

[8] Er zijn enkele Nederlandse verzamelaars bekend die het zich konden veroorloven tekenaars in dienst te nemen die voor hen in exotische oorden werkten. Van der Veen 1992: 58-59, geeft de voorbeelden van Jonas Witsen, Nicolaas Witsen en Levinus Vincent.

[9] Catalogus kabinet Witsen 1728: dl.3, 14.

[10] Catalogus kabinet Witsen 1728: dl.3, 12.

[11] Voor meer informatie over de wisselwerkingen tussen de Nederlandse en de Turkse cultuur zie Theunissen 1989.

16. Balische slavin (1711: Pl. 203).

17. Tekening in inkt door De Bruijn; voorstudie Balische slavin; Amsterdams Historische Museum.

18. Gezicht op Gamron (1711: Pl. 187).

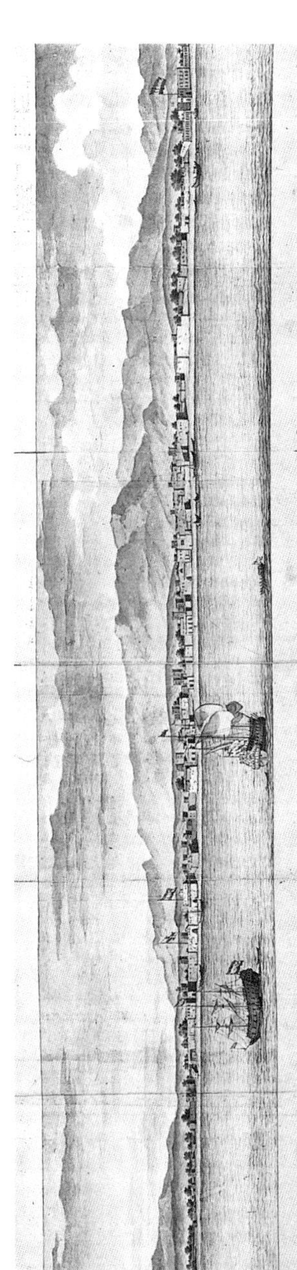

19. Aquarel van gezicht op Gamron door De Bruijn; Algemeen Rijsarchief, Aanw. nr. 29.

Rond 1700 was het publiek in de Nederlanden dus gewend aan oosterse motieven in de kunst en De Bruijns oosterse portretten konden dientengevolge op een bredere markt rekenen dan die der bezitters van kabinetten. David van Mollem, een vriend van De Bruijn die wel een kunstverzameling maar geen rariteitenkabinet had, bezat "Een Persiaen, zoo men gelooft door Cornelis de Bruijn".[12] Op het huis Honselaarsdijk, een van de paleizen van de Oranjes, hingen in een vertrek waar zich ook nog een stadsgezicht uit West-Indië door Frans Post bevond, "drie stuks Turksche Heeren en dame na 't leven geschildert door Cornelis de Bruijn, braef schilder en groot reisiger etc." (Drossaers 1974-1976: dl.2, 503). Naast deze portretten van oosterlingen, schilderde De Bruijn ook nog een soort 'oosterse genrestukken'. Het gaat hier om schilderijen met taferelen uit het dagelijks leven in de Oriënt. Christie's veilde drie dergelijke stukken: *A Traveller at an Inn Door*, *A Bey smoking, with Slave Woman and a Negro* en *An interior with a Lady giving orders to a Negro boy and other figures at a table in a window*.[13] Tenslotte zijn er ook nog enkele stillevens met exotische flora en fauna van hem bekend.[14]

Tot zover de schilderijen die De Bruijn voor de thuismarkt maakte. Hij kreeg echter ook enkele opdrachten onderweg. Het betrof vooral portretopdrachten. De meest prestigieuze opdracht kreeg De Bruijn te Moskou waar Peter de Grote hem verzocht zijn drie nichtjes te portretteren.[15] Te Astrakhan schilderde hij de zoon van de gouverneur. Op Java tenslotte maakte De Bruijn een portret van de gouverneur-generaal Joan van Hoorn en diens voorganger Willem van Outshoorn. Van het schilderij van Van Outshoorn kon hij echter alleen het hoofd afmaken. Beide portretten waren bedoeld om geplaatst te worden in de grote raadzaal van het Kasteel Batavia, waar ook de portretten van de overige gouverneur-generaals hingen (De Loos Haaxman 1942). Naast deze portretten heeft De Bruijn op zijn reizen ook nog een doek voor de tsarina gemaakt. Dit schilderij, een *Geboorte van Christus*, was echter geen opdracht maar een geschenk (1711: 51).

Het is zeker niet uitgesloten dat De Bruijn onderweg veel meer opdrachten heeft gekregen. Ik denk dan met name aan mogelijke klandizie van Europese diplomaten en

---

[12] In het Gemeente Archief Zeist (handschriften en inventarissen van archieven berustende bij de Van de Poll-Stichting, Zeist 1986) bevindt zich een handgeschreven inventaris met de volgende titel: *Inventaris des boedels van den Wel. Ed. Heer David van Mollem in leven gewoond hebbende, en op den 8e July 1746 overleden buyten de Meerdpoort te Utrecht. Gedaan zaken bij de Heeren Jacob Sydervelt en Hr. Jacob van Oosterwijk...*

[13] Veiling Londen, Christie's, 27-29 juni 1812, nr. 92; Veiling Londen, Christie's, 12 juli 1963, nr. 58; Veiling Londen, Christie's, 20 maart 1964, nr. 7. Het is niet duidelijk op welke gronden deze werken aan De Bruijn worden toegeschreven. Er wordt niet vermeld dat ze gesigneerd zijn.

[14] Veiling Berlijn, A. van Waegeningh-Aretz, 2-3 december 1930, nrs. 84-85; Veiling Aken, 26-27 maart 1931, nr. 51 (gesigneerd); Veiling Londen, Sotheby, 8 november 1967, nr. 12 (gesigneerd); Veiling Londen, Sotheby, 7 februari 1967, nr. 148 (gesigneerd).

[15] Het zou hier moeten gaan om de portretten van de dochtertjes van de reeds overleden Ivan V, Peters halfbroer, en diens vrouw Praskovia Saltykov. De Bruijn beweert dat hij hun drie dochtertjes schilderde: Catherina Iwanofna, Anna Iwanofna en Paraskowya Iwanofna. Deze laatste wordt in de stambomen echter niet vermeld als zijnde een kind van Ivan V en Praskovia Saltykov. De Bruijn portretteerde de drie prinsesjes levensgroot en ten voeten uit. Zij droegen "Duitsche kleeding" en een hoofdsieraad "op zyn Antieks". De portretten bevielen de tsaar zo goed dat hij De Bruijn opdracht gaf de nichtjes nogmaals te portretteren. Het is mij niet bekend of deze portretten bewaard zijn gebleven.

handelaren, en Russische edelen die zich door een westers kunstenaar wilden laten vereeuwigen. De Bruijn was tenslotte kunstschilder en dergelijke opdrachten vormden voor hem een van de weinige mogelijkheden om gedurende zijn reis wat geld te verdienen. Dit zou tevens een verklaring kunnen zijn voor zijn lange verblijven in, bijvoorbeeld, Istanbul, Izmir, Aleppo en Moskou.

Collectioneur

De Bruijn maakte op zijn reizen niet alleen vele tekeningen en schilderijen, hij verzamelde ook talloze uitheemse curiosa.[16] Op zijn eerste reis was De Bruijn nauwelijks geïnteresseerd in het verzamelen van exotische planten en dieren. Wel toonde hij belangstelling voor antiquiteiten. De Bruijn kocht in Izmir een Romeins reliëf en enkele antieke munten, in Caïro drie beeldjes, waarvan hij vermoedde dat ze Oudegyptisch waren, en in Aleppo wederom antieke munten. Op Delos kapte De Bruijn een stukje van het Apollobeeld af en uit het vermeende Troje nam hij een sculptuurfragment met loofwerk mee. In Antalya en Ephese zag hij antieke beelden die hij met behulp van enkele vrienden zeker had kunnen uitgraven, maar hij durfde dit niet alleen te doen uit vrees voor de Turkse autoriteiten.[17]

De meeste souvenirs die De Bruijn van zijn eerste reis mee naar huis nam waren echter van religieuze aard. Zo verwierf hij bijvoorbeeld een stukje van de deur van het Heilig Jaar, een spaander hout van de wonderboom die in tweeën spleet om Maria te laten rusten op de vlucht naar Egypte, een stukje van het doopvont van Johannes de Doper, een splinter hout uit de spelonk waar David Sauls speer terugbracht, een stukje steen dat wit gekleurd zou zijn door de moedermelk van Maria en een houtsplinter van de Ark uit een Koptenkerk in Caïro.[18] Dergelijke souvenirs werden weliswaar met enige scepsis bekeken, ook door De Bruijn zelf, maar hadden zich toch een vaste plaats in de Europese kabinetten weten te verwerven. Witsen bezat bijvoorbeeld twee "Reliqui Doosjes met 21 vakjes, van cederenhout met parlemoer ingelegt, met Heilig Aarde" en een kabinetlade met "eenige Heilige Aarde, zynde meest steenen uit het Heilig Land" (Catalogus kabinet Witsen 1728).

Na terugkomst van zijn eerste reis bezocht De Bruijn vele kabinetten en zocht hij omgang met "luiden van letteren, en minnaers van zeltzame zinlijkheden" (1711: 1). Van hen leerde hij onder andere planten te drogen en beesten op te zetten of in sterk water te conserveren; vaardigheden die hem op de tweede reis goed van pas kwamen.

Zijn buit aan naturalia was na de tweede reis dan ook aanzienlijk groter dan na de eerste. De Bruijn verzamelde verschillende soorten vogels.[19] Sommige daarvan zette hij

---

[16] Bergvelt/Kistemaker 1992: 313-334 geeft een zeer nuttig overzicht van Nederlandse collectioneurs en hun collecties tussen 1585 en 1735. De inhoud van de verschillende collecties, waaronder ook die van De Bruijn, wordt kort beschreven.

[17] Voor de antiquiteiten die De Bruijn op zijn eerste reis verzamelde zie: 1698: 19, 20, 23, 26, 34, 159, 232, 359, 361, 383, 384.

[18] Voor de religieuze souvenirs die De Bruijn op zijn eerste reis verzamelde zie 1698: 4, 33, 187, 188, 274, 275, 295, 296.

[19] Op de volgende bladzijden vindt men informatie over de verzamelde naturalia: voor vogels zie 1711: 90, 94, 126, 386, 438; voor vlinders zie 1711: 82, 367; voor reptielen zie 1711: 134, 355, 356; voor vissen zie:

op, andere bewaarde hij op sterk water. Van enkele grote exemplaren, zoals een reiger en een lepelaar, prepareerde hij slechts de kop (ill. 12). Voor het vangen van vlinders had hij speciaal een netje meegenomen en een doosje om ze in te bewaren. Reptielen en vissen werden na het vangen in flessen met sterk water geconserveerd. Op Ceylon kreeg hij twee "kelderflessen met verscheide soorten van gedierten in spiritus, gespikkelde krokodillen, jonge leegwanen of hagedissen, kameleons, schorpioenen, duizentbenen, een groene slangh, en andere dieren" (1711: 355-356).

Ditmaal verzamelde De Bruijn ook planten. Hij bewaarde verschillende pitten, droogde planten en dook naar koraal voor de kust van Java. Bovendien kon hij pronken met enkele geologische vondsten, zoals albast uit een groeve in Rusland en "eenige bergstoffen uit de goutmynen van Cillebaer op de westkust van Sumatra, bestaande in Gout, Zilver, Antimoni, Kristal en Bloem van Gout" (1711: 388).

De hoeveelheid artificialia die De Bruijn meebracht van zijn tweede reis was aanzienlijk geringer dan de hoeveelheid naturalia. De reisroute verhinderde natuurlijk dat De Bruijn veel religieuze souvenirs of klassieke overblijfselen kon vergaren. Toch kon hij bogen op de verwerving van enige belangrijke archeologische fragmenten. Na enkele dagen verbeten kappen in Persepolis gelukte het hem een stuk venster met een spijkerschriftinscriptie, twee fragmenten van reliëffiguren en twee brokstukken van handen los te hakken. Een grote inscriptie op een reliëf in het Noordportaal brak tijdens het kappen in zeven stukken uiteen. Het belangrijkste echter dat hij uit Persepolis meenam was een groot reliëffiguur van een paleiswachter. Ook dit reliëf brak in drie stukken maar deze konden weer makkelijk samengevoegd worden (1711: 218, 219, 427; ill. 14).

Uffenbach, tenslotte, vermeldt dat De Bruijn in zijn kabinet ook nog "verschiedene Götzen, und andere Bilder" en "verschiedene sehr schöne Mogolische Mignatur-Zeichnunge" had liggen (Uffenbach 1754: dl.3, 674-677).

In de reisboeken doet De Bruijn het voorkomen of hij al deze rariteiten verzamelde "ter nagedachtenis" (1698: 159, 274) en "uit zinlijkheit, omdat ze zoo fraai waren" (1711: 82). In een hoofdstuk over Isfahan schrijft hij dat hij er schilderde en curiosa verzamelde "om met die gedenktekenen dezer gewesten nevens andere zeltsaemheden myne wooningh op te schikken" (1711: 176). De Bruijns kabinet diende echter ook meer commerciële doelen. De Bruijns collectie moest bijvoorbeeld fungeren als reclame voor de itineraria. Potentiële klanten konden bij hem thuis de exotische curiosa en de originele tekeningen bewonderen. De rariteiten en de tekeningen moesten hen overtuigen van de kwaliteit van het nog te verschijnen reisverslag, dat immers op intekening werd verkocht. In de prospectus uit 1695 staat het als volgt:

> "De heeren intekenaars konnen de tekeningen bij den autheur, tot haar genoegen, alle eerst sien en daaruyt de redenen vinden, welken haar Ed. konnen en sullen bewegen, om sulk een werk in het licht te doen komen, bij welke gelegenheijt de welgemelde heeren de grootheyt en 't beslag der saken het krachtigste sullen konnen oordelen." (De Wilt 1955-1957)

1711: 16, 87, 88, 120, 136, 352, 370, 471; voor planten zie 1711: 7, 113, 116, 126, 341, 405; voor geologische vondsten zie 1711: 380, 435, 465.

De rariteiten dienden niet alleen als lokkertjes voor potentiële kopers van zijn itineraria. Men kon de curiosa ook kopen. In het eerste reisboek schrijft De Bruijn dat hij reeds in Venetië het grootste gedeelte van zijn muntencollectie van de hand deed (1698: 359). Na zijn terugkeer wisselde echter ook de rest van de verzameling al snel van eigenaar. In 1701 was er kennelijk al niet veel meer van zijn kabinet over, aangezien in het testament uit dat jaar geen gewag gemaakt wordt van zijn verzameling exotica, terwijl de overgebleven reisboeken wel genoemd worden.[20]

Ook het merendeel van de op de tweede reis verzamelde exotica bleef niet erg lang in zijn bezit. Toen Uffenbach in 1711 het kabinet van De Bruijn bezocht liet deze hem allerhande rariteiten zien die hij te koop aanbood. De collectie viel de Duitser echter wat tegen: "Es war aber nichts besonderes mehr vorhanden, und schiene das beste schon hinweg zu seyn" (Uffenbach 1754: dl.3, 674-677). Het is niet geheel duidelijk of De Bruijn zich genoodzaakt zag zijn collectie te verkopen vanwege financiele problemen. Diezelfde Uffenbach noteerde immers na zijn bezoek aan De Bruijn: "wie uns dann vorkam, als wenn er solche Sachen aus Dürftigkeit verkauffte" (Uffenbach 1754: dl.3, 674-677). Geruchten over De Bruijns nijpende financiële omstandigheden gedurende zijn laatste levensjaren vinden we ook bij de kunstenaarsbiograaf Jacob Campo Weijerman.[21]

De Bruijn was zeker niet de enige reiziger die handelde in curiositeiten.[22] In de negentiende eeuw kon E. Flandin daar weinig bewondering voor opbrengen. Hij noemde de reiziger Chardin, die in 1676 Persepolis bezocht en net als De Bruijn enige fragmenten meenam, een:

> "...handelaar in brokken steen, die Perzië bezocht om er rijk van te worden, een archeoloog zonder voorkennis en niet in staat de monumenten te begrijpen."[23]

Er is weinig bekend over degenen die stukken uit De Bruijns kabinet kochten. We weten dat verschillende geleerden en geïnteresseerden, zoals Witsen, Cuper, de hertog van Brunswijk, Constantijn Huygens jr., Pieter Rabus en Uffenbach, De Bruijns kabinet bezochten, maar we kennen alleen de kopers van de spectaculairste stukken, de fragmenten uit Persepolis. Witsen verkreeg het Apadana-reliëf en een spijkerschriftfragment (1711: 219; Catalogus kabinet Witsen 1728). Anton Ulrich, de hertog van Brunswijk en Lunenburg en bezitter van een vermaard kabinet, verwierf "eenige oirspronkelijke stukken" (1711: 'opdragt'), waaronder het vensterstuk met de spijkerschriftinscriptie. Het spijkerschriftfragment uit het Noordportaal ging naar de Utrechtse oriëntalist Adriaan Reeland.[24] In het

---

[20] G.A.A., Notariële Archieven, nr. 6455, 495.

[21] Weyerman schrijft dat De Bruijn zijn oude dag in armoe sleet in Vianen, een beruchte vrijplaats voor criminelen en personen met schulden. Zie deze bundel, pp. 19-20.

[22] Voor meer informatie over de totstandkoming van zeventiende-eeuwse verzamelingen en de rol van handelaars in rariteiten daarbij zie: Noordegraaf/Wijsenbeek-Olthuis 1992 en Van der Veen 1992.

[23] De Jong 1989: 58. De Bruijn en Chardin waren overigens niet de enige bezoekers van Persepolis die souvenirs meenamen. In tal van museale collecties overal ter wereld zijn fragmenten van reliëfs te vinden die daar veelal vanuit privé-collecties zijn terecht gekomen. Zo komen bij voorbeeld de fragmenten in het British Museum uit het bezit van Morier en Ouseley, zie Sancisi-Weerdenburg 1991a: 27; Barnett 1957: 60.

[24] De volledige geschiedenis van het spijkerschriftfragment dat uiteindelijk in het Penningkabinet van de Bibliothèque Nationale in Parijs belandde, is beschreven in Benveniste 1951; zie ook Wereld binnen handbereik, catalogus 1992: 106.

geval van Witsen ligt het voor de hand te vermoeden dat hij de fragmenten uit Persepolis reeds van te voren bij De Bruijn 'bestelde'. Het was immers ook Witsen die De Bruijn had aangeraden Persepolis aan te doen.

Uitgever van zijn reisboeken

De reizen inspireerden De Bruijn tot het schrijven van twee lijvige boekwerken: *Reizen door de vermaardste deelen van Klein Asia* (1698) en *Reizen over Moskovië, door Persië en Indië* (1711). Het eerste boek telt 400 pagina's en is verlucht met meer dan 200 prenten. Het tweede boek is nog omvangrijker: bijna 500 pagina's met 300 prenten. Beide boeken werden door De Bruijn in eigen beheer uitgegeven. Op deze manier kon hij immers de volledige controle behouden over de uitgaven en toezien op de kwaliteit van de prenten, waar hij veel waarde aan hechtte. Daartegenover stond echter dat hij, voordat de boeken op de markt kwamen, al grote onkosten moest maken aan bijvoorbeeld de drukker en de graveurs. De Bruijn onderving dit probleem door een gedeelte van de oplage aan intekenaars te verkopen die een deel van de aankoopsom vooraf in termijnen dienden te betalen.

In 1695 verzond hij een prospectus, waarin hij de publicatie van zijn eerste reisboek aankondigde en de lezer uitnodigde hierop in te tekenen. Het ons bekende prospectus was gericht aan boekverkopers, omdat de itineraria per zeven tegelijk werden aangeboden (De Wilt 1955-1957). De Bruijn heeft vermoedelijk ook een andere versie opgesteld voor geïnteresseerden die minder exemplaren wilden afnemen.

Het is niet precies bekend hoeveel exemplaren De Bruijn in 1698 liet drukken. Alleen de intekenaars al stonden garant voor een afname van ruim 1400 boeken. Kampmann schat de totale oplage op zo'n 3000 à 4000 stuks, maar dit lijkt mij rijkelijk veel (Kampmann 1951-1952: 158). Het boek werd zowel op folio als op groot mediaan uitgegeven. De boeken op folio-formaat werden de intekenaars aangeboden voor 100 gulden per zeven exemplaren; ruim 14 gulden per stuk dus. De prijs van de reisbeschrijving "op groot pampier" was 4 gulden hoger.

In 1700 verscheen er een Franse uitgave van de *Reizen door de vermaardste deelen van Klein Asia* en in 1702 een Engelse. Om de boeken ook buiten Nederland aan de man te brengen maakte De Bruijn gebruik van tussenpersonen in het buitenland die namens hem de contacten met de plaatselijke boekhandelaars onderhielden. Zo liet De Bruijn vlak voordat hij naar Rusland vertrok notarieel vastleggen dat hij Godfrey Kneller, een Nederlands kunstenaar die werkzaam was als hofschilder van de koning van Engeland, machtigde om zijn financiële beslommeringen in Londen te behartigen. Kneller zou namens De Bruijn onder andere geld mogen innen van de Londense boekverkopers Tonson, Bennet en Mortier, met wie De Bruijn kennelijk een overeenkomst had gesloten.[25]

In de collectie Cuper van de Koninklijke Bibliotheek te Den Haag bevindt zich ook een prospectus van het tweede boek dat eveneens op inschrijving verkocht werd.[26] In dit

[25] G.A.D.H., Notariële Archieven, nr. 940, f. 342.

[26] K.B., Verz. Cuper, 72 G 19, 14-15. Dit prospectus staat ook afgedrukt in Hotz 1911: 11-12.

prospectus lezen we: "Ieder exemplaer gedruckt op klein papier sal komen op 14 gulden, en op groot mediaen op 30: Zullende daer niet meer worden gedruckt dan 1000 exemplaeren". Het tweede reisboek verscheen dus in een veel kleinere oplage.

In 1714, De Bruijn was inmiddels 62 jaar oud, besloot hij de restanten van de reisbeschrijvingen die hij nog in bezit had van de hand te doen. Het ging om 172 exemplaren op groot papier en 296 op klein papier van *Voyage au Levant*, de Franse vertaling van zijn eerste itinerarium uit 1700, en 380 exemplaren op groot papier en 380 exemplaren op klein papier van de *Reizen over Moskovie*. Van het tweede reisverhaal werden ook nog de koperen platen aangeboden.[27] Kennelijk had de tweede reisbeschrijving niet erg goed verkocht want er waren nog 760 exemplaren in De Bruijns bezit. Als we het tweede prospectus mogen geloven waren er niet meer dan 1000 stuks van gedrukt. De Bruijn zou er dus maar 240 van hebben kunnen verkopen.

In juli 1714 werd de hele partij geveild en in zijn geheel opgekocht door de gebroeders Wetstein, boekverkopers te Amsterdam. Helaas is niet bekend wat zij ervoor moesten betalen. Vanaf 1714 had De Bruijn dus niets meer met de uitgaven van zijn boeken te maken. De verschillende Franse en Engelse uitgaven van De Bruijns itineraria die de Wetsteins in de komende decennia zouden verzorgen, vielen niet langer onder de verantwoordelijkheid van De Bruijn en vermoedelijk heeft hij hier ook niets meer aan verdiend.[28]

Maecenassen?

Er is reeds veel gespeculeerd over de relatie tussen De Bruijn en Witsen. De meeste auteurs gaan ervan uit dat De Bruijn zijn reizen kon maken dankzij de financiële bijdragen van Witsen (Scheltema 1817-1819: dl.3, 119; Hotz 1911: 18; Kampmann 1951-1952: 156-157). Op zich is dit ook niet zo'n vreemde gedachte omdat Witsen wel vaker reizigers sponsorde (Rietbergen 1985; Peters 1989). Deze geldelijke ondersteuning lag echter op een ander vlak. Witsen hielp mensen, zoals bijvoorbeeld Herbert de Jager, aan een baan bij de VOC en in ruil voor zijn bemiddeling ontving Witsen wetenschappelijke informatie van zijn beschermelingen. Andere reizigers, zoals Ysbrant Ides, kregen financiële hulp bij de uitgave van hun reisboeken. Voor zover mij bekend bekostigde Witsen echter nooit jarenlange reizen.

Het is zelfs de vraag of Witsen De Bruijn wel kende gedurende diens eerste reis door de Levant. Witsen wordt immers niet vermeld in het eerste itinerarium. Witsen tekende wel in op het *Reizen door de vermaardste deelen van Klein Asia* en hij verwierf de 24 reeds besproken portretten van Turkse hovelingen van De Bruijns hand, maar het is goed mogelijk dat hun eerste contacten pas dateren uit de periode van na De Bruijns terugkeer.

---

[27] G.A.A., Notariële Archieven, nr. 8292, f. 29. Dit stuk is, in verkorte versie, ook te vinden in Kleerkoper/van Stockum 1914-1916: dl.2, 927-928.

[28] Voor meer informatie over de uitgaven van De Bruijns reisverslagen zie het artikel van Kiki Hannema in deze bundel en Appendix II.

Witsens bemoeienissen met De Bruijns tweede reis waren veel intensiever. Uit een brief van Witsen aan Cuper uit 1713 blijkt dat Witsen van grote invloed is geweest op de keuze van De Bruijns voornaamste reisdoel: Persepolis.[29] Verder voorzag hij De Bruijn van aanbevelingsbrieven die hem introduceerden bij belangrijke diplomaten, VOC-ambtenaren en tsaar Peter de Grote, en droeg hij zorg voor de tijdelijke opslag van de curiosa die De Bruijn gedurende zijn reis naar het vaderland zond. De Bruijn bedankte Witsen dan ook in het tweede reisboek en hij nam voor hem een reliëf uit Persepolis mee "tot erkentenisse van de beleeftheden my door zyne Ed. Grootagtb. bewezen" (1711: 219). Uit niets blijkt dus dat Witsen de reizen direct financierde. Dankzij zijn aanbevelingsbrieven kon De Bruijn echter wel sterk besparen op reis- en verblijfkosten.

Het tweede itinerarium is opgedragen aan Anton Ulrich, hertog van Brunswijk en Lunenburg en bezitter van een der vermaardste kabinetten van Europa. De Bruijn vermeldt niet zonder trots dat de hertog hem enkele malen heeft bezocht om zijn kabinet te bewonderen en bovendien enkele exotische stukken verwierf, waaronder het vensterstuk uit Persepolis met de spijkerschriftinscriptie (1711: "opdragt"). De Bruijn vermeldt echter niets over financiële bijdragen van Anton Ulrich aan de reizen en dus is het onwaarschijnlijk dat de hertog de grote financier achter de schermen is geweest, zeker omdat uit niets blijkt dat De Bruijn en de hertog intensieve contacten onderhielden.

De Bruijn stond wel in intensief contact met David van Mollem. In 1701, vlak voordat De Bruijn een aanvang maakte met zijn tweede reis, liet hij te Amsterdam zijn testament opmaken ten huize van David van Mollem aan de Fluwelen Burgwal.[30] Van Mollem had in 1699 de lucratieve zijdefabriek *Zydebalen*, gelegen aan de Vecht nabij Utrecht, van zijn vader geërfd. Hij verbouwde het huis dat bij de fabriek stond en verrijkte het interieur met dure meubels, beeldhouwwerken en een collectie waardevol porselein. Hij bezat een aardige bibliotheek van zo'n 600 banden, waaronder verschillende reisboeken, en bij zijn overlijden liet hij meer dan 90 schilderijen na, waaronder werken van Lairesse, Jan Steen, Wouwerman, Hondecoeter en Terborch.[31] Het pronkstuk van Zijdebalen was echter de tuin, die van ver buiten de grenzen bezoekers trok. In deze tuin, die bijna 700 meter diep was, bevonden zich verschillende vijvers, een oranjerie, een Italiaans theater, een kleine menagerie, een Turkse tent, een triomfboog, een perspectief, een paviljoen, een labyrint, een mineraal- en een schelpengrot. Het geheel werd opgesierd met talloze waterwerken, sculpturen en gebeeldhouwde vazen (De Jong 1985).

Op dit buiten ontving David van Mollem zijn geletterde en deftige vrienden, zoals de schrijver Pieter de Jong, de auteur van *De Zegepralende Vecht*, Claes de Bruin, de dichter Arnold Hoogvliet en de admiraal Hendrik Grave. Ook Cornelis de Bruijn verbleef vaak in dit gezelschap. Hij sleet zijn laatste jaren op *Zijdebalen* waar hij in 1726 of 1727 stierf (Van Gool 1750-1751: 116; De Jong 1985).

---

[29] Brief van Witsen aan Cuper, 1 januari 1713, in: Gebhard 1881-1882: dl.2, 353.

[30] G.A.A., Notariële Archieven, nr. 6455, f. 495.

[31] G.A.Z., Familiearchief Van der Mersch, i; *Inventaris des boedels van den Wel. Ed. Heer David van Mollem...8 july 1746.*

Van Mollem bezat, zoals we reeds gezien hebben, een portret van een Pers dat door De Bruijn was geschilderd en in zijn bibliotheek stonden verschillende drukken van de reisboeken van zijn vriend. Wellicht was de Turkse Tent in de tuin van *Zydebalen* een ontwerp van De Bruijn of gaf hij adviezen aangaande de vele exotische planten die de tuin rijk was.

Vermoedelijk ontfermde Van Mollem zich over zijn vriend De Bruijn toen deze in de laatste jaren van zijn leven weinig geld ter beschikking had.[32] Er is echter geen aanwijzing te vinden dat Van Mollem de reizen van De Bruijn financierde. In de reisverslagen wordt Van Mollem bijvoorbeeld geen enkele keer genoemd.

Het lijkt er dus op dat De Bruijn inderdaad de reizen grotendeels zelf financierde en gedurende zijn tochten niet gesteund werd door een rijke maecenas in het vaderland.

Conclusie

Concluderend kunnen we stellen dat De Bruijn, zeker geen vermogend man van huis uit, toch kans heeft gezien een groot deel van zijn leven op eigen kosten de wereld rond te reizen. Hij drukte de kosten van het reizen door veelvuldig gebruik te maken van de gastvrijheid van Nederlandse en andere Europese diplomaten, VOC-ambtenaren en vaderlandse kooplui. Goede referenties verzekerden hem tevens van de medewerking van de Russische autoriteiten. Toch waren zijn reizen niet mogelijk geweest als De Bruijn zijn reiservaringen niet financieel had weten te benutten. De tekeningen en schilderijen die hij gedurende zijn reizen maakte kon hij verkopen in de Nederlanden, waar een markt bestond voor dergelijke werken met een exotisch thema. Een enkele keer kreeg hij onderweg een opdracht om een portret te schilderen. Daarnaast verzamelde en handelde De Bruijn in exotische rariteiten die toentertijd zeer in trek waren bij de eigenaars van kabinetten. Tenslotte wist De Bruijn zijn reiservaringen te gelde te maken door het in eigen beheer uitgeven van twee lijvige reisbeschrijvingen. Aanwijzingen dat de reizen gefinancierd werden door een rijke maecenas ontbreken.

---

[32] Zie ook de biografische schets van De Bruijn in deze bundel, p. 20.

"ZICH TE BEDIENEN VAN DEN ARBEID VAN ANDEREN". BRONNEN VOOR DE BESCHRIJVING VAN TURKIJE

ANNEMIEKE VERSTEEG

Turkije is het eerste land dat door Cornelis de Bruijn uitvoerig wordt beschreven. Ruim 150 pagina's in *Klein Asia* zijn aan Turkije gewijd.[1] De Bruijn liet zich bij de planning van zijn reizen in Turkije, de selectie van de onderwerpen en het schrijven van zijn reisverslag over dat land grotendeels leiden door zijn bronnen. De Bruijn geeft dat in zijn voorwoord in *Klein Asia* ook openlijk toe. Hij merkt op het grote aanbod aan reisliteratuur zeer bruikbaar te vinden:

> "...zo is nochtans deze verscheydenheid (aan reisverslagen) van groote nuttigheid, voor al voor de laatere Reizigers, die niet kwaalyk doen van zich te bedienen van den arbeid van anderen, die voor haar de plaatzen bezien, en beschreeven, hebben. Immers, ik heb my daar by zeer wel bevonden..." (1698: 'Gunstige Leezer')

De verslagen van andere reizigers waren voor hem zonder twijfel

> "...een groot behulp, om te weeten wat op elke Plaats merkwaardig was... Maar, gelyk my dat veel tyd bespaarde in 't schryven, terwyl ik dezelve wel van nooden had om myne teekeningen te maaken, zo heeft dat veroorzaakt, dat ik in myne beschryving niet wel heb konnen vermyden, veelmaals zoodaanig te spreeken en te schryven, als het by anderen gevonden werd..." (1698: 'Gunstige Leezer')

In dit artikel wordt aan de hand van een aantal voorbeelden aangetoond welke de belangrijkste bronnen zijn geweest voor De Bruijns verslag van Turkije. Ook wordt ingegaan op de vraag waarom De Bruijn zo rijkelijk uit deze bronnen heeft geput en wat de waarde van het verslag van De Bruijn is in vergelijking met de reisboeken van anderen. Alvorens hierop in te gaan, wil ik eerst de structuur van De Bruijns verslag behandelen en enige woorden wijden aan het journaal dat De Bruijn op zijn reizen heeft bijgehouden.

Structuur van het reisverslag

Het verslag van De Bruijn en de verslagen van andere reizigers over Turkije zijn opgesteld volgens een bepaald patroon. In een stad aangekomen werd door de reizigers gewag gemaakt van de stichtingsmythe, de ligging ('gelegenheit') van de stad werd besproken en ook kwamen de diverse benamingen die een stad had (gehad) aan de orde. Dan volgde een inventarisatie van de belangrijkste gebouwen en van de 'overblijfselen van d'Aaloutheit'.

[1] De hoofdstukken V t/m XXXIII, LXXIV en LXXV (p.20 — p.165, p.383 — p.388) gaan over Turkije.

Reisverslagen hebben veelal dezelfde structuur als de journaals die door kooplieden, schippers en stuurlui in dienst van de VOC bijgehouden moesten worden (Barends-van Haeften 1992: 65). De VOC kende voorschriften waaraan deze journaals dienden te voldoen. Bij de beschrijving van de 'gelegentheyt ende situatie van de plaetsen' moesten volgens een vast stramien aspecten van grootte van plaatsen, loop en diepte van rivieren, aanwezigheid van havens, grootte van de bevolking etc. aan de orde komen.[2] Kortom, een stad of streek werd beoordeeld op de bruikbaarheid ervan voor de VOC. Niet alleen de journaals van employés van de VOC voldeden aan deze voorschriften, ook in reisbeschrijvingen van onafhankelijke auteurs is deze 'methode' te herkennen. Deze overeenkomst heeft wellicht te maken met het feit dat reisverslagen en journaals deels voor hetzelfde publiek zijn geschreven.[3] Uiteraard hoefde De Bruijn zich bij het schrijven van zijn verslag niet te bekommeren om voorschriften van de Heren Zeventien; niettemin zijn in zijn verslag wel aspecten van deze benadering terug te vinden, met name in de beschrijvingen van de steden Izmir (Smyrna) en Istanbul (Constantinopel). Over de haven van Izmir schrijft De Bruijn het volgende:

> "'t Is de voornaamste Zee-plaats van de gantsche Levant. De Koopvaardy-scheepen komen tot op omtrent een musket-schoot na aan de Stad, van waar zy dan de goederen met de boot en sloep aan land brengen; op welke wys de Scheepen ook geladen worden. De Haven doet zig zeer vermaakelyk op, is een groote Golf van acht uuren gaans in den omkring, heeft by na op alle plaatzen bekwaame diepte en ankergrond, en begrypt meesten tyd allerhande zoorten van Scheepen, waar door men dagelyks de nieuwigheden uit Christenryk verneemt." (1698: 27)

Ook in de beschrijving van Istanbul zijn elementen aan te wijzen die sterk doen denken aan een VOC-journaal. Zo heeft De Bruijn het over de grootte en vorm van de stad:

> "De stad is drie-hoekig, van welke de twee zyden zich langs het water strecken; alwaar de grootste scheepen hunne waaren aan land konnen lossen en laaden." (1698: 40)
>
> "De voortreffelyke Haven van deze Stad dient hier ook niet vergeeten te worden. De mond van dezelve is gelegen tusschen de Witte en de Swarte Zee, welker Canaalen zodanig tegen malkander leggen, dat wanneer de Wind de Schepen belet langs den eenen weg aan de Stad te komen, hy goed is, om dezelve langs den anderen te doen aanlanden. Want

---

[2] Barends-van Haeften 1992: 119-120 heeft een volledige opsomming:

1. De grootheyt van de landen, steden, dorpen, etc.
2. Figuere, 't sy rond, vierkant off anders.
3. De polus hoogte.
4. De revieren en haere diepte, welcke cours ofte loop ten oosten, westen, zuyden ofte noorden, ofte oock, hoe verre die lantwaert in met schepen en cleyne vaertuygen bevaren connen werden en welcke steden op deselve leggen.
5. Wat havenen en rheeden daer syn, hoedanig hare strekking, gelegentheyt, gronden, diepten en oock hoe naer de schepen aan land comen connen.
6. Hoe veel steden en dorpen daer syn, hoe naer, hoe verre van de zee, van de revieren en oock vanden andere gelegen.
7. Hoe volckryk het land, steden en dorpen syn van mans, vrouwen en kinderen.
8. Off het land is vlack, heuvelachtig of bergachtig.
9. Den aart van den gront van 't lant, off die is cley, sand, steen, veen, hey off anders.

[3] Uit de lijst van intekenaren blijkt dat kooplieden en de marine zeer geïnteresseerd waren in De Bruijns verslag. Voor mogelijk militair/strategisch nut van De Bruijns verslag, zie De Hond 1994: 58.

daar regeeren maar twee Winden, te weeten, de Noorde, en de Zuide...De Natuur heeft haar, zonder dat'er de Konst yts van het haare heeft behoeven by te voegen, de schoonste der wereld gemaakt, zelfs ook voor de grootste Schepen, die diepte genoeg hebben, om zo dicht aan het Land te naderen, dat ze maar een plank behoeven uit te werpen, om'er op te treeden. Den omvang begrypt ten minsten over de ses duizend schreeden, en de wydte omtrent duizend." (1698: 50)

De Bruijn vervolgde zijn verhaal met een "beschryving van Galata, Pera, Tophana, en andere gebuurige plaatsen van Constantinopolen" (1698: 53). Ook was er uitgebreid aandacht voor de (gunstige) ligging van de stad (1698: 73).

Een boek over Turkije was tenslotte niet compleet zonder een beschrijving van de organisatie van het Ottomaanse rijk, de sultan en zijn hof. Deze informatie bestond onder andere uit beschrijvingen van de functies van de ambtenaren, religieuze gebruiken, de positie van de vrouw en diverse anekdotes. Dit soort beschrijvingen besloegen doorgaans vele pagina's en zijn in alle invloedrijke verslagen uit die tijd aan te treffen. Ook hier houdt De Bruijn zich aan de gangbare structuur.

20. Rokende Turken (1698: Pl. 136).

De Bruijns dagjournaal

Hoogstwaarschijnlijk heeft De Bruijn tijdens zijn reis geen uitgebreide aantekeningen gemaakt en slechts een dagjournaal bijgehouden, gelardeerd met opmerkingen en anekdotes. Tijdens zijn reizen besteedde hij vooral tijd aan het maken van tekeningen en schetsen. In zijn reisboek zijn de journaalaantekeningen die De Bruijn onderweg heeft gemaakt duidelijk herkenbaar. Zo vermeldt hij bijvoorbeeld hoeveel uur hij op een dag gereisd heeft, in welk gezelschap hij reisde, welke dorpen gepasseerd werden en hoe de weersomstandigheden waren. Een aardig voorbeeld van gebruik van het journaal is de beschrijving van de tocht van Izmir naar Istanbul.

> "Den 4^den December 1678, tegen den avond toogen wy uit Smirna, maakende te zamen een tamelyk sterk gezelschap, dewyl de gezeide Turken verscheidene dienaars met zich voerden. Na twee uuren gereeden te hebben, bevonden wy ons aan het dorp Barnabachi, alwaar wy onze leger-plaats hielden ten huize van een Turk..." (1698: 36)
>
> "Den vyfden dag ontmoetten wy een Dorp zonder menschen, dicht by het welke zich een vlakte strekt, daar acht Dorpen, kort op malkander, in leggen... Wy vorderden weder zeven uuren, en vernagten in een klein Dorpje. De zesde dag bracht ons tot aan Manderheia, tien uuren van het gemelde Dorpje gelegen..." (1698: 37)

De Bruijn verbleef ongeveer anderhalf jaar in Istanbul. Vreemd genoeg zijn van dit lange verblijf nauwelijks sporen, noch in de vorm van prenten noch in de tekst, terug te vinden in het reisverslag. Mogelijk heeft dit te maken met een gevaarlijke ziekte waaraan De Bruijn tijdens zijn verblijf in Istanbul gedurende acht maanden leed (1698: 156). Overigens zijn de verschillende gezichten van Istanbul die De Bruijn getekend heeft en in zijn boek heeft opgenomen zeer fraai. Wel besteedt De Bruijn de nodige aandacht aan aspecten van de Turkse samenleving. Deze passages zijn echter grotendeels ontleend aan andere reisverslagen en hoogstwaarschijnlijk niet gebaseerd op De Bruijns eigen journaal. Pas als De Bruijn in juli 1680 Istanbul verlaat om met een bark naar Izmir af te reizen, keert de journaalvorm terug.

> "'t Was omtrent zeven uuren in den morgenstond, dat wy van Galata afstaken, varende dicht voor by de Seven Toorns heen... Ten tien uuren kwamen wy al roeyende tot St. Stephano, alwaar ik een oud Kerkje, van des zelven naam, ging bezigtigen. Hier leggende kregen wy een gewenste voorwind, waar mede wy des naermiddags ten drie uuren vertrokken, passeerende Boeyoek-Tschesme, of de Grote Punt, daar een vermaakelyk Plaatsje leid, Panejo, of de Madona genaamd." (1698: 156)

Deze nauwkeurige aantekeningen tonen aan dat De Bruijn onderweg een journaal of dagboek heeft bijgehouden. Zijn aantekeningen bleven evenwel niet beperkt tot opsommingen van reistijden en plaatsen. Ook persoonlijke belevenissen tekende hij op. Zo krijgt de lezer een goed idee van het gevaar, waaraan een reiziger als De Bruijn blootstond, bij het lezen van het avontuur met een Griekse gids uit Izmir. Deze gids, die het reisgezelschap op de weg van Izmir naar Istanbul begeleidde, bleek onderweg ineens spoorloos. Cornelis de Bruijn en een reisgenoot reden terug en na een half uur troffen ze de gids aan, die heel langzaam vorderde en zeer op zijn hoede leek te zijn. Men kreeg argwaan en dwong de

21. Reisgezelschap van De Bruijn in noord-west Turkije. Men is bezig vis te bereiden die vissers net aan land hebben gebracht (1698: Pl. 50).

man op te stijgen en mee te rijden naar de groep. Even later arriveerden de reizigers bij een spelonk, Meerkappi geheten, een plaats waar rovers zich nog al eens ophielden en waar enkele dagen eerder nog vier personen waren beroofd. Pas toen bleek het De Bruijn en de rest van het reisgezelschap dat het angst voor het gevaar was om beroofd en eventueel gedood te worden die de Griek deed achterblijven (1698: 37).

Een zeer fraai voorbeeld van het gebruik van het reisjournaal is De Bruijns passage over zijn tocht van Antalya (Sattalia) naar Izmir, een reis van ongeveer veertien dagen.[4] De tocht wordt van dag tot dag beschreven. Hierbij een voorbeeld van zo'n routebeschrijving van een dag.

> "Den 16^den^ [juni 1684] twee uuren voor den dag vertrokken wy weder van daar, passeerende eenige Dorpen, en rusteden ten acht uuren, in het Veld, onder de schaduwe van het geboomte, benevens een zacht vlietend water, tot des namiddags ten twee uuren, wanneer wy weder op gingen zitten, doch wy waaren nog niet verre gevorderd, of daar schoot schielyk een Slang voor ons op: ik trok terstond een Pistool, gaf vuur, en had het geluk van hem zo wel te treffen, dat hy dood neder bleef leggen. De Turken waaren'er geweldig over verwonderd, en de slang meetende, vonden ze hem ruym anderhalf el lang. Vervolgens ontmoeteden wy, in een Valey, verscheyde Dorpen, en naamen onze rust-plaats, met Zonnenondergang, by een loopend water." (1698: 386)

De tekst heeft De Bruijn waarschijnlijk direct uit zijn reisjournaal overgenomen. Opvallend is dat hij hier geen plaatsnamen en namen van rivieren noemt en dat de informatie over de omgeving onduidelijk en summier is. Klaarblijkelijk kon hij zich voor dit deel van zijn reisboek alleen baseren op zijn eigen journaal en kon hij — hij was vermoedelijk de eerste Europese reiziger die deze route bereisde — geen informatie putten uit andere reisboeken.

[4] Deze tocht vond plaats in juni 1684; De Bruijn had inmiddels het Nabije Oosten bezocht en keerde terug naar Izmir.

Het mag aangenomen worden dat De Bruijn zijn dagjournaal gebruikte als raamwerk voor zijn reisboek. Thuisgekomen kon hij op zijn gemak de aantekeningen aanvullen met informatie uit andere reisboeken.

De bronnen

De Bruijn schrijft in zijn voorwoord 'Gunstige Leezer' dat hij de werken van Della Valle (1666) en Thévenot (1664) altijd bij zich had om ze te kunnen raadplegen. Ook gebruikte hij de beschrijving van Olfert Dapper (1680). Tenslotte was ook Grelot een belangrijke bron voor De Bruijn.[5] Hele passages en soms zelfs complete hoofdstukken in *Klein Asia* heeft hij aan zijn bronnen ontleend.[6] Soms zijn teksten bijna letterlijk uit andere boeken overgenomen. Ook gaf De Bruijn passages van anderen in eigen bewoordingen weer. Dapper schreef bijvoorbeeld het volgende over Izmir:

> "Smyrne is heden zeer volkrijk. Men houdt, dat aldaer over de dertigh duizent Turken zijn, twalef of vijftien duizent Joden, en negen of tien duizent Grieken. Andere brengen het getal der inwoonders ten minste op negentigh duizent zielen: die in zestigh duizent Turken, in vijftien duizent Grieken, in acht duizent Armeniers, en in zes of zeven duizent Joden bestaen. De Kristenen van Europe, die aldaer allen den koophandel drijven, zijn 'er weinigh in getale. Ieder van dezen landaert oefent en pleeght aldaer zijne godsdienst met volkome vrijheit." (Dapper 1680: 312)

Vergelijk dit met De Bruijn:

> "De stad Smirna is zeer Volk-ryk, begrypende wel omtrent tachtig duizend zielen. Het grootste getal maken de Turken uit: daar aan volgen de Grieken: na hun d'Armeniers en Jooden: en eindelyk d'Europische Christenen. Yder van deze heeft volkomene vryheid in den Godsdienst." (1698: 27)

Van de rivier Meles wist Dapper:

> "Ten Noorde vloeit de vliet Meles voor-by de muuren van Smyrne, die heden niet als een scheute of beke, en byna droogh is, ten minste, wanneer de regen die niet doet opzwellen. Het weinigh water, dat daer in gevonden wort, is zoodanigh verdeilt en afgeleit, om twee molens te doen omgaen, en de na-by-gelege tuinen te bevochtigen, dat'er nauliks meer overschiet, om in zee te loopen." (Dapper 1680: 308)

De Bruijn uitte zich in soortgelijke bewoordingen:

> "Ten Oosten en Noorden van de Stad loopt de rivier Meles, die in voorige tyden beroemd was, alzo men geloofde, dat Homerus daar digt by zoude gebooren zyn; tegenwoordig is het als een beek, die byna droog is, ten zy dat ze door den regen komt op te zwellen; dit water doet twee molens draaijen, om de bygelegene tuynen het water te doen hebben." (1698: 25)

[5] In de tekst over Turkije worden door De Bruijn ook nog de volgende bronnen vermeld: Smith 1678, Spon 1677/1689, Wheler 1682/1689, Rycaut 1667/1670 en Monconys 1665-1666.

[6] De Bruijn kon bij thuiskomst gebruik maken van de Nederlandse vertaling van het werk van Thévenot; van Della Valle was al in 1666 een Nederlandse vertaling verschenen.

Zelfs als een tekstpassage van de hand van De Bruijn zelf lijkt te zijn, blijkt er soms een addertje onder het gras te schuilen. Zo in het geval van De Bruijns meting van de (omstreden) omtrek van Istanbul.

> "Ik hadde de nieusgierigheid van'er zelfs de proef af teneemen, en bevond haaren omvang te zyn drie goede uuren, waarvan men omtrent een derde deel met een roey-schuitje te water moet doen, beginnende van de Haven omtrent het Serrail, en eindigende voorby de zeeven Torens." (1698: 40)

Dit nu lijkt een kritische observatie, door De Bruijn ter plekke gedaan. Opmerkelijk is evenwel dat Thévenot dezelfde proef heeft gedaan:

> "Veele hebben zich ingebeeld dat Konstantinopolen groter was als Kairo of Parijs; maar zy bedriegen zich; want het is zekerlijk kleinder als een deezer twee Steden...dewijl ik met een Orlozy of Uurwerk en zijnde te Tophana in een kaique of Schuit getreeden, voeren wy na Konstantinopolen, en traden zoo dicht by den Kiousk van 't Serrail, welke aan de haven ligt, als 't ons geoorlofd was, te land. Thans de kaique na de zeven-Toorens gezonden hebbende, om ons daar te wachten...meer als een uur heeft men niet van noode om met een kaique, die van drie mannen voortgevoerd word, van de Zeven-Toorens tot aan de hoek van 't Serrail te komen; want aan deze zijde kan men niet te voet gaan...doch indien 'er een weg was, dien men gebruiken konde, 'k twijffel niet of men zou 't in een uur overstappen. Maar als men 'er nu vijf kartier voor steld, zoo zou men 't altijd op zijn gemak kunnen doen... Aldus bevond ik dat men op 't ruimst te reekenen, in drie uuren tijds Konstantinopolen rond kan gaan en dat het derhalven buiten de muuren niet meer als tusschen d'elf en twaalf duizend schreeden heeft..." (Thévenot 1723: 32)

Thévenot's experiment lijkt verdacht veel op dat van De Bruijn en wordt bovendien veel uitvoeriger beschreven. Het is daarom waarschijnlijk dat De Bruijn de passage van Thévenot ingekort heeft overgenomen en het daarbij doet voorkomen alsof hij zelf het experiment heeft uitgevoerd.

Na vergelijking van de verschillende reisverslagen blijken er ontelbare overeenkomsten te zijn. Dit varieert van opmerkingen, die steeds herhaald worden:

> "De Bouwkunde van de S. Sophia is aan de Turken zo behaagelyk, dat zy zedert in meest alle hunne andere Mosqueën die Kerk tot een voorbeeld genomen hebben..." (1698: 41)
>
> "Wyders heeft zy den zelven tot een model of voorbeeld gediend, om hun Moskeeën daar na te bouwen..." (Thévenot 1723: 34)
>
> "...ik geloof dat zy hen naar 't voorbeelt van S. Sofia hebben gebout..." (Della Valle 1666: 13)

tot bijna exact dezelfde bewoordingen in geval van de ligging van Istanbul:

> "Dese stad is gelegen in Europa, op een hoek van het vaste land, die zich in den Thracischen Bosphorus uitstrekt..." (1698: 39)
>
> "Deeze stad staat in Europa, op een hoek van het vaste land, die zich in den Thrazischen Bosphorus uitstrekt..." (Thévenot 1723: 29)

Wat waren nu De Bruijns belangrijkste bronnen voor het samenstellen van zijn verslag over Turkije? Voor zijn beschrijving van Istanbul putte De Bruijn met name uit Grelot's *Relation nouvelle d'un voyage de Constantinople*. Nadere bestudering wijst uit dat dit nogal ingrijpend is gebeurd. De pagina's 33-94, 167-187 en 207-263 van het werk van

Grelot zijn volledig terug te vinden in de hoofdstukken XI, XII en XIII van De Bruijn. Deze hoofdstukken behandelen onder andere het Serail, de Zee van Marmara (Propontis) en de aldaar gelegen steden, Istanbul, de godsdienst van de Turken en de religieuze gebruiken van de Grieken.

Ook Thévenot's *Gedenkwaardige en zeer naauwkeurige reizen* blijkt een belangrijk bron voor De Bruijn te zijn geweest. Om te beginnen vertonen alleen al de titels van de hoofdstukken opvallende overeenkomsten: De Bruijns hoofdstuk XX is getiteld 'Kleeding der Turksche Mannen en Vrouwen...Scheering van hair en baard. Manier van Groeten. Zyde van eer...'; Thévenot noemt zijn hoofdstuk 13 'Gestalte, en Kleeding der Turken... Achting des Baards. Maniere van Groeten. Welke zyde by de Turken voor de waardigste gehouden word, enz.' Hoofdstuk XXI van De Bruijn draagt de titel 'Spys, Drank, en manier van eeten der Turken...'; bij Thévenot is dit hoofdstuk 15: 'Gewoonelyke Spijs, en maniere van Eeten der Turken...' De Bruijns Hoofdstuk XXII over 'Tydverdryven, Speelen...' heeft hetzelfde onderwerp als hoofdstuk 16 van Thévenot, 'Tijdverdrijven der Turken'.

Ook inhoudelijk komen de teksten sterk overeen. Zo beschrijven zowel Thévenot als De Bruijn wat de Turken vonden van een goede, Europese gewoonte, namelijk het kuieren.

> "Voor eerst gaan de Turken nooit in een kamer, of op een plaats, heen en weer wandelen, gelijk wy doen. Zelfs lagchen zy openlijk met d'Europische kristenen, als zy hen aldus zien wandelen, noemen ze Zotten, en vraagen hen, wat zy aan die zijde te doen hebben, dat zy daar zoo menigmaal heen gaan, en dat zy straks daar na weer na d'andere kant treeden?" (Thévenot 1723: 57)
>
> "Nooit gaan zy in een kamer, of op een opene plaats, heen en weer wandelen, gelyk by ons gebruikelyk is: zelfs lagchen zy opentlyk met de Franken, wanneer zy hen aldus zien kuyeren, vragende wat zy aan die zyde te doen hebben, daar zy zo menigmaal heen gaan, en t'elkens, zonder dat zy'er hen yts hebben zien verrichten, weder van daan komen." (1698: 136)

Er zijn allerlei andere voorbeelden te geven van De Bruijns gebruik van andere reisverslagen, maar deze voorbeelden maken voldoende duidelijk dat De Bruijn op grote schaal gebruik heeft gemaakt van het materiaal van anderen. De vraag is evenwel waarom hij het werk van anderen kopieerde.

Waarom kopiëren?

Voor het uitbundige overschrijven van andermans werk kan een aantal redenen worden gegeven. Ten eerste waren de mogelijkheden voor De Bruijn om zelf bepaalde informatie te verkrijgen beperkt, onder andere vanwege tijdgebrek en het feit dat hij de taal niet sprak. Aan het begin van hoofdstuk XII, over de Turkse godsdienst, constateerde De Bruijn:

> "Alzoo de Turken met wat veel achterhoudendheid, en zeer spaarzaam, of by na noit met die geene die zy ongelovige noemen, willen spreeken van de zaaken van haar geloof, is het zeer beswaarlyk door haar onderrechtinge tot kennisse van dezelve te komen, ten waare men haar hoope gaf van een Musulman (zoo noemen zy een gelovige) te willen werden. 't Is dan voornamentlyk uit haare boeken, dat men achter hun geheim kan komen,

> wanneer men, gelegentheid vindende, die kan meester werden. Want dat geschied zeer beswaarlyk. Ook zyn alle Reizigers niet onderwezen in hunne Taal, en moeten dezelve daarom onkundig blyven in deeze zaaken. Gelyk ik nu mede in dezelve onervaren was, heb ik uit de Musulmannen zelve van haare gronden niet, als ten ruwen, konnen onderrecht werden..." (1698: 80)

Bovendien bleek het soms te gevaarlijk om een gebouw of gebied uitgebreid te bestuderen. Daarnaast waren sommige gebouwen of gebieden ontoegankelijk. Bij Ephese wilde De Bruijn een schets maken van een reliëf boven een poort van een kasteel:

> "'k Had my al neder gezet, om het af te tekenen: doch beginnende my te errinneren, dat ymand van ons gezelschap een blad uit den Alkoran, leggende in de gemelde Mosquée, gescheurd had, en dat ik bezich was met yts aan een Fortres af te tekenen, 't welk de Turken geensins willen dulden, wierd ik zodanig door angst en vrees ingenomen, dat ik naauwlijks wist, hoe ik weer spoedig genoeg by myn reis genooten zou geraaken, de vreeze mogelyk daarom te meer vat op my gehad hebbende, om dat ik by na alleen was, en niet meer als van een persoon, dien ik by my had, verseld." (1698: 30)

De Hagia Sofia in Istanbul bleek voor De Bruijn ontoegankelijk:

> "...zynde het den Christenen op die tyd niet geoorlofd verder binnen te treeden, hoewel het kort voor myne komste aldaar, noch toegelaaten was. Ik verwonderde my over hare grootheid, en keerde met droefheyd weder te rug." (1698: 41)

De beschrijving van een andere reiziger kon in dergelijke gevallen uitkomst bieden.

Voorts diende een reisverslag zo volledig mogelijk te zijn. Ook om die reden greep De Bruijn terug op verslagen van voorgangers:

> "...oordeelende dat den Leezer die dingen in myne Reis-beschryving niet te vergeefs moest zoeken, die zo wezentlyk waaren tot de kennis van de wyzen en zeeden dier volkeren..." (1698: 'Gunstige Leezer')

Het overnemen uit ander werk, met name uit werken van auteurs die als autoriteit golden, was voor De Bruijn noodzakelijk om zijn boek geloofwaardig en waarheidsgetrouw te maken. Het aspect van waarheidsgetrouwheid was zeer belangrijk, niet alleen voor De Bruijn maar voor alle auteurs van reisboeken. Daarbij deinsde men er niet voor terug een beschuldigende vinger richting collega-auteurs te wijzen, die het blijkbaar maar zelden bij het rechte eind hadden.[7] Ook De Bruijn liet zich wat dit betreft in zijn voorwoord niet onbetuigd en probeerde alvast het gras voor de voeten van toekomstige critici weg te maaien. Zelfs de gebruikelijke lofdichten voorin het boek bevatten verwijzingen naar de betrouwbaarheid van De Bruijn:

> "Deez tekende, deez schreef niet anders dan hij zag"
> Ioannes Brandt)

[7] Thévenot 1723 geeft daarvan in zijn voorwoord een goed voorbeeld: "'k Ken Lieden, voor de welken men Boeken zoude moeten maaken t'eenemaal den geenen gelyk, daar zy geloof aan slaan, indien men begeerde dat zy aan de nieuwen geloof gaven, en welke alles, 't geen die niet en seggen, voor leugen willen doen gaan; en ik ken 'er weer andere, die op de Beuzeleryen zoo vernibbeld zyn, dat zy niets fraay vinden, als 't geen byna ongeloofelyk is." Thévenot echter had zich "gantsch vast aan de waarheid gehouden". Zie voor kritiek van auteurs op andere reisverslagen, Adams 1962: 15 en artikel Henkelman in deze bundel.

"Hy melt ons waarheit, door geen logentaal benevelt"
(J. Vollenhove)

"Wat vind de Weetzugt, die in velerhande Boeken
De zuyvre waarheyd der aloudheyd op wil zoeken,
Zig vaak bedrogen!" (L. Bidloo)

Aantijgingen aan het adres van collega-auteurs zijn in elke reisbeschrijving aan te treffen. De auteurs hadden hiervoor een goede reden. Als groep werden ze er namelijk voortdurend van beschuldigd de waarheid geweld aan te doen en werden ze afgeschilderd als leugenaars (zie bijv. Adams 1962: 13). Bovendien zag in de achttiende eeuw een grote hoeveelheid fictieve reisverhalen het licht, geschreven om voor ware verslagen door te gaan. Daarnaast werden authentieke beschrijvingen aangepast voor het publiek. Soms werd zo'n boek door de reiziger zelf verfraaid, soms door de redacteur of vertaler, als zij het verhaal niet sensationeel genoeg vonden. Het waren gouden tijden voor auteurs van reisverslagen, zowel voor 'echte' als voor bedriegers. De vele vertalingen en herdrukken van reisverhalen en ook de compilaties, die werden samengesteld uit oudere verslagen, bewijzen de enorme populariteit van het genre (Theunissen 1989: 48). Er viel met reisboeken veel geld te verdienen. Vandaar dat er reisverslagen werden uitgebracht (over)geschreven door auteurs die geen stap over de grens hadden gezet. Deze boeken werden op de markt gebracht als originele reisverslagen. Soms bevatten ze informatie die apert onjuist was en aan het fantasierijke brein van de auteur was ontsproten (Adams 1962: viii, 17). Juist door dit soort praktijken ontstond het beeld dat alle reizigers leugenaars waren. Overbodig te zeggen dat dit het imago van het serieuze, waarheidsgetrouwe reisverslag niet ten goede kwam.

Tenslotte was er voor De Bruijn nog een andere reden om ruim gebruik te maken van andere reisboeken. De Bruijn heeft waarschijnlijk onderweg gedurende zijn eerste reis niet de bedoeling gehad een reisboek te publiceren. Het idee om zijn reiservaringen te presenteren aan een publiek kwam vermoedelijk pas op toen hij teruggekeerd was in Holland. Wellicht is hij daartoe door anderen gestimuleerd. Op basis van zijn journaalaantekeningen die hij voor eigen gebruik had gemaakt en die vaak summier waren, kon hij geen tekst voor een reisboek samenstellen. Hij was daarom wel gedwongen 'over te schrijven' uit andere reisboeken.

Cornelis de Bruijn heeft zijn bronnen in ieder geval goed gekozen. Het waren beroemde en gerespecteerde auteurs aan wie hij zijn informatie ontleende. Deze auteurs gaven zijn reisbeschrijving het noodzakelijke gewicht en konden hem wellicht behoeden voor op de loer liggende critici.[8]

Waarde van De Bruijns verslag

Wat is de waarde van De Bruijns *Klein Asia* nu gebleken is dat, in ieder geval wat betreft het gedeelte over Turkije, originaliteit niet hoog in zijn vaandel stond?[9] Allereerst

[8] Desalniettemin was er kritiek op het werk van De Bruijn; zie het artikel van Kiki Hannema in deze bundel pp. 30-32; Drijvers 1989; Drijvers 1991.

[9] Ook voor zijn beschrijvingen van Egypte, Palestina en Palmyra heeft De Bruijn bestaande reisverslagen gebruikt. Zie artikelen van De Hond en Drijvers in deze bundel.

moet geconstateerd worden dat De Bruijns methode niet uitzonderlijk was. Auteurs van reisboeken uit de zeventiende en achttiende eeuw maakten op liberale wijze gebruik van het werk van anderen. Overschrijven, m.a.w. het bedrijven van plagiaat, werd als een normale methode van werken beschouwd (Adams 1962: 17). Cornelis de Bruijn had in ieder geval, in tegenstelling tot anderen, de landen die hij beschreef bezocht. Ook deed hij het niet voorkomen alsof al het materiaal van hemzelf afkomstig was. Hij vermeldde regelmatig zijn bronnen.

De waarde van De Bruijns reisboeken wordt in de eerste plaats bepaald door de vele prenten; dat is ook het gedeelte van zijn werk waarom hij het meest werd — en wordt — geprezen. Ook door De Bruijn zelf werden de prenten als meest waardevol beschouwd:

> "'t Geen ik het grootste in myn werk beoogd heb, is geweest het geeven van naauwkeurige aftekeningen van de Steden, Plaatzen, en Gebouwen die ik ontmoet heb, in welke ik zonder vermetenheid mag zeggen yts gedaan te hebben, dat van niemand ondernomen is. Wat de getrouwigheid van myne teekeningen belangd, dewyl ze alle op de plaatzen zelfs, dikwils met groot gevaar van myn leeven, ontworpen zyn, en met alle vereischte naauwkeurigheid gemaakt, durf ik my verzekeren, dat ze van niemand tegengesprooken konnen werden..." (1698: 'Gunstige Leezer')

Voor de wetenschap betekenden de afbeeldingen concreet en betrouwbaar bewijsmateriaal, zeker in het begin van de achttiende eeuw, toen op grote schaal kritiek werd geleverd op de bronnen en twijfel bestond over de juistheid van het bewijsmateriaal (Waterbolk 1959). Toch heeft ook de tekst een zekere waarde. *Klein Asia* heeft, door zijn populariteit, een bijdrage geleverd aan de verspreiding van de kennis omtrent het Ottomaanse rijk. De Bruijn heeft de tekst niet geschreven vanuit een bevooroordeelde, anti-Turkse wijze, die sinds de Middeleeuwen diep geworteld was in de westerse samenleving (Theunissen 1989: 50). De Bruijn is relatief objectief en veel minder gekleurd jegens de Turken dan veel andere verslagen.[10] Hoewel er, gezien het hoge aantal vertalingen en herdrukken van oudere werken, in deze tijd veel vraag naar reisverslagen bestond, was De Bruijn één van de weinige 'Nederlanders', die een boek van dit kaliber op de markt bracht (Theunissen 1989: 49). Het verslag van De Bruijn is bovendien bijzonder onderhoudend door de anekdotes die zijn opgenomen. Plezierig om te lezen zijn anekdotes als "de vreemde ontmoeting van een Turkschen slaaf, die zyn Moedertaal vergeten had". In Izmir werd De Bruijn op zekere dag gewezen op een persoon die, hoewel hij geen woord Hollands sprak, zich voor een Hollander uitgaf. Deze man had, na vele jaren slavernij, een vrijbrief gekregen en wilde naar zijn vaderland terugkeren. De Bruijn vertrouwde het niet en vermoedde dat de man zei dat hij Hollander was "om zig van ons Convoy te bedienen, en van de Natie geholpen te worden, of yts diergelyks...". Een dag of acht nadat de man op verzoek van de Hollandse consul als matroos op een schip was ingeschreven "was hem de tong, door de gestadige verkeering met de Matroozen, zo los geworden, dat men duidelyk kon hooren, dat hy een Zeeuw was, zynde geboortig van Ter Veer" (1698: 164-165). Afgezien van dit soort aardige verhalen, heeft De Bruijns reisboek ook nog een bijzondere informatieve waarde voor de kennis over Nederlandse diplomaten en kooplieden in de Levant en hun besognes aldaar.

---

[10] Hierbij moet wel worden benadrukt dat het oordeel van De Bruijn over de Turken, voor zover op te maken uit de tekst, grotendeels was gebaseerd op het oordeel van zijn (Franse) bronnen.

Besluit

Het is evident dat De Bruijn gebruik heeft gemaakt van reisverslagen van anderen bij de samenstelling van *Klein Asia*. Op zich was dat niet ongebruikelijk. Vele auteurs deden dat om zich af te zetten tegen andere schrijvers of juist door anderen te citeren hun verslag meer autoriteit te geven. Voor De Bruijn was een bijkomende reden dat hij waarschijnlijk niet gereisd heeft met de bedoeling om een reisboek uit te brengen. Het idee voor publicatie kwam pas bij terugkomst in Holland. Als eigen materiaal had hij evenwel slechts zijn reisjournaal en een serie tekeningen. Hij was dus wel gedwongen teksten te kopiëren uit het werk van anderen en week daarin niet af van de usances van zijn tijd. Soms vermeldt hij zijn bron, vaak doet hij dat juist niet. Wij zouden nu deze vorm van overschrijven plagiaat noemen. De tekst is echter niet het meest interessante en originele deel van het reisboek. De waarde van *Klein Asia* wordt bepaald door de eigen impressies van De Bruijn en vooral door de vele prenten.

PIRAMIDEN, SFINXEN EN OBELISKEN. BERICHT OVER EGYPTE

JAN WILLEM DRIJVERS

Cornelis de Bruijn arriveerde eind maart van het jaar 1681 in de havenplaats Damietta (Damiate) in Egypte. Hij reisde samen met Rogier van Cleef, een landsman die hij in Istanbul had ontmoet en met wie hij bevriend was geraakt. Toen De Bruijn in Damietta arriveerde had hij overigens nog het plan om eerst naar Jeruzalem door te reizen om daar het Paasfeest te vieren en pas daarna terug te keren naar Egypte. Door ongunstige winden kon men evenwel niet uitvaren en omdat Pasen inmiddels voorbij was besloot De Bruijn in Egypte te blijven.[1] De Bruijns verblijf in Egypte heeft ca. drieënhalve maand geduurd. Het aantal plaatsen dat hij heeft bezocht is gering. Van Damietta is hij per schip over de Nijl naar Caïro gereisd. Vanuit Caïro heeft hij twee excursies gemaakt naar Matarieh (Matarea) — Jozef, Maria en Jezus zouden hier tijdens hun verblijf in Egypte hebben gewoond — en naar de piramiden van Gizeh. Op 2 juni verliet hij Caïro voor een bezoek aan Alexandrië, waar hij op 8 juni aankwam. Op 9 juli keerde hij terug naar Caïro waar op 14 juli arriveerde. De volgende dag verliet hij Caïro alweer om naar Damietta te reizen en daar op 19 juli scheep te gaan voor Jaffa.

Vanaf de oudheid bestond er verwondering over en bewondering voor Egypte. De belangstelling voor Egypte had vooral betrekking op de godsdienst, de dodencultus, en de grote bouwwerken als de piramiden. Sinds de Middeleeuwen omvatte die interesse ook de bijbelse geschiedenis van Egypte: Jozef in Egypte, Mozes en de joodse uittocht uit Egypte en het verblijf van de Heilige Familie in Egypte.[2] Er is in reisverslagen zowel aandacht voor de antieke als de bijbelse aspecten van Egypte. Ook in het verslag van De Bruijn is dat het geval.

De Bruijn was niet de eerste Hollandse reiziger die Egypte bezocht en een verslag van zijn reis heeft gepubliceerd.[3] De Bruijns verslag onderscheidt zich evenwel van dat van anderen door de kwaliteit van zijn prenten. Het bezoek aan Egypte omvat in zijn eerste reisboek de hoofdstukken XXXIII-XLV (pp. 179-244). De Bruijn beschrijft in deze hoofdstukken zaken van velerlei aard. Niet alleen de Egyptische oudheden — piramiden, obelisken, sfinxen —, maar ook de christelijke heilige plaatsen: het hierboven genoemde huis van de heilige familie in Matarieh, de gevangenis van Jozef (zoon van Jakob, *Gen.* 39-40), de plek aan de Nijl waar Mozes door farao's dochter zou zijn gevonden. Hij geeft een uitvoerige beschrijving van Caïro, zijn verschillende groepen inwoners en de epidemieën die

[1] "Ondertusschen, dewyl ik nu de Paasch voorbij zach, nam ik het besluit van *Egypten* in te trekken, 't geen ik voorgenomen had te doen, wanneer ik van *Jerusalem* te'rug gekomen zou zyn." (1698: 182)

[2] Over het antieke en middeleeuwse beeld van Egypte zie Syndram 1989.

[3] Zie voor andere Hollandse reizigers, Smits 1988: 23ff.

de stad regelmatig troffen en vele slachtoffers eisten. Voorts heeft hij het o.a. over de (oog)ziekten waaraan de Egyptenaren leden, de kleding van de Arabieren, de speciale kleding die Joden moesten dragen en de kuikenbroedmachines die in Egypte in gebruik waren.[4] Ook wijdt hij een lang hoofdstuk aan de theorieën over de bronnen van de Nijl.

In het volgende zal ik mij concentreren op De Bruijns mening over de Egyptenaren en vooral op de beschrijving van zijn bezoek aan de monumenten van Gizeh (piramiden en sfinx) en zijn verblijf in Alexandrië.

De monumenten van Gizeh

Nadat De Bruijn een tweetal weken in Damietta had doorgebracht, besloot hij naar Caïro te reizen.[5] Op 13 april ging hij samen met Rogier van Cleef scheep, voer de Nijl op en kwam op 19 april in Caïro aan. Bij aankomst ging hij terstond naar de heer Baptista Tarelli "Consul der Republycq van *Venetien*, ook weinige dagen geleden...tot Consul der Engelsche en Hollandsche Natien...aangenomen" (1698: 184). Hij nam zijn intrek bij de consul en ontmoette daar een landsman: Adriaan van Rierbeek "mede geboortig uit de Haag" (1698: 184).[6] Ook Van Cleef was uit Den Haag afkomstig, zodat het toeval drie Hagenaars in Caïro samenbracht. Over Van Rierbeek weten we niet meer dan dat hij edelsmid was. Over Van Cleef is eveneens niet veel bekend. Bij terugkeer in de Republiek werkte hij als "fonteinmaker" op het Loo in dienst van Willem III (De Hond 1992: 101-102; Smits 1988: 195 n.148).

Wat De Bruijn gedaan heeft in de eerste maand van zijn verblijf in Caïro is niet geheel duidelijk. Waarschijnlijk heeft hij schetsen en aantekeningen gemaakt van de stad en het stadsleven. Ook weten we dat hij begin mei enige tijd ziek is geweest (1698: 186). Hij heeft zich in ieder geval niet buiten de stad begeven; pas op 25 mei kwam hij buiten Caïro voor zijn eerste excursie naar Matarieh. Twee dagen daarna bezocht hij Gizeh in gezelschap van de consul, diens familie en Adriaan van Rierbeek. Op weg naar Gizeh wordt De Bruijn de plaats aan de Nijl getoond waar Mozes zou zijn gevonden:

> "Gelyk men hier vreemde dingen weet te toonen...wierd my van den Oever de plaats aangewezen, daar *Moses* door de Dochter van den *Konink Pharao* uit het water zoude getrokken zyn..." (1698: 190)

Van de drie grote piramiden in Gizeh heeft De Bruijn alleen een uitvoerige beschrijving van de grootste piramide, die van Cheops, gegeven

---

[4] De passage over de broedmachines (221-223) is geheel overgenomen uit de Nederlandstalige editie van Thévenot (1682: 245-246).

[5] Het landschap van Damietta vertoonde volgens De Bruijn een opvallende gelijkenis met het Hollandse landschap: "'t Land doed zich hier, in het op en afvaaren van den *Nyl*, op, by na even als in *Holland*, met goede Weiden, en een menigte van Koebeesten in de zelve; 't geen my zo vreemd, als aangenaam, voorkwam. De Rivier loopt zeer sterk afwaarts, en heeft aan d'een zyde altemael zand, allengskens opgeworpen, van de zelve gedaante, als het duinzand omtrent *Schevelingen*" (1698: 179). Een dergelijke vergelijking wordt ook gemaakt in het reisverslag van de Hollanders Egmond van der Nyenburg en Heyman; Damietta wordt er zelfs met Rotterdam vergeleken (1758: 52 en 54).

[6] Hij wordt ook wel Van Bierbeek genoemd.

22. Sfinx en piramiden van Gizeh (1698: Pl. 85).

> "vermids de twee anderen...gesslooten zyn, en dat men'er niet op kan klimmen, vald'er niet veel van te zeggen." (1698: 191)[7]

Overigens was in De Bruijns tijd nog niet bekend dat deze piramide die van Cheops was. Het monument werd toegeschreven aan de farao die de Joden zou hebben achtervolgd op hun vlucht uit Egypte (*Ex.* 14):

> "Volgens het gemeen gevoelen, zoude het gemaakt zyn, voor dien *Pharao*, die door Gods toelaating, met zyn gantsche leger, zoals hy de Kinderen *Israels*, toenmaals des *Heeren* uitverkooren volk, vervolgde, in het Roode Meir verdronk." (1698: 193)[8]

Deze toeschrijving is mede ingegeven door de idee, gebaseerd op de bijbeltekst in *Exodus* 1:11-14, dat piramiden het resultaat waren van Joodse slavenarbeid (Smits 1988: 109-111).

---

[7] Hij geeft een zeer korte beschrijving van de andere twee piramiden op pp. 195-196. Deze beschrijving is gebaseerd op Thévenot 1682: 226-227 en Dapper 1676: 103.

[8] Deze passage heeft De Bruijn bijna letterlijk overgenomen uit het verslag van Thévenot 1682: 225: "'t Gemeen gevoelen is dat dit graf gemaakt is geworden door die pharao, welke door Gods toelaating met zijn gantsche leger, zoo als hy de Jooden vervolgde die toenmaals Gods uitverkooren volk waren, in het roode Meer verdronk."

Nadat het zand voor de ingang van de piramide was weggegraven, betrad De Bruijn het inwendige van de piramide. De Bruijn beschrijft dit als een zeer moeizame onderneming. De gangen waren zeer nauw, en het was er benauwd, vies en donker. De kaars die hij bij zich had gaf vaak niet voldoende licht. Omdat hij zich "gelyk een slang" door de gangen moest kronkelen, moest hij zich de nodige moeite getroosten de kaars brandende te houden. Hij raadt enigszins gezette mensen af zich in het gangensysteem van de piramide te begeven vanwege het gevaar beklemd te raken. Zelf bleef hij ook een keer steken:

> "...met die geenen die my volgden, bleef ik in dit gat steeken, zonder my herwaarts of derwaarts te konnen bewegen. Doch tot alle geluk was dit aan het einde van het gat, en konden die geenen, die voor my daar door geraakt waaren my bereiken, dewelke my dan by de handen gevat hebbende, trokken my by de armen daar door...en geraakte 'er alzoo mede door." (1698: 194)

Toch waren niet alle gangen zo smal. De Bruijn geeft een beschrijving van een brede en omhooglopende gang, de zg. Grote Galerij (ill. 23), die hij terecht als de belangrijkste van de piramide beschouwt:

> "...'t gewelfte is hier heel hoog, en zo groots, dat het beter verbeeld, als beschreven kan worden: ik teekende het derhalven af...terwyl myn Landsman, Adriaan van Rierbeek...ter rechter zyde op de bank zat te rusten... Ik weet niet, dat ooit ymand voor my deze afbeelding gegeven heeft, en ik durf my te vleyen, dat de gehele wereld my'er dank voor zal weten..." (1698: 193)

Deze afbeelding was inderdaad uniek; in geen ander verslag dat tot dan toe was verschenen is een afbeelding van deze galerij opgenomen.

Het is bewonderenswaardig dat De Bruijn, ondanks de moeiten die hij zich moest getroosten om zich door het inwendige van de piramide te 'kronkelen', toch geprobeerd heeft maten op te nemen van de gangen en ruimten en het interieur te beschrijven. Dat de maten niet erg nauwkeurig zijn en hij vaak details van het interieur niet beschrijft, mag hem niet kwalijk worden genomen.[9] Behalve de moeilijke omstandigheden waaronder hij moest werken, speelde tijdgebrek hierbij ook een rol; hij is hooguit enkele uren in de piramide geweest.

Bevuild kwam De Bruijn weer uit de piramide, tot vermaak van een deel van het gezelschap dat zich niet had gewaagd aan de hachelijke onderneming:

> "Zy bersteden van lacchen over de gedaante, die wy vertoonden en konden zich niet bedaaren." (1698: 194)

Na zijn bezoek aan het interieur van de piramide, begon hij aan de beklimming van het monument. Ook dit was geen eenvoudige onderneming. Vooral het afdalen heeft De Bruijn de nodige angstgevoelens bezorgd:

> "Ondertusschen vald het afklimmen noch moeyelyker als het opklimmen, en wanneer men van de hoogte na beneden ziet, ryzen de hairen te berge. Ik klom derhalven behendig achterwaarts, en keek nergens na, als hoe ik voeten best vast zoude zetten." (1698: 195)

[9] Zie voor beschrijving van het interieur, Smits 1988: 103.

23. De Grote Galerij in de piramide van Cheops (1698: Pl. 84).

Hij heeft, zoals velen die de top van de piramide hadden bereikt, zijn naam in een van de stenen gekrast. Ook heeft hij op de top enige schetsen gemaakt van de piramiden zuidelijk en de ruïnes oostelijk van Gizeh (1698: Pl. 80 en 81; ill. 24). Het is aan de gravures te zien dat de schetsen in haast zijn gemaakt; ze maken een impressionistische indruk.

De Bruijn is onder de indruk geraakt van de piramide van Cheops en heeft zich afgevraagd hoe een dergelijk gigantisch monument ooit gebouwd heeft kunnen worden. In navolging van Thévenot (1682: 227) verwijst hij naar Plinius de Oudere (*Naturalis Historia* 36.17) en meent dat de piramide

> "...in den tyd van twintig Jaaren voltrokken zou wezen, door den arbeid van drie honderd en zeventig duyzend mannen..." (1698: 197)

24. Piramiden zuidelijk en ruïnes oostelijk van Gizeh getekend vanaf de top van de piramide van Cheops (1698: Pl. 80 + 81).

Hij betreurde het dat er niets bekend was over de werktuigen die men heeft gebruikt bij de bouw:

> "En jammer is het, daar zo veel dingen, door de naarstigheid der Schryvers, tot onze kennis zyn gekomen, dat ons niemant heeft nagelaaten, van welke werktuygen zy zich, ten dien einde, bediend hebben." (1698: 197)

Het gezelschap bezocht ook de Sfinx, die "tot aan den hals in 't zand gezonken" (1698: 197) was. Over de hybride gestalte en de functie van het beeld liepen de meningen zeer uiteen.[10] Veelal werd de Sfinx als vrouwelijk beschouwd, maar ook werd het wel als mannelijk beeld gezien. De Bruijn geeft op zijn afbeelding de Sfinx een duidelijk mannelijk gelaat, maar wijkt daar in zijn beschrijving toch weer vanaf. Naar aanleiding van wat Plinius (*Naturalis Historia* 36.17) meedeelt, is wel verondersteld dat het gaat om een faraonisch mausoleum. Ook De Bruijn achtte dit niet onmogelijk (1698: 198). Hij noemt ook dat het, volgens sommigen, gediend zou hebben als orakelbeeld (1698: 198). De Bruijn vond het, niet onbegrijpelijk, moeilijk te bepalen wat de functie van de Sfinx kon zijn geweest. Hij volgde daarom wat Olfert Dapper (1676: 103-104) er over heeft geschreven:

> "Wat nu de byzonderheden der *Sphingen* aangaat, daar omtrent behaagd my meest, 't geen D[r] O. Dapper, hoe wel mede uit andere ontleend, daar van geschreven heeft." (1698: 198)

Dapper meende dat sfinxen aan de Nijl waren gewijd en op plaatsen stonden die door de Nijl overstroomd raakten. Sfinxen konden daarom beschouwd worden als astronomische Nijlwatersymbolen. Ook vermeldde Dapper dat sfinxen opgesteld waren bij ingangen van tempels. Bovendien verwees hij nog naar de Griekse mythe over Oedipus en de sfinx van Thebe. Bij De Bruijn vinden we deze elementen terug. De Bruijn maakt zelf geen duidelijke keuze voor één van de visies op de functie van de Sfinx. Hij geeft slechts de bestaande visies weer. Dat hij niet kiest is begrijpelijk; hem ontbrak daarvoor de kennis.

Na de dag in Gizeh te hebben doorgebracht keerde het gehele gezelschap weer terug naar Caïro. 's Avonds arriveerde men daar "vermoeid en verbrand", zoals De Bruijn vertelt (1698: 200).

De Bruijn heeft het plan gehad om naar het ten zuiden van Caïro gelegen Sakkara te gaan maar de consul ontraadde hem met "gehuurd volk" deze nekropool te bezoeken vanwege de daaraan verbonden gevaren. Toch heeft hij een geheel hoofdstuk (XXXVII) aan Sakkara gewijd:

> "Om dat het evenwel den Leezer, die in een Egyptische Reize zekerlijk yts van de *Mummien* zal willen vinden, niet geheel mag ontschieten, zal ik hier laaten invloejen 't geen andere daar van zeggen..." (1698: 200)

Het gehele hoofdstuk is gebaseerd op de *itineraria* van Thévenot (1664) — De Bruijn heeft de Nederlandse vertaling van dit oorspronkelijk Franstalige reisverslag gebruikt — en Melton (1681). Deze laatste was overigens een fictieve figuur, iets wat De Bruijn niet

[10] Voor uiteenlopende visies over de functie van de Sfinx zie Smits 1988: 139-142.

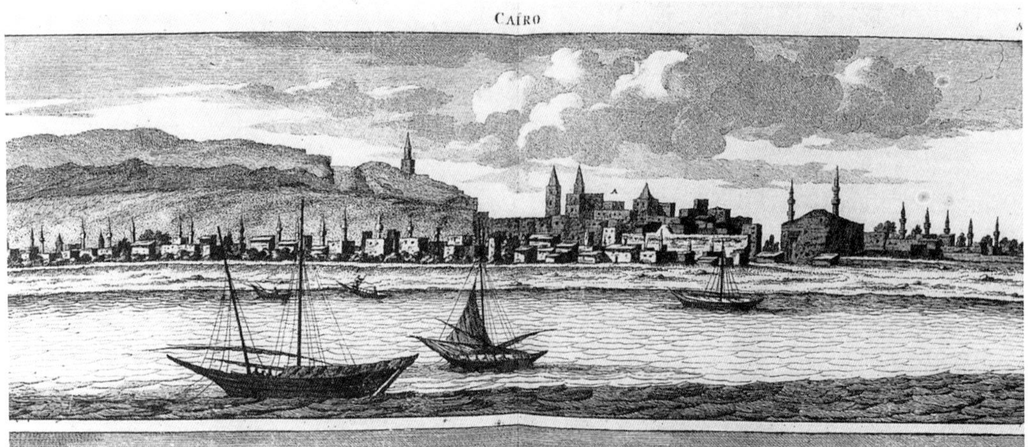

25. Gezicht op Caïro (1698: Pl. 86).

wist.[11] Het reisverslag van Melton was samengesteld door de Amsterdammer Van Broekhuizen op basis van de werken van Wansleben (ook wel op z'n Frans Vansleb genoemd), Della Valle en Thévenot (Smits 1988: 41-44; De Hond 1992: 42). De Bruijn vermeldt dat veel van wat er in de graven in Sakkara werd aangetroffen (mummies, beeldjes etc.) in Caïro op de markt werd gebracht. Hij heeft zelf nog pogingen ondernomen een mummie te kopen maar zag daar uiteindelijk vanaf vanwege het exorbitant hoge bedrag (400 Rijksdaalders) dat hij er voor neer moest tellen (1698: 204). Wel heeft hij een drietal beeldjes aangeschaft. Twee daarvan zijn hem verkocht als Isis-beeldjes en de derde zou Osiris moeten voorstellen. De Bruijn twijfelde evenwel of het wel beeldjes van deze Egyptische god en godin waren (1698: 232-233 en Pl.94).

Alexandrië

Op 2 juni verliet De Bruijn Caïro en reisde via Rosetta naar Alexandrië. Op 7 juni arriveerde hij in Rosetta, overnachtte daar en ging op 8 juni door naar Alexandrië waar hij dezelfde dag aankwam. Blijkbaar had De Bruijn op zijn tocht van Rosetta naar Alexandrië te weinig voorzorgsmaatregelen genomen tegen de felle zonneschijn, want toen hij 's avonds in de spiegel keek

> "...schrikte [ik] voor myn eygen gedaante: want ik was 't eenemaal onkenbaar geworden, en myn trony zo rood als een kool vuurs; behalve dat my ook noch de oogen zo misselyk en verwilderd in 't hoofd stonden, dat ik een gantsch ander mensch scheen te wezen. Doch

[11] Hij bevond zich wat dat betreft in goed gezelschap want ook de geleerde Gisbert Cuper meende dat Melton een bestaande figuur was en zijn reisverslag authentiek. Nicolaas Witsen moest hem uit de droom helpen: "U wel Ed. gest. haelt aen, in sijne geleerde brief, de beschrijvinge onder de naem van Melton, dog hij believe te weten, dat er nojt sodaenigen reysiger in de werelt is geweest, want dat boek is door sekeren Broekhuijsen...bijeengeflanst en gestolen uyt allerhande werken en vojagien van anderen..." (Witsen aan Cuper, 9 april 1713 = Gebhard 1881-1882: dl.2, 23). Zie voor Van Broekhuizen ook Hannema, deze bundel p. 29.

had het hier nog by gebleven! maar na eenige dagen begond ik, niet zonder groote smerte, te vervellen..." (1698: 236-237)

De Bruijn was onder de indruk van de ruïnes van Alexandrië. In vergelijking met nu waren er ook nog veel oudheden te zien omdat het moderne Alexandrië nog weinig voorstelde:

> "Wat belangd den tegenwoordigen staat van de Stad *Alexandrien*, zy is van binnen meest woest, en onbebouwd, hebbende maar eenige Huyzen die bewoond worden." (1698: 239)

De Bruijn heeft tijdens zijn verblijf te Alexandrië veel getekend en geschilderd. Er zijn relatief veel prenten van Alexandrië in het verslag opgenomen die bovendien van een betere kwaliteit zijn dan die van de monumenten in Gizeh. Hoogstwaarschijnlijk heeft dit te maken met het feit dat De Bruijn in Alexandrië de tijd had om schetsen te maken terwijl hij in Gizeh vanwege tijdgebrek gehaast te werk moest gaan. Wat betreft de tekst heeft De Bruijn ook in dit geval veel gebruik gemaakt van de verslagen van anderen. Vooral de overeenkomst met Thévenot's beschrijving van Alexandrië (1682: 205-212) is opvallend. In vergelijking met andere reisverslagen heeft De Bruijns beschrijving van Alexandrië niets nieuws te bieden.

De Bruijn beschreef de bekende monumenten zoals de zg. Zuil van Pompeius:

> "Deze Kolom, welke men gelooft door *Caesar* opgerecht te zyn, tot een gedenk-teeken der overwinning, die hy op *Pompejus* behaalde, staat ruim twee honderd schreeden van de Stad, op een hoogte, of Heuvel." (1698: 237)

De Bruijn volgt hier een van de gebruikelijke interpretaties van de zuil; ook werd wel verondersteld dat de zuil Pompeius' graftombe markeerde. Beide interpretaties zijn onjuist. De zuil heeft niets met Pompeius te maken maar is aan het eind van de derde eeuw ter ere van keizer Diocletianus opgesteld voor de grote Serapistempel.

26. Gezicht op Alexandrië (1698: Pl. 97).

Op een aantal prenten komt de zg. obelisk van Cleopatra voor. Aan deze obelisk heeft De Bruijn ook een afzonderlijke afbeelding gewijd (1698: Pl. 98; ill. 27). Bovendien heeft hij de obelisk beschreven. Op de prent heeft De Bruijn ook zo nauwkeurig mogelijk van één zijde van de obelisk de ingegraveerde hiërogliefen weergegeven:

> "'k Heb ze zodanig verbeeld, als ik ze heb gevonden. Want, niet wetende wat deze teekenen beduyden, heb ik'er, even als ontrent al het overige, noch af, noch toe, willen doen, en d'uitlegging gelaaten, aan die zich des verstaan, in dien 'er anders zodanige te vinden zijn." (1698: 238)

Ondanks het feit dat hij zo nauwkeurig mogelijk heeft gewerkt, heeft hij de inscriptie niet geheel correct weergegeven. Desalniettemin heeft De Bruijns prent zeker aan de toenmalige kennis over de obelisk bijgedragen (Smits 1988: 135-136). Overigens zou het De Bruijn later spijten dat hij slechts de hiërogliefen van één zijde van de obelisk heeft weergegeven. Ook vermeldt De Bruijn een tweede omgevallen obelisk, die grotendeels onder het zand was bedolven. Beide obelisken staan bekend als "de naalden van Cleopatra", maar hebben niets met deze koningin te maken. Ze zijn rond het jaar 1468 v.Chr. opgesteld in Heliopolis ter ere van Toetmosis III. In 10 v.Chr., tijdens het bewind van keizer Augustus, zijn ze naar Alexandrië getransporteerd en opgesteld voor het *Caesarium*, de tempel voor de goddelijke Julius Caesar. Als gevolg van een aardbeving in 1301 viel een van de obelisken. In de vorige eeuw zijn beide obelisken weggehaald. De omgevallen obelisk werd naar Londen getransporteerd waar hij in 1878 werd opgesteld aan de oever van de Theems. De andere, door De Bruijn getekende naald kreeg in 1881 een plaats in Central Park in New York (Habachi 1977).

Naast de Zuil van Pompeius en de obelisk van Cleopatra beschrijft De Bruijn o.a. het paleis van Cleopatra (1698: Pl.99), de ondergrondse (kunstmatige) waterbekkens, de drie havens van de Alexandrië en de kerk van St. Marcus, waar volgens de traditie de evangelist Marcus zou hebben gepreekt en zijn begraven nadat hij een marteldood was gestorven. De Bruijn is bijna een maand in Alexandrië geweest; op 9 juli verliet hij de stad.

"groote dieven en schurken"

Het beeld dat De Bruijn van de Egyptenaren schetst is bepaald ongunstig. Hij klaagt over hun hebzucht en inhaligheid. Hiermee werd hij meteen bij aankomst in Egypte al geconfronteerd. Omdat de Egyptenaren meenden dat ze van Europeanen meer geld konden vragen dan van hun eigen landslieden, eisten ze van De Bruijn een fors bedrag voor het aan land zetten van hemzelf en zijn bagage in Damietta. De Bruijn moest dreigen met een mes om een redelijke prijs te bedingen, maar moest uiteindelijk nog constateren dat hij twee maal zoveel als de Egyptenaren had betaald. Ook klaagt hij over de grote onveiligheid en het gevaar beroofd te worden door de Egyptenaren die hij "geboorene dieven, en schelmen" noemt (1698: 234). Om die reden is De Bruijn verheugd dat de consul en zijn familie hem zullen begeleiden naar Gizeh:

> "Niet weinig was ik verheugd, dat my een zo schoone gelegentheid voorquam. Want in der daad de Arabiers maken'er de wegen geweldig onveylig, en niet lang voor myne

27. De zg. obelisk van Cleopatra (1698: Pl. 98).

> komst te *Kairo* had zeker Heer, die mede by myn Heer den Consul gehuysvest was geweest, het ongeluk gehad, van omtrent de Piramiden, benevens de genen die by hem waaren, tot op hunnen onderklederen geplondert te zyn." (1698: 190)

Ook in Caïro was het niet veilig. Men moest volgens De Bruijn zijn hand op zijn beurs houden

> "want d'Arabiers zyn de grootste dieven der wereld, gelyk hun wezen genoegzaam te kennen geeft." (1698: 211)

Zelfs op klaarlichte dag probeerden de Arabieren met list of geweld mensen te beroven. Volgens De Bruijn was het dan ook gebruikelijk om, wanneer men op pad moest, ter eigen bescherming een gewapende soldaat mee te nemen (1698: 212). Onbedoeld geestig is De Bruijns relaas over de dieven in Rosetta:

> "d'Arabische Roovers maaken d'Ingezetenen [van Rosetta] hier zeer omzichtig, en doen hen des nachts goede wacht houden: want de minste achteloosheid is het verlies van goederen onderworpen. Zy ontkleedden zich moedernaakt, en bestryken het lichaam met oly, op dat ze nietgevat konnen worden; en, zo hunne dievery bemerkt, en zy van al te dicht vervolgd worden, werpenze zich in de *Nyl*, en zwemmen over aan de andere zyde. 't Zyn derhalven zeer gevaarlyke dieven, daar men zich bezwaarlyk voor kan wachten." (1698: 235)

Het lijkt erop alsof De Bruijn uit eigen ervaring spreekt. Dat is niet het geval: het is niet hemzelf overkomen. De passage is uit Thévenot (1682: 214) overgenomen. Overigens had De Bruijn zich op mogelijke overvallen goed voorbereid en schrok er ook niet voor terug manmoedig op te treden, zoals blijkt wanneer hij denkt overvallen te worden op weg van Rosetta naar Alexandrië.

> "Hier wierd ik, door vier Arabiers, aangesproken, waar van twee mynen Moor [De Bruijns begeleider] vasthielden, en een van de andere twee myn Muyl by den toom greepen, betoonende geld te willen hebben. 'k Haalde dan metter haast een Pistool van onder myne kleederen van daan, en plantte het op den geen, die myn Muyl by den toom had; van wien ik, zo haast als hy de tromp zag, schielyk wierd ontslagen. De andere weeken ook terstond af, en bleeven verbaast staan." (1698: 235-236)

Deze verbazing is te begrijpen omdat het hier niet ging om rovers maar om *Kaffirs* die, tegen een vergoeding van de reizigers, zorgden voor veiligheid op de wegen.

De Bruijns preoccupatie met de diefachtigheid van de Egyptenaren, en overigens van de Arabieren in het algemeen, is opvallend. Het heeft waarschijnlijk niets te maken met zijn opinie over Islamieten. Deze was niet onverdeeld positief maar ook niet uitgesproken negatief en daarmee wijkt ze niet af van die van andere Europeanen (De Hond 1994: 70-73). Ook in andere verslagen wordt regelmatig melding gemaakt van de onveiligheid in Arabische landen voor Europese reizigers. We mogen daarom aannemen dat De Bruijns opmerkingen de situatie objectief weergeven. Het feit evenwel dat hij het zo vaak over de onveiligheid in Egypte en de diefachtigheid van de Egyptenaren heeft, doet vermoeden dat De Bruijn zelf het slachtoffer van een beroving is geweest, al gebiedt de eerlijkheid te zeggen dat hij hierover niets meedeelt.

Besluit

De Bruijn lijkt niet met een vooropgezet plan naar Egypte te zijn gereisd. Het toeval en de veiligheid schijnen te hebben bepaald welke plaatsen en monumenten hij heeft bezocht. Nergens blijkt dat hij zich inhoudelijk heeft voorbereid op de reis door Egypte. De studie naar de monumenten bij Gizeh heeft hij waarschijnlijk pas gedaan toen hij weer thuis was en werkte aan de publicatie van zijn reisverslag. Nieuwe en originele ideeën over bij voorbeeld functie van de piramiden en Sfinx treffen we bij De Bruijn niet aan. Het hoofdstuk over Alexandrië is vooral van belang vanwege de prenten en niet vanwege de tekst omdat deze niets toevoegt aan wat anderen al hadden geschreven. De Bruijn heeft zich vooral gebaseerd op opinies van andere auteurs zoals Dapper, Thévenot en Melton. Lange citaten uit de werken van deze auteurs zijn door De Bruijn overgenomen. Dat geldt in sterke mate voor de hoofdstukken over Sakkara en over de bronnen van de Nijl. Deze bestaan grotendeels uit passages van andere auteurs. Maar ook in andere hoofdstukken maakt hij veelvuldig gebruik van wat anderen vóór hem hebben geschreven.[12] De reden hiervan is waarschijnlijk dat De Bruijn pas bij terugkomst in Holland het idee opvatte een verslag van zijn reis te publiceren en zijn dagboekaantekeningen onvoldoende waren om een itinerarium van enig niveau op te baseren. Het is overigens ook niet terecht om nieuwe visies en inzichten van hem te verwachten. Hij was immers schilder en geen geleerde. De prenten zijn fraai en hebben wel degelijk wat toegevoegd aan de kennis over Egypte. Met name de prent van de Grote Galerij in de piramide van Cheops was uniek. De schets ervoor is onder moeilijke omstandigheden gemaakt wat iets zegt over De Bruijns ondernemingslust. Datzelfde geldt voor de tekening van de obelisk van Cleopatra met zijn hiërogliefen in Alexandrië. Deze prent heeft bijgedragen aan de vermeerdering van de kennis over hiërogliefen in Europa, ook al was men nog niet in staat de tekens te ontcijferen. Opmerkelijk is wel dat op de gravures de piramiden te steil zijn afgebeeld. Het is nauwelijks voorstelbaar dat De Bruijn, die zich liet voorstaan op grote nauwkeurigheid van zijn prenten, de piramiden ook *in loco* zo getekend heeft, zeker niet omdat we weten dat hij de piramide van Cheops vrij precies heeft opgemeten. De maten van de basis en de hoogte zijn in relatie tot elkaar acceptabel (Smits 1988: 103). Het is niet onwaarschijnlijk dat de graveur, die op basis van De Bruijns tekeningen gravures maakte voor het reisverslag, een eigen inbreng heeft gehad. Afbeeldingen uit zestiende en zeventiende eeuw laten in de regel te steile piramiden zien. Reden hiervan is dat het onderscheid in functie tussen piramide en obelisk nog niet duidelijk was, als gevolg waarvan op prenten de piramiden soms de vorm van een obelisk benaderden.[13] De graveur, aan dergelijke afbeeldingen van piramiden gewend, zal mogelijk De Bruijns prent niet exact gevolgd hebben.[14]

---

[12] De Bruijn zegt dat overigens ook in zijn voorwoord; zie citaat op p. 71. Voor De Bruijns bronnen zie De Hond 1992: 41-43 en artikel Versteeg in deze bundel.

[13] Smits 1988: 88-91. Publicaties die De Bruijn gebruik heeft bij het schrijven van zijn reisverslag, zoals die van Melton en Dapper, hebben afbeeldingen van veel te steile piramiden.

[14] Over graveurs en hun niet altijd nauwkeurige manier van werken zie De Jong 1989: 47-51.

Naast de prenten zijn het vooral De Bruijns persoonlijke impressies en ervaringen die zijn reisverslag zo aantrekkelijk maken. Het is daarom niet verwonderlijk dat zijn reisboek veel lezers trok, gunstig werd besproken en al snel in het Frans en Engels werd vertaald.[15]

[15] Zie hiervoor de bijdrage van Kiki Hannema in deze bundel.

"ONTROERING EN BEKLEMDHEID". BEZOEK AAN PALESTINA

JAN WILLEM DRIJVERS

Cornelis de Bruijn kwam op 21 juli 1681 per schip te Jaffa aan voor zijn bezoek aan het Heilige Land. De Bruijn had al eerder in het jaar, nl. in de Paastijd, Palestina en speciaal Jeruzalem willen bezoeken maar hij werd door ongunstige winden opgehouden in Damietta (Egypte). Toen Pasen voorbij was besloot hij maar in Egypte te blijven en op een later tijdstip het Heilige Land te bezoeken. We weten dat De Bruijn al tijdens zijn verblijf in Italië het plan had om naar Jeruzalem te reizen.[1] Het is niet duidelijk of De Bruijns bezoek aan Palestina als pelgrimage mag worden beschouwd. Weliswaar noemt hij zich een pelgrim (1698: 282) maar uit niets blijkt verder dat hij om religieuze motieven het Heilige Land bezocht. Pure belangstelling is waarschijnlijk het hoofdmotief geweest. Wellicht had de Bruijn ook commerciële motieven; prenten van de heilige plaatsen zijn mogelijk gewild geweest.

In Jaffa werd hij opgevangen door een tweetal Franciscanen. De orde der Franciscanen was reeds sinds 1342 verantwoordelijk voor westerlingen, uiteraard vooral pelgrims, die de heilige plaatsen bezochten (*Custodia Terrae Sanctae*). De Bruijns reis door dit deel van de wereld stond daarmee onder supervisie van de Franciscanen — en daarmee indirect van de Ottomaanse autoriteiten — met als gevolg dat zijn bewegingsvrijheid beperkt was. Reizigers/pelgrims die het Heilige Land bezochten volgden vaste routes waarvan niet afgeweken mocht worden. Bovendien werden pelgrims altijd door (een) Franciscaner monnik(en), een drogeman en soms Ottomaanse soldaten vergezeld.[2] Men overnachtte ook veelal in Franciscaner kloosters, alhoewel dat niet verplicht was (1698: 293). Dit maakt De Bruijns verslag van de vele heilige plaatsen in Palestina niet erg spannend en het verschilt daarom niet of nauwelijks van de (pelgrims)verslagen van anderen, die voor of na hem Palestina hadden bezocht. Slechts in één geval wijkt De Bruijn af van de platgetreden paden, nl. in zijn beschrijving en prent (vanaf de Olijfberg) van Jeruzalem. Deze laatste heeft hij illegaal gemaakt omdat het door de Ottomaanse overheid niet was toegestaan de heilige stad te tekenen (1698: 281).[3] Toch is De Bruijns verslag van zijn verblijf in Palestina interessant, niet alleen vanwege de prenten, maar ook vanwege zijn beschrijving in woord en beeld van de Heilige Grafkerk in Jeruzalem. Andere elementen van zijn verslag die van enige interesse zijn omdat ze door andere reizigers/pelgrims niet of slechts zijdelings vermeld

[1] "In *Italien* zynde, had ik altyd een groote begeerte gehad om na *Jerusalem* te trekken." (1698: 165)

[2] Zie voor pelgrimages bijv. Savage 1977 en Peters 1985.

[3] Het is lange tijd een van de belangrijkste prenten van de stad geweest en overgenomen in verscheidene boeken en atlassen; De Hond 1992: 69 spec. n.40.

worden, zijn De Bruijns scepsis tegenover de heilige plaatsen/objecten en zijn (weliswaar beperkte) interesse voor andere dan (westerse) christelijke groeperingen in Palestina. Op deze zaken zal hieronder worden ingegaan alsmede op de vraag in hoeverre De Bruijn bij zijn verslaglegging gebruik heeft gemaakt van de reisboeken van Della Valle en Thévenot, die hij bij zich had op zijn reizen, alsmede van het werk van Olfert Dapper. Maar eerst het een en ander over zijn reisroute.

Reisroute

Reizigers die per schip naar Palestina reisden kwamen aan in de havenstad Jaffa. Zo ook De Bruijn, die hier op 21 juli 1681 arriveerde. Hij verbleef daar enige dagen bij de Franciscanen, die hun huis hadden op de plek waar ooit het huis van "Simon den Leder-bereyder" zou hebben gestaan (1698: 246). Zij regelden voor hem de reis naar Jeruzalem. Bij aankomst te Jaffa diende hij hiervoor 14 Rijksdaalders te betalen en bij vertrek naar Jeruzalem nog eens eenzelfde bedrag (1698: 294). Op 24 juli vertrok hij te paard in het gezelschap van andere reizigers en drogemannen naar Ramla, ongeveer halverwege Jeruzalem. In Ramla heeft De Bruijn enige maanden gelogeerd bij zijn landgenoot Henrico Lub[4] omdat Jeruzalem vanwege de pest niet toegankelijk was voor reizigers.[5] Op 17 oktober kon De Bruijn pas doorreizen naar Jeruzalem waar hij dezelfde dag arriveerde. Hij nam zijn intrek in het Franciscaner klooster dat niet ver van de Heilige Grafkerk was gelegen. Op

28. Gezicht op Bethlehem (1698: Pl. 137).

[4] Lub was een van van de intekenaren op het eerste reisboek van De Bruijn. We weten dat De Bruijn ook in Holland contact had met Lub. Uit het onderschrift van een brief van De Bruijn blijkt dat hij op het moment van schrijven bij Lub verbleef: "Buyten Haerlem op de plaets van Heer Henrico Lub" (De Bruijn aan Cuper, 26 jan. 1713, U.B.A. Be 68b); zie ook De Hond 1992: 102.

[5] De meeste reizigers/pelgrims verbleven te Ramla in het Franciscaner klooster/hospitium, daar gebouwd door Philips van Bourgondië.

19 oktober maakte hij de eerste prent van Jeruzalem vanaf het dak van het klooster (1698: Pl.114). Op 19, 20 en 21 oktober maakte hij rondleidingen onder leiding van een pater en een drogeman langs de heilige plaatsen in en direct bij Jeruzalem. Op 22 oktober maakte hij een tocht naar Bethanië en op 23 oktober vertrok hij naar Bethlehem waar hij tegen zonsondergang aankwam. Ook hier verbleef hij in een Franciscaner klooster.[6] Op 24 en 25 oktober bezocht hij de heilige plaatsen in en bij Bethlehem.[7] Toen hij op 26 en 27 oktober Bethlehem had getekend (1698: Pl.137; ill. 28), keerde hij op 1 november weer terug naar Jeruzalem. Op 3 november ging hij naar de Olijfberg om (vanuit het zuid-oosten) Jeruzalem te tekenen. Op 6 november was de tekening klaar (1698: Pl.143). Op 8 november bezocht hij de Heilige Grafkerk waar hij drie dagen en nachten bleef. Tijdens zijn bezoek aan de kerk maakte De Bruijn de nodige (aan)tekeningen (1698: 282). Wat hij in de dagen na 11 november heeft gedaan is niet bekend. Op 16 november verliet hij Jeruzalem om af te reizen naar Ramla, nadat hij van de Franciscanen een getuigschrift had gekregen ten bewijze dat hij het Heilige Land had bezocht. In Ramla logeerde hij wederom bij zijn vriend Henrico Lub. Op 8 januari reisde hij door naar Jaffa waar hij scheep ging voor Akko; vandaar is hij doorgereisd naar Tripoli. Hij bezocht tussen 22 en 28 april 1682 Palestina opnieuw. Nadat hij een drietal maanden in Tripoli had doorgebracht reisde hij terug naar Akko van waaruit hij twee excursies maakte naar Nazareth en het Meer van Galilea. De Bruijns verslag van zijn verblijf in Palestina beslaat 63 pagina's (hfdst. XLV t/m LVI en LX t/m LXII) en 58 prenten.

De Heilige Grafkerk

Pelgrims volgden vaststaande routes in Palestina. Ze bezochten de heilige plaatsen tussen Jaffa en Jeruzalem, in en om Jeruzalem, en reisden naar Bethlehem, Bethanië en de Jordaan. In tien à vijftien dagen kon men alle belangwekkende plaatsen hebben bezocht. Het hoogtepunt van elke pelgrimage vormde het bezoek aan de Heilige Grafkerk te Jeruzalem. Bij voorkeur bezocht men deze kerk in de Paastijd vanwege de festiviteiten die er dan plaatsvonden. Ook voor De Bruijn was het bezoek aan de Grafkerk het hoogtepunt van zijn verblijf in het Heilige Land. Hij heeft negen pagina's en vier prenten gewijd aan de beschrijving van de kerk (hfdst. LIV: *Beschryving van de Kerk des Heiligen Grafs, benevens andere byzonderheden, daar toe behoorende*; 1698: 282-291).

De Heilige Grafkerk is gesticht door keizer Constantijn de Grote (306-337) en is gebouwd ter nagedachtenis aan Christus' lijden, dood en opstanding. De traditie wil dat de kerk gebouwd is op Golgotha en de plaats van het graf, dat Jozef van Arimathea voor Christus' bijzetting ter beschikking had gesteld. Het oorspronkelijke Constantijnse complex bestond uit een grote basiliek (ook wel *Martyrium* genoemd) die via een binnenplaats

[6] De Bruijn had een uitstekende relatie met de Franciscanen; zij boden hem zelfs aan om op hun kosten nog zes maanden in Palestina te blijven (1698: 270-271, 294).

[7] In Bethlehem konden pelgrims zich als herinnering aan hun bezoek aan de heilige plaatsen laten tatoeëren. Ook De Bruijn heeft op arm en borst tatoeages laten aanbrengen (1698: 269).

29. Interieur van de Heilige Grafkerk met het graf van Christus (1698: Pl. 144).

verbonden was met de zg. Rotunda, een koepelvormig bouwwerk waarin zich een *aediculum* bevond dat toegang verschafte tot het graf. In 614 is het complex (deels) door brand verwoest maar weer in zijn oorspronkelijke vorm herbouwd. In 1009 vond een rigoreuze verwoesting plaats door Sultan Hakim. De Rotunda is daarna herbouwd; de basiliek evenwel niet. In 1149 hebben de kruisvaarders een nieuwe kerk — aanzienlijk kleiner dan de Constantijnse basiliek — gebouwd die direct verbonden was met de Rotunda. Het is dit complex dat tot op de dag van vandaag bestaat (ondanks een brand in 1808) en dat De Bruijn heeft bezichtigd.[8]

De Grafkerk was in de Late Oudheid en Middeleeuwen een van de belangrijkste kerken van de christelijke wereld. In de loop der eeuwen zijn bijbelse en andere christelijke tradities met de Heilige Grafkerk verbonden geraakt. Vooral de tradities over lijden van Christus concentreerden zich in de Grafkerk. Zo bevond zich in de Rotunda o.a. de geselzuil, de

[8] Een van de betere inleidingen op de geschiedenis van de Heilige Grafkerk is Coüasnon 1974. Voor de geschiedenis van de kerk in de vierde en vijfde eeuw zie Gibson/Taylor 1994.

steen waarop Jezus was gevallen bij zijn kruisgang en de zalfsteen, waarop Jezus' lichaam zou zijn gezalfd. In de Late Oudheid is de Grafkerk ook in verband gebracht met het Ware Kruis, dat door Helena, de moeder van Constantijn de Grote, zou zijn gevonden. Vandaar dat in de Grafkerk ook een Helenakapel kan worden aangetroffen, waar de keizerin zou hebben verbleven tijdens haar speurtocht naar het kruis. In de Late Oudheid en vroeg-Byzantijnse tijd werd in de kerk ook een reliek van het kruis bewaard en vereerd. In De Bruijns tijd is deze reliek niet meer aanwezig. Een van de belangrijkste relieken was het hoofd van Johannes de Doper, dat De Bruijn zelfs heeft mogen vasthouden (1698: 283).

De Grafkerk is gebouwd als tegenhanger van de Joodse tempel in Jeruzalem. Om die reden ging een aantal Joodse tempeltradities over op de Grafkerk, zoals de idee dat de kerk gebouwd was op het middelpunt van de aarde.[9] Er was al met al veel te zien in de Grafkerk en De Bruijn is dan ook drie dagen en nachten achtereen — om kosten te besparen — in de kerk geblcvcn.[10] IIij heeft de kerk uitvoerig bezichtigd en hij heeft van het interieur schetsen gemaakt (1698: 282), alsmede naar alle waarschijnlijkheid — hij heeft het daar niet over — aantekeningen gemaakt en maten opgenomen.

De Bruijn begint zijn hoofdstuk (1698: 282-284) over de Grafkerk met een beschrijving van de Grafkapel (de voormalige Rotunda) en het Koor (de kruisvaarderskerk). Daarna volgt de beschrijving van het graf (1698: 283-285), gevolgd door een opsomming van de verschillende kapellen in de Grafkerk, zoals de kapel der verschijning, de kapel van de verdeling der kleren, de kapel van Helena, de kapel van de beschimping, de kapel van de kruishechting (1698: 286-287). Voorts beschrijft hij nog enige andere zaken in de kerk zoals graven en grafinscripties van o.a. Godfried van Bouillon (1698: 288) en de verdeling van de kerk onder de verschillende christelijke groeperingen (1698: 290).

Was het bezoek aan de Grafkerk het hoogtepunt van een verblijf in het Heilige Land, het binnentreden van het graf van Christus vormde de climax van het bezoek aan de Grafkerk. De Bruijn beschrijft dit graf vrij uitvoerig (1698: 283-284). Hij geeft eerst een beschrijving van het exterieur van het *aediculum*, waar het graf deel van uitmaakte, en daarna behandelt hij het interieur. Alvorens de werkelijke grafruimte te kunnen betreden komt men in de zg. Kapel des Engels, genoemd naar de steen die er zich bevond waarop de engel gezeten zou hebben toen de drie Maria's op de derde dag na de kruisiging naar het graf kwamen. In de kapel bevonden zich 24 zilveren olielampen. Vandaar ging men door een klein poortaal en kwam men in de ruimte van het graf dat een niveau lager lag. Deze ruimte was klein: nauwelijks vier mensen konden er geknield voor het graf liggen. Het graf zelf was bedekt met een marmeren plaat om het te beschermen tegen al te hebzuchtige pelgrims[11] en om het als altaar te kunnen gebruiken. In de grafruimte hingen 44 olielampen van verschillende naties. De lampen maakten de ruimte nogal benauwd naar de mening van De Bruijn (1698: 284).

---

[9] Dit middelpunt is De Bruijn aangewezen (1698: 283).

[10] "'k Was 'er drie dagen, en zo veel nagten, in, zonder daar uit te gaan, alzo ik geerne in eene reys alles wilde bezichtigen, om niet gestadig nieuwe kosten, voor de intreede, te moeten maaken." (290) Het eerste bezoek kostte 15 Rijksdaalders en elk volgend bezoek 2_ Rijksdaalders (1698: 295).

[11] De Bruijn meldt dat "...de waan van Godvrugtigheid, of het Bygeloof, of de Nieuwsgierigheid, zich hier dikwils aan vergrypt" (1698: 284).

30. Vooraanzicht van het graf van Christus (1698: Pl. 146).

31. Interieur van het graf van Christus met 44 olielampen (1698: Pl. 147).

Belangrijker dan De Bruijns beschrijving van het grafcomplex — deze kan ook gevonden worden in andere verslagen — zijn de prenten die hij ervan gemaakt heeft. De Bruijns tekst is feitelijk ondergeschikt aan de prenten en dient slechts ter adstructie. Hij heeft het *aediculum* getekend in de ruimte van de Grafkapel (1698: Pl.144; ill. 29); opmerkelijk aan deze prent is het enigszins vreemde perspectief. Tevens biedt hij een prent van het front van het *aediculum* die een doorkijk geeft tot in de grafruimte (1698: Pl.146; ill. 30), en tenslotte heeft hij de grafruimte zelf met zijn vele olielampen getekend (1698: Pl.147; ill. 31). Met name de laatste prent was uniek; hij zegt er zelf het volgende over:

> "Ik heb alle deze dingen met de uiterste nauwkeurigheid afgeteekend, om dat het, myns wetens, noch niemand voor my heeft gedaan." (1698: 285)[12]

[12] De Bruijns nauwkeurigheid blijkt uit het feit dat tekst en prent met elkaar overeenkomen. Het aantal van 44 olielampen dat hij in de tekst noemt zijn ook op Pl. 147 afgebeeld.

De prenten zijn om twee redenen van wetenschappelijk belang. Nadat de Grafkerk in 1808 deels verwoest was door brand, is het *aediculum* nogal radicaal gerestaureerd. Dankzij de prenten van De Bruijn weten we hoe het *aediculum* er vóór 1808 heeft uitgezien. Voorts zijn de prenten van belang gebleken bij de pogingen tot reconstructie van het oorspronkelijke vierde-eeuwse *aediculum* (Wilkinson 1972).

De Bruijns beschrijving van de kerk is niet uitbundig maar wel accuraat. Zijn beschrijving is beter en vollediger dan die van bijvoorbeeld Della Valle en Thévenot. Dezen beschrijven echter wel uitvoerig de plechtigheden die gedurende de Paastijd in de kerk plaatsvonden. Bij De Bruijn ontbreekt dit uiteraard omdat hij in november de kerk bezocht. Ook in vergelijking met de beschrijving van Dapper verdient De Bruijn de voorkeur. Dapper beschrijft de kerk weliswaar uitvoerig en geeft bovendien een aantal (niet al te betrouwbare) prenten, maar hij heeft duidelijk geen idee hoe de kerk er in werkelijkheid uitzag.[13] Ongetwijfeld heeft dat te maken met het feit dat Dapper de Grafkerk niet zelf heeft bezocht. Zijn beschrijving is een compilatie van wat anderen (Quarismius, Eugenius Roger, Doubdan, Surius) over de Grafkerk hadden geschreven. Blijkbaar waren deze verslagen niet alle even accuraat en verschilden ze wat inhoud betreft van elkaar met als gevolg dat Dapper vergissingen maakt.

De Bruijns beschrijving biedt in het algemeen niet veel nieuws in vergelijking met andere beschrijvingen, maar zijn prenten zijn superieur in vergelijking met het beeldmateriaal dat anderen voor hem hadden gepubliceerd. Zij bieden een getrouwe weergave van de werkelijkheid. Daarmee blijft hij trouw aan zijn principe:

> "...het geeven van naauwkeurige aftekeningen van de Steden, Plaatzen, en Gebouwen die ik ontmoet heb, in welke ik zonder vermetenheid mag zeggen yts gedaan te hebben, dat van niemand ondernomen is." (1698: 'Gunstige Leezer')

Scepsis

In tegenstelling tot andere reizigers en pelgrims toont De Bruijn een gezonde dosis scepsis ten opzichte van de authenticiteit van de heilige objecten in de Grafkerk en christelijke heilige plaatsen in het algemeen. Waar reizigers als Della Valle en Thévenot geen twijfel laten blijken over wat hun getoond werd, ligt dat voor De Bruijn duidelijk anders. Ten aanzien van de zuil waaraan Jezus voor zijn kruisiging gegeseld zou zijn en die in de Kapel van het Heilige Graf wordt bewaard, merkt hij op dat hij andere delen van deze zuil in Rome en Istanbul heeft gezien. Hij besluit de omvang van de zuil op te meten en die te vergelijken met die van de zuildelen in Rome en Istanbul. Helaas werd dit experiment niet uitgevoerd omdat De Bruijn zijn aantekeningen met de maten is verloren. De Bruijn spreekt evenwel de hoop uit dat een ander het ooit zal doen "en aldus uit te vorschen, of de Geestelijken hier in al ter goeder trouw gaan" (1698: 286). Dezelfde twijfel ten aanzien

---

[13] Dapper beschrijft bijvoorbeeld twee maal op verschillende wijze (hij geeft o.a. verschillende maten) de kapel van Helena (1677: 384-385, 390). Voorts meent hij dat de Grafkapel volgens de Ionische orde is gebouwd (1677: 397) terwijl dit evident de Korintische orde is.

van de authenticiteit spreekt hij uit in het geval van de steen waarop Jezus tijdens zijn kruisgang zou zijn gevallen en die nog de afdrukken van zijn knieën zou laten zien.[14] Ook twijfelt hij aan de echtheid van de bank waarop Jozef van Arimathea Jezus na zijn kruisdood zou hebben gelegd om hem te zalven.[15]

Niet alleen in het geval van een aantal exempla laat De Bruijn zijn twijfels omtrent de authenticiteit van de heilige plaatsen of objecten doorklinken, ook zijn taalgebruik wijst in die richting. Zeer regelmatig gebruikt hij uitdrukkingen als "Dit zegt men", "gehouden wordt", "zo zy zeggen", "hier meend men", "men gelooft" en "zo de Paters zeiden".

De Bruijn, die een gelovig man was, blijft een kritische afstandelijkheid behouden bij het aanschouwen van de vele heilige plaatsen en objecten. Slechts wanneer hij neerknielt bij het graf van Christus wordt hij door enige ontroering bevangen, ook al is hij sceptisch over de authenticiteit van het graf:

> "Indien nu ymand wil weeten, hoe men zich gesteld bevind, als men voor de eerste maal voor des Heylands Graf nederknield, ik zal hem zeggen, voor zo veel my belangd, dat ik nergens eene ontroering heb gevoeld, als alleen aldaar. Doch ontstelde zich een der *Paters*, mede een nieuweling in *Jerusalem*, die met my in de Kerk ging, vry wat meer; want knielende neder voor het Heylige Graf, berstede hy uit, in zulk een overvloed van traanen en zuchten, dat hy in twee uuren naauwlykst tot bedaaren was te brengen. Ik wil hier echter niet mede zeggen, dat het daarom zeeker zoude wezen, dat dit juist het regte Graf van onzen Zaligmaaker is; maar, dewyl men zich niet kan beletten, met die indruk voor hetzelve te verschynen, en dat men, by die gelegentheid, zich het lyden van den *Zoone Gods*, voor onze Zonden en Ongeregtigheden, herinnerd, kan het niet anders wezen, of men moet ontroeringen gevoelen, die tot in het binnenste van de ziel doordringen; en ik geloof (hoewel wy een tyd beleven, dat veele menschen glorie schynen te stellen, in heel weinig, of niet met al te gelooven; misschien om geen andere reden, als om zich van de gemeene gevoelens, die te slegt in hunne oogen zyn, af te zonderen, en een uyterlyke schyn van wysheid te vertoonen) dat de volslagenste Atheist, niet zouden konnen beletten, dezelve ontroering, en beklemdheid, te gevoelen." (1698: 290-291)

Bronnen

Uit het voorwoord van het reisverslag is bekend dat De Bruijn de werken van Della Valle en Thévenot in zijn bagage had; ook raadpleegde hij werken van Dapper:

> "...hebbende de reisen van de Heeren de la Valle en Thevenot, altyd by my medegevoerd, en my op de plaatzen daar ik my bevond, van dezelve bediend; gelyk ik my, daar ik dezelve konde bekomen, ook over al bediend heb van de beschryving die D[r]. Olphert Dapper uit verscheydene beschryvingen t'zaamen gesteld heeft. Dit was niet alleen een groot behulp, om te weeten wat op welke Plaats merkwaardig was; maar, het was my ook ten grooten dienst in 't opmaaken en bekorten van myne aantekeningen; in welke ik my konde tot dezelve gedraagen, wanneer ik vond dat de Schryvers niet te verbeteren waaren.

[14] "...een groote steen, van dewelke de Grieken zeggen, dat *Christus*, gaande om gekruyst te werden, daar op nederviel, waar over de Putten zyner knien noch op den huydigen dag in dezelve gebleven zouden wezen. Inderdaad, men ziet'er twee holligheden, doch waar ze door veroorzaakt zyn, is my onbekend." (1698: 289)

[15] De Bruijn stelt dat de steen niet authentiek kan zijn "aangezien nergens geleezen werd, dat *Joseph van Arimathea*, het lighaam van Christus gezalfd zoude hebben..." (1698: 289).

> Maar, gelyk my dat veel tyd bespaarde in 't schryven, terwyl ik dezelve wel van nooden had om myne aantekeningen te maaken, zo heeft dat veroorzaakt, dat ik in myne beschryving niet wel heb kunnen vermyden, veelmaals zodanig te spreeken en te schryven, als het by anderen gevonden werd." (1698: 'Gunstige Leezer')

Waarschijnlijk had De Bruijn de Nederlandse editie van Della Valle bij zich. Van diens werk was in 1666 een vertaling verschenen van J.H. Glazemaker (*De Volkome beschryving der Voortreffelijcke Reizen van de deurluchtige Reisiger Pietro della Valle etc.*). In 1682 was van de hand van G. van Broekhuizen een vertaling van het werk van Thévenot op de Nederlandse markt verschenen (*Gedenkwaardige en zeer naauwkeurige Reizen van de Heere De Thevenot etc.*). De Bruijn zal evenwel de Franse editie van Thévenot's werk uit 1664 in bezit hebben gehad omdat de Nederlandse vertaling pas uitkwam toen De Bruijn al enige jaren op reis was.[16] In het geval van het boek van Dapper gaat het hoogstwaarschijnlijk om diens *Naukeurige beschryving van gantsch Syrie en Palestyn of Heilige Land etc.* (1677). Dit werk verscheen pas nadat De Bruijn zijn reis (in 1674) was begonnen. Hij heeft het boek daarom of kunnen raadplegen in bibliotheken van consulaten en particulieren die hij op zijn reizen aandeed, ofwel onderweg aangeschaft. Ofschoon De Bruijn aangeeft dat hij de boeken van deze drie schrijvers uitgebreid heeft gebruikt, is het bepaald niet zo dat hij bij het opstellen van zijn eigen verslag over het Heilige Land passages heeft overgeschreven uit Della Valle, Thévenot en Dapper. De beide eerstgenoemden hebben ook het Heilige Land bezocht en beschreven, en hoewel zij veelal dezelfde heilige plaatsen en objecten in hun reisverslagen beschrijven — dat kan ook niet anders omdat de toer langs deze plaatsen voor elke pelgrim/bezoeker dezelfde was — heeft De Bruijn hen in zijn reisverslag niet slaafs nagevolgd en zijn er wel degelijk punten van verschil aan te wijzen. Zo is het aantal heilige plaatsen dat Della Valle beschrijft aanzienlijk kleiner dan dat van De Bruijn (en Thévenot) en is zijn beschrijving van de Heilige Grafkerk minder uitvoerig. De volgorde waarin de heilige plaatsen worden beschreven verschilt, maar dat kan te maken hebben met een andere route langs de verschillende plaatsen. Thévenot heeft een aantal elementen die De Bruijn niet heeft. Zo beschrijft Thévenot tamelijk uitvoerig de klokketoren en de zuidelijke toegangsdeur van de Heilige Grafkerk (Thévenot 1682: 313-314); bij De Bruijn lezen we hierover niets. In tegenstelling tot De Bruijn, hebben Thévenot en Della Valle beiden een bezoek gebracht aan de Jordaan. De Bruijn heeft de Jordaan niet bezocht omdat de Ottomaanse autoriteiten alleen in de Paastijd tochten naar de heilige rivier organiseerden.[17] Punten van verschil tussen De Bruijn, Della Valle en Thévenot zijn verder dat de eerste in tegenstelling tot de twee anderen maten en architectonische beschrijvingen van gebouwen geeft, niet alleen aandacht heeft voor de heilige plaatsen maar bijvoorbeeld ook een beschrijving (en prent) van de stad Jeruzalem geeft en bovendien aanzienlijk sceptischer is ten aanzien van de authenticiteit van de heilige plaatsen/objecten dan zijn twee voorgangers. Dit heeft uiteraard te maken met het feit dat Della

[16] Zie ook De Hond 1992: 42. Bij het schrijven van zijn eerste reisverslag heeft hij overigens wel gebruik gemaakt van de Nederlandstalige editie van Thévenot.

[17] De reis naar de Jordaan mocht alleen ondernomen worden met toestemming van en onder begeleiding van de Ottomaanse autoriteiten en tegen betaling van tien rijksdaalders per persoon (1698: 295).

Valle en Thévenot katholiek waren en De Bruijn een protestantse (Evangelisch-Luthersche) achtergrond had. Voorts geeft De Bruijn een uitgebreide beschrijving van de gang van zaken in en bestuurlijke inrichting van de Franciscaner kloosters (1698: 293-294), en geeft hij een kostenoverzicht ten behoeve van toekomstige reizigers (1698: 294-295). Voor zover dat valt te bepalen heeft De Bruijn (in zijn hoofdstukken over Palestina) slechts in één geval tekst letterlijk overgenomen uit een ander verslag, waarschijnlijk uit dat van Thévenot. Het gaat hier om de grafinscripties van Boudewijn en Boudewijns kinderen in de Grafkerk. De Bruijn zegt dat hij deze niet zelf genoteerd maar heeft overgenomen (1698: 287). Thévenot geeft deze inscripties eveneens (1682: 321-322). Het is evenwel ook mogelijk dat De Bruijn deze inscripties heeft overgenomen uit het werk van Dapper (1677: 383).

Dappers werk is in tegenstelling tot de boeken van Della Valle, Thévenot en De Bruijn geen reisverslag, al worden ook in zijn boek de heilige plaatsen/objecten in Palestina beschreven. De drie reisverslagen pogen niets meer of minder dan een ooggetuigeverslag te geven, terwijl Dapper allerlei informatie uit o.a. antieke auteurs en de bijbel toevoegt. De Bruijn heeft deze op zich interessante informatie niet willen overnemen en ook in zijn beschrijvingen volgt De Bruijn Dapper niet. Slechts in één geval heb ik De Bruijn kunnen betrappen op (mogelijk) overschrijven uit Dapper's werk, nl. in het geval van de zg. Zalfsteen.

> "...den steen der Zalving, of Zalf-steen: de welke gezeit wort de plaetze te zijn, alwaer *Iozef van Arimathea, Nikodemus*, en eenige andere jongeren, het lijk des Zalighmakers leiden, om te balzemen of zalven, na de Joodsche wijze en gewoonte: waer na ook sedert deze steen by all d'inwoonders van dien oort de Zalf-steen genoemt is." (Dapper 1677: 380)

> "...een lange steen, waar op het Lighaam van *Christus*, na dat het van het Kruys was afgenomen, door *Joseph van Arimathea, Nicodemus*, en eenige andere Jongeren, volgens de Joodsche wyze, zoude zijn gebalsemd, of gezalfd, waarom deze Steen ook den naam van de Zalf-steen heeft gekregen." (1698: 288)

Aandacht voor anderen

De meeste (pelgrims)verslagen hebben slechts aandacht voor de eigen christelijke groep. De Bruijn daarentegen toont, weliswaar summier, ook enige interesse voor anderen in het Heilige Land: Mohammedanen, Joden en oosterse christenen. Aangaande de Mohammedanen en Joden maakt hij de volgende opmerking:

> "d'Inwoonders bestaan uit Mohammetaanen, inboorlingen des Lands, en Joden. d'Eerste maaken verre het grootste getal, de Joden komen 'er zich dikwils metter woon ter nederzetten, inzonderheid wanneer ze tot hooge Jaaren gekomen zyn, met het inzigt van 'er te sterven..." (1698: 292)

Over de Mohammedanen doet hij verder geen mededelingen, al kan men veronderstellen dat hij kritisch staat tegenover de financiële voordelen die de Ottomanen genieten als gevolg van het bezoek van pelgrims.[18] Een bezoek aan het Heilige Land was niet goedkoop en de

[18] Dit kan geconcludeerd worden uit het door De Bruijn gegeven kostenoverzicht (1698: 294-295).

te betalen gelden kwamen rechtstreeks ten goede aan de Ottomaanse overheid.[19] De Franciscanen dienden voor hun continue verblijf eveneens een fors bedrag te betalen.[20] Overtredingen, bijvoorbeeld het betreden van een verboden plaats, werden beboet met zware geldstraffen die werden opgelegd aan de Franciscanen; zij waren immers verantwoordelijk voor het gedrag van de pelgrims (1698: 293, 257). Werkelijk contact met de Mohammedanen was niet mogelijk. Financiële transacties met de Moslims waren verboden en hun heilige plaatsen waren afgesloten gebied voor christenen.[21] Over de moskee "Koepel van de Rots" op de Tempelberg meldt De Bruijn:

> "Na my onderrigt wierd, begrypt hy [de moskee] in den omvang omtrent hondert schreeden. Men moet uit alles, op het zeggen der Ingezetenen, gelooven, want de Christenen vermogen 'er niet in, of omtrent, te komen, ja zelfs, geen voeten te zetten op het gantsche Pleyn, 't geen 'er zich om heen strekt, en heel groot is, en die 'er op betrapt wierd, zoude zeekerlyk Turks moeten worden, of zich laaten verbranden." (1698: 292)

Overigens geeft De Bruijn wel een afbeelding van deze moskee (1698: Pl. 114).

Het is spijtig dat De Bruijn geen nadere mededelingen doet over de Joden in Palestina, afgezien van de opmerking dat velen zich in Palestina vestigden om er te sterven. Uit het verslag van Hasselquist weten we dat rond het midden van de achttiende eeuw jaarlijks ongeveer 4000 joden uit alle delen van de wereld naar Palestina kwamen en dat Jeruzalem zo'n 20.000 Joodse inwoners had, die voor het merendeel zeer arm waren (Hasselquist 1771: 161 en 168).

Over de oosterse/griekse christenen spreekt de protestantse De Bruijn negatief. Hij noemt ze "woeste menschen" (1698: 282, 290). Hun godsdienstbeleving kan duidelijk niet zijn goedkeuring wegdragen. Hij heeft het over hun "buytenspoorige, en onnozele Godvrugtigheid" (1698: 290), en de "oneerbiedige oeffening van hunnen Gods-dienst" (1698: 282). Te zamen met grieks-christelijke pelgrims brengt hij de nacht van 8-9 november in de Heilige Grafkerk door en hij meldt over hen het volgende:

> "Alle de gemelde Grieken bleven des nachts in de Kerk, en rechten 'er zo veel buytenspoorigheden aan, dat het eer een Kermis-markt, als een plaats van Godvrugtigheid scheen te wezen." (1698: 282; zie ook Hasselquist 1771: 184-187 en Thévenot 1682: 323.)

Bovendien vindt De Bruijn deze christenen vies en onhygiënisch:

> "Even buyten de Kerk [de Grafkerk] is een tamelyk groote gemeene plaats afgezonderd, daar verscheydene gemakhuysjes zyn; maar als'er zich deze woeste menschen, met hunne Vrouwen, en kinderen, bevinden...konnen dezelve niet veel helpen, en ontmoet men des morgens meerder vuyligheid, als men in dusdanig een plaats behoorde te zien." (1698: 290)

---

[19] We weten uit het verslag van Hasselquist 1771: 161, die in 1751 het Heilige Land bezocht, dat jaarlijks zo'n 4000 reizigers/pelgrims Palestina bezochten. Hun bezoek moet dus een rijke bron van inkomsten voor de Ottomanen zijn geweest. Della Valle 1666: 183 klaagt over de hoge tolgelden die aan de Turken betaald moeten worden om de heilige plaatsen te bezoeken.

[20] "Ook kost de vergunning, van zich te *Jeruzalem*, en elders in het 'Heilig land', te mogen onthouden, aan de *Paters* een veel grooter somme, als de meeste menschen zouden konnen gelooven..." (1698: 271),

[21] Er is uit ca. 1500 een overzicht overgeleverd van 27 voorschriften waaraan bezoekers aan Palestina zich diende te houden; zie Peters 1985: 427-431. Hieruit blijkt o.a. dat christelijke reizigers geen contact mochten zoeken met Moslims.

Conclusie

De Bruijns verslag van zijn bezoek aan het Heilige Land is interessant maar biedt geen nieuwe inzichten. Het meeste van wat hij beschrijft valt ook bij andere, eerdere en latere, auteurs te lezen. Te constateren valt overigens dat hij, in tegenstelling tot bijvoorbeeld zijn beschrijvingen van Egypte en Turkije, veel minder een beroep hoeft te doen op wat eerdere auteurs over Palestina hebben geschreven. Hij lijkt ook aanzienlijk beter voorbereid aan zijn reis door Palestina te zijn begonnen dan aan zijn Egyptische reis. De Bruijn wist wat hij wilde zien voordat hij in Palestina aankwam. Zijn sceptische en kritische houding ten aanzien van de heilige plaatsen is verfrissend. Zijn verslag is evenwel vooral aantrekkelijk door de prenten. In vergelijking met andere verslagen is het aantal prenten in De Bruijns verslag aanzienlijk. Bovendien kenmerken de prenten zich door een grote nauwkeurigheid. Dit heeft natuurlijk te maken met het feit dat De Bruijn een schilder/tekenaar was. Ook zijn doelstelling alles zo zorgvuldig mogelijk te tekenen en te noteren speelt hierbij een belangrijke rol. De overzichtsprent van Jeruzalem was en bleef lange tijd uniek. Een vergelijking leert dat de prenten van de Heilige Grafkerk aanzienlijk beter zijn dan we gewoonlijk in verslagen uit deze periode aantreffen. Deze prenten hebben ongetwijfeld de kennis over dit christelijke complex in de West-Europese wereld bevorderd.

“TREFFELYKE RUÏNEN EN OVERBLYFZELEN”. BESCHRIJVING VAN PALMYRA

JAN DE HOND

Verblijf in Aleppo

Toen De Bruijn op 12 mei 1682 aankwam in Aleppo, de stad vanwaar hij Palmyra wilde bezoeken, ging hij meteen naar het huis van Coenraad Calckberner en Johan van Bobbert, twee leden van de Nederlandse handelskolonie te Aleppo. De Bruijn had een aanbevelingsbrief bij zich van Calckberners broer die woonachtig was in Livorno. Coenraad Calckberner bleek evenwel op dat moment niet in Aleppo te zijn. Hij verbleef tijdelijk in de Nederlanden. Zijn compagnon, Van Bobbert, ontving De Bruijn echter allerhartelijkst en bood hem “zyn huys en tafel” aan (1698: 326). De Bruijn sloeg dit aanlokkelijk voorstel niet af. Uiteindelijk zou hij bijna een jaar bij Van Bobbert logeren.

Wat deed De Bruijn nu in Aleppo? In ieder geval bracht hij er een deel van zijn tijd door met tekenen en schilderen. In het reisverslag vinden we een gedetailleerd gezicht op Aleppo en een kostuumprent van een vrouw in lokale klederdracht. Verder vermeldt De Bruijn dat hij wekelijks uit jagen ging met de Europese kooplieden. Ook ging hij in Aleppo op zoek naar antiquiteiten. Dat hij daarin succesvol was blijkt uit een prent die hij opnam in zijn reisverslag. Deze prent toont tien munten, in recto en verso, en twee gesneden steentjes. De Bruijn had ze in Aleppo gekocht van de plaatselijke bevolking die handig inspeelde op de vraag van Europeanen naar dergelijke kleinoden: “welke dezelve [Arabiers en Turken], omtrent de vervallene plaatzen, en onder de Peynhoopen, en ruïnen, gaän opzoeken, om ze aan de Franken te verkoopen” (1698: 359). De Bruijn kocht een flink aantal antieke munten, maar had er tijdens zijn verblijf te Venetië reeds een groot deel van verkocht. De prent toont een deel van het restant, “zynde deze van de Geleerden des waardiger geoordeeld, om dat ze zeer raar zyn” (1698: 359; ill. 34). De Bruijn levert voor de lezer die niet erg thuis is in de antieke numismatiek uitleg bij de munten. Voor dit commentaar riep hij echter de hulp in van deskundigen:

> “Doch, alzo het minder genoegen geeft, dezelve zo maar enkelyk afgeschetst te zien, indien men onkundig is, wat dezelve hebben willen beduiden, met de reverzen, en derzelver zinnebeelden, zal ik het oordeel der Geleerden, en kundige in die zaaken, hier by voegen.” (1698: 359)

Wat volgt is een zeer geleerde beschrijving van en uitleg over de munten, waarbij De Bruijn veelvuldig deze onbekende geleerden letterlijk aanhaalt, getuige het cursief dat hij gebruikt. Vermoedelijk citeert hij uit brieven die hem door die geleerden zijn toegezonden. Geen enkele deskundige wordt met naam genoemd en het zal wel altijd gissen blijven naar

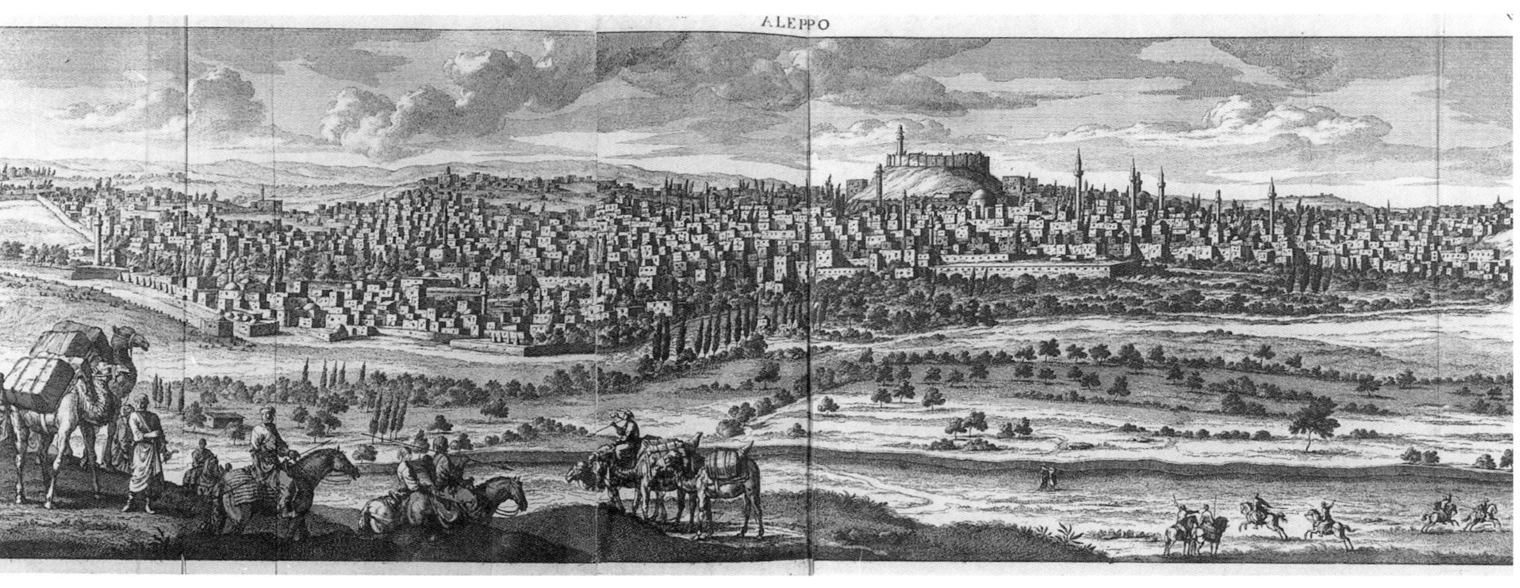

32. Gezicht op Aleppo (1698: Pl. 186).

33. Khan el-Gumruk te Aleppo. Tijdens zijn verblijf in Aleppo heeft De Bruijn in deze karavanserai gewoond (foto: Jan de Hond).

hun identiteit. Wellicht was de Deventer burgemeester Gisbert Cuper een van hen. Cuper bezat immers een vermaarde collectie antieke munten en we weten dat Cuper en De Bruijn met elkaar correspondeerden. Op 25 juni 1698 schreef Cuper een brief aan De Bruijn waarin hij hem verzocht een afdruk van een bepaalde munt op te sturen zodat Cuper deze kon vergelijken met een exemplaar uit zijn eigen collectie.[1] Dat Cuper interesse had voor

[1] Cuper aan De Bruijn, 25 juni 1698, K.B., Verz. Cuper, 72 G 19, 16-17.

34. Munten door De Bruijn in Aleppo gekocht (1698: Pl. 188).

antieke munten uit de Levant blijkt verder uit zijn correspondenties met Nederlandse diplomaten in het Ottomaanse Rijk. Meerdere malen vroeg hij hen om informatie over munten en andere antiquiteiten en herhaaldelijk verzocht hij hen munten voor hem te kopen.[2]

Als De Bruijn zijn voornemen om vanuit Aleppo naar Palmyra te reizen ten uitvoer had kunnen brengen, had hij ons ongetwijfeld meer spectaculaire mededelingen over oudheden kunnen verstrekken. Die expeditie ging echter niet door.

I. Palmyra

Toen De Bruijn in Italië besloot om naar de Levant te reizen kan hij onmogelijk al plannen gehad hebben om ook de ruïnes van Palmyra te bezoeken. Precies op de dag dat De Bruijn in Izmir aankwam, 18 juli 1678, vertrokken de Engelse kooplieden die als eerste Europeanen de ruïnestad zouden bezoeken. Zoals we nog zullen zien duurde het tot 1691 voordat een volgende Europese expeditie er in zou slagen Palmyra te bereiken. De verslagen van beide tochten verschenen niet voor 1695 in druk.[3]

Het zou kunnen dat De Bruijn geruchten over de ontdekking van Palmyra onderweg van een van de Europese diplomaten of kooplieden vernam, maar het is ook mogelijk dat hij bij zijn aankomst in Aleppo pas de eerste verhalen over de ruïnestad te horen kreeg. Tijdens zijn verblijf te Aleppo is De Bruijn in ieder geval van plan geweest de ruïnes van Palmyra, of Tadmor zoals de locale bevolking de stad noemde, te bezoeken. Het bleek echter te gevaarlijk om die tocht te ondernemen:

> "Dewyl ik my zo lang tot Aleppo ophield had ik gaarne de stad Tadmor, vijf a zes dagreyzen van daar gelegen, gaan bezichtigen, ter oorzaak dat'er als nog veele treffelyke ruïnen, en overblyfzelen, van te zien zyn: doch, vermits het'er al te gevaarlyk is, wegens de Arabiers, dorst ik deze tocht niet onderneemen, te meer, alzo my bericht wierd, dat ruym een jaar voor myne komst hier ter stede, eenige Engelsche kooplieden, gedreeven door dezelve nieuwsgierigheid, een zeer ongelukkige ontmoeting, met den prins, of opperhoofd van die roovers, hadden." (1698: 331)

---

[2] In de brievencollectie van Cuper zijn verschillende voorbeelden van dergelijke verzoeken te vinden. In 1687, vroeg Cuper aan De Hochepied, consul te Izmir, "te copieren de Griexse en Romeynsse inscriptien, die nieuws moghte gevonden worden, off nogh in Europa niet bekent zyn..." en "by gelegentheyt, en redelycx coop te koopen Griexse en Romeynssche medailles, die niet blindt, off van de laatste Griexse Keyzers, maar voor den tydt van Areaclius en Honorius geslagen zyn..." (Cuper aan De Hochepied, vermoedelijk rond 1687: A.R.A., Verz. Cuperus, 1.10.24, inv. nr. 13, brieven Hochepied, folio 463, 464). Ook Colyer, ambassadeur te Istanbul, en Calckberner, consul te Aleppo, ontvingen vergelijkbare verzoeken en uit de brieven blijkt dat zij hieraan ook gehoor gaven (Cuper aan Colyer, Den Haag 8 februari 1687: A.R.A., Verz. Cuperus, 1.10.24, inv. nr. 12, brieven aan Colyer, Calckberner etc., folio 476; Colyer aan Cuper, Pera 18 december 1708: A.R.A., Collectie Cuperus, 1.10.24, inv. nr. 12, brieven Colyer, Calckberner etc., folio 476; Calckberner aan Cuper, 2 september 1692, in Hotz 1911: 31).

[3] Verslagen van deze reizen werden gepubliceerd in de afleveringen van de *Philosophical Transactions*: Halifax 1695 en Extract of the Journals, november/december 1695.

De eerste Engelse expeditie van 1678

De Bruijn geeft een uitgebreid verslag van die mislukte expeditie en hieruit blijkt dat hij de eerste Engelse expeditie uit 1678 beschrijft. De Bruijn vergist zich dus in de datering van de tocht als hij zegt dat deze ruim een jaar voor zijn aankomst in Aleppo plaatsvond. Hij arriveerde pas in mei 1682 in Aleppo, dus vier jaar na de eerste Engelse expeditie. Dat het hier zo maar om een slordigheidje gaat valt te betwijfelen omdat de rest van het verslag van de Engelse tocht erg nauwkeurig is, zoals we zullen zien. Mijns inziens is het niet uitgesloten dat De Bruijn hier bewust met de dateringen sjoemelt om het gevaar van de tocht naar Palmyra — de tocht die hij zelf niet durfde te maken — te benadrukken.

De Bruijn vertelt hoe twaalf Engelse kooplieden met vierentwintig dienaren, goed bewapend tegen mogelijke aanvallen van Arabische bedoeïenen, op zoek gingen naar de overblijfselen van Palmyra. Vlak voor Palmyra kwamen hen vier gezanten van Prins Milheym tegemoet om hen geschenken te geven en welkom te heten. Op hun beurt besloten de Engelsen twee man, "de heeren Timotheus la Noy en George Metkelf" (1698: 331), naar de sjeik af te vaardigen. Vergezeld van enige dienaars gingen La Noy en Metkelf naar de tent van Milheym, waar ze zeer vriendelijk werden ontvangen. De stemming sloeg echter plotseling om toen de sjeik hen ervan beschuldigde spionnen van de 'bassa'[4] van Aleppo te zijn. Hij meende dat ze slechts gekomen waren om de route naar Palmyra aan de Turken, de vijanden van de bedoeïenen, te onthullen. Dit gezegd hebbende dreigde hij hen op te hangen. Zover kwam het niet. Al snel bleek dat het Milheym vooral om geld te doen was. Voor twintigduizend rijksdaalders mochten de gezanten vertrekken. Aangezien dit bedrag onmogelijk door de Engelsen kon worden opgebracht, nam hij uiteindelijk genoegen met ongeveer drieduizend rijksdaalders:

> "Om deze som nu uit te maaken, moesten alle de Engelsche heeren zich ontblooten van hun geld, 't kostelyke tuyg van hunne paarden, en 't geen zy wyders van waardy by zich vonden, zo van kleederen, horologien, zilvere drinkschalen, enz. onder dewelke ook eenige kooper-vergulde voor zilver doorgingen." (1698: 332)

Bovendien moesten zij onmiddellijk de plaats verlaten zonder de ruïnes nader te kunnen onderzoeken. Het duurde echter niet lang alvorens de Engelsen werden gewroken. De bassa van Aleppo lokte Milheym in een hinderlaag en nam hem gevangen.

In de *Philosophical Transactions* van november/december 1695 staat een reisverslag van een van de deelnemers aan deze eerste Engelse expeditie van 1678.[5] Dit geeft ons de mogelijkheid De Bruijns verhaal te toetsen. Hoewel het Engelse reisverslag veel uitgebrei-

---

[4] 'Bassa' is Grieks voor pasja, de titel voor de hoogste Turkse burgerlijke en militaire ambtenaren.

[5] Extract of the Journals, november/december 1695. De uitgever geeft voorafgaande aan de twee reisverslagen van de tochten uit 1678 en 1691 een korte inleiding waarin hij Timothy Lanoy en Aaron Goodyear bedankt voor het opsturen van een tekening en de twee reisverslagen. Helaas is niet geheel duidelijk of zij ook de auteurs van die verslagen zijn: "...since which, by the favour of Mr. Timothy Lanoy, and Mr. Aaron Goodyear, two very Eminent Merchants, who were both in the first Voyage, we have receiv'd not only the Draught of the Prospect of those Ruins, taken upon the place, (of which we here give a copy) but also the Journals of both Voyages...". Men merke overigens op dat ook De Bruijn Timothy Lanoy (bij hem "Timotheus la Noy") noemt als een van de twee Engelse gezanten die door Milheym werden gegijzeld.

der en gedetailleerder is, komen de feiten en de strekking van het verhaal grotendeels overeen. De Bruijn is nergens te betrappen op grove onjuistheden. Enkele kleinere verschillen zijn er wel op te merken. De Bruijns "Milheym", heet hier "Melkam" en het door hem geëiste losgeld bedraagt in het Engelse verslag aanvankelijk 4000 dollar waarvan 2000 in baar geld en 2000 in goederen, en uiteindelijk 1500 dollar aan geld en goederen.

Wellicht heeft De Bruijn dit Engelse reisverslag gelezen, maar hij moet zich ook op andere bronnen, verhalen van Engelsen en andere Europeanen uit Aleppo, gebaseerd hebben. Hij bericht immers veel uitvoeriger over het tragische lot dat Milheym uiteindelijk onderging. Het Engelse verslag vermeldt alleen dat Milheym in een hinderlaag van de bassa van Aleppo liep en later werd onthoofd. De Bruijn kent veel meer details. Hij weet bijvoorbeeld te melden dat Milheym verraden werd door zijn eigen knecht die er met zijn paard vandoor ging, en dat Milheym vervolgens naar de sultan in Istanbul werd gestuurd waar hij onthoofd werd. De rest van de gevangenen stierf een wrede dood in Aleppo: "men boorde hen, aan yder zyde van den hals, op de schouders, een gat, waar in stokken, met brandende toortzen, wierden gezet" (1698: 333). Zo werden deze ongelukkigen op de rug van een kameel door de stad gereden, waarna ze alsnog onthoofd werden. Het is niet uit te sluiten dat De Bruijn voor het relaas over de Engelse expeditie wel het verslag uit de *Philosophical Transactions* heeft gebruikt, maar dan rijst de vraag waarom hij de genoemde kleine verschillen, zoals het afwijkende losgeld, niet heeft gecorrigeerd.

De tweede Engelse expeditie van 1691

Wat De Bruijn in 1683/1684 niet lukte, lukte William Halifax in 1691 wel. Met een gezelschap van zo'n dertig gewapende mannen bereikte hij Palmyra. Het gezelschap bleef er vier dagen om de ruïnes te onderzoeken en enkele inscripties te kopiëren. De beschrijving die Halifax van de ruïnestad en de daar gevonden incripties gaf verscheen pas vier jaar later in de *Philosophical Transactions* van oktober 1695 (Halifax 1695).

De Bruijn nam een vertaling van Halifax' verslag op in zijn eigen reisboek, omdat hij meende "de Nederlandsche liefhebbers geen onaangenaame dienst te zullen doen, met dezelve, in een Neder-duitsch gewaad verkleed, in myne Reys-beschrijving in te lassen" (1698: 335).[6] Wellicht bezorgde Gisbert Cuper hem de Nederlandse vertaling van dit verslag. Cuper was al in het bezit van een afschrift van de beschrijving van Halifax nog voordat deze in 1695 in de *Philosophical Transactions* verscheen. Dit afschrift had hij ontvangen van de Nederlandse consul te Aleppo, Coenraad Calckberner, zoals blijkt uit een brief van mei 1693.[7] Calckberner stuurde het afschrift, samen met een schilderij van Palmyra, waarover

[6] Zie in deze bundel Hannema p. 39, waaruit blijkt dat de opname van Halifax' verslag door recensenten gewaardeerd werd.

[7] Calckberner aan Cuper, 15/25 mei 1693: "Ick sende oock aen mijn Broeder de beschrijvinghe van de Tadmorsche rijse en van alle de curieusheden en inscriptien so aldaer gevonden sijn, welck seer nauwkeurigh en inde veele opmercking door den Engelse predicant (een der rijsbroeders) beschreven is. Het is in het Engels so dat U.H.E.G. het sal dienen te doen translateren, dat ick gaerne wensch gedaen souw hebben, dan hebbe het

later meer, via zijn broer in Livorno naar Cuper. Deze broer was zo vriendelijk een Nederlandse vertaling voor Cuper te maken.[8] Het is niet onwaarschijnlijk dat De Bruijn deze vertaling uit het bezit van Cuper voor zijn reisverslag gebruikte, zeker omdat Cuper en De Bruijn in die tijd al contacten met elkaar onderhielden.[9]

Aansluitend op het verslag van Halifax voegde De Bruijns uitgever nog wat extra informatie toe. Uit het reisverslag van de eerste Engelse expeditie uit 1678, verschenen in de *Philosophical Transactions* van november/december 1695, wordt een inscriptie uit Palmyra en een poging tot plaatsbepaling overgenomen. Hierna volgt een integrale vertaling van een artikel over Palmyra door E. Halley, uit dezelfde *Philosophical Transactions*.[10]

De Bruijn en zijn uitgever hebben vermoedelijk bewust ingespeeld op de grote vraag onder geleerden en geïnteresseerde leken naar informatie over de pas ontdekte ruïnes. Dat er veel interesse voor Palmyra bestond blijkt bijvoorbeeld uit het feit dat naast de artikelen uit de *Philosophical Transactions* uit 1695, binnen drie jaar nog twee andere boeken over Palmyra het licht zagen.[11] Het opnemen van de vertaalde artikelen gaf voor velen een meerwaarde aan De Bruijns boek en zal de verkoop geen kwaad gedaan hebben. Dat zal nog in verhoogde mate gegolden hebben voor het afdrukken van de prent van Palmyra.

II. De Bruijn en de afbeeldingen van Palmyra

De Bruijns bronnen

Hoewel De Bruijn nooit een stap in Palmyra heeft gezet, staat er wel een prent van de ruïnes in zijn reisverslag (ill. 35). Naar eigen zeggen was deze prent gebaseerd op een afbeelding die hij had gekregen van zijn uitgever en een schilderij dat zijn vriend Henrico Lub uit Aleppo naar Amsterdam had meegenomen. Over deze twee bronnen, de prent en het schilderij, valt nog wel wat meer te vertellen. Allereerst het schilderij.

onmoogelijck niet connen bijbrengen door manquement van tijt, alsoo het al vrij wat langh is..." (Hotz 1911: 31).

[8] J. Calckberner aan Cuper, Livorno 14 december 1693: "...hier neffens becomt U.H.E.G. de discriptie van Palmera in de Eng. tael, die ik getranslateert hebbe, dogh op een kladt, en salte int net uyt laten schryven, om toecoomende boode te senden, sonder dat U.H.E.G. de moyte behoeft te doen neemen om costi te laaten tranlateeren..." (A.R.A., Verz. Cuperus, 1.10.24, inv. nr. 12, 528).

[9] De Bruijn en Cuper onderhielden in 1698 contact met elkaar getuige een brief van Cuper aan De Bruijn, gedateerd 25 juni 1698: K.B., Verz. Cuper, 72 G 19, f. 16 en 19. Hotz heeft bovendien in de verzameling Cuper van de K.B. te Den Haag zowel het Engelse afschrift als de Nederlandse vertaling van Halifax' verslag teruggevonden. Op het schutblad staat de aantekening: "Editum hoc Itinerarium Belgice est a De Bruyn in suo Itinerario" (Hotz 1911: 32).

[10] Het gaat hier om een klein fragment uit Extract of the Journals, november/december 1695, en Halley 1695. De uitgever van de Bruijn schrijft dat het artikel van E. Halley in de *Philosophical Transactions* van november/december 1685 verscheen (1698: 350). Dit is dus een vergissing; het moet 1695 zijn.

[11] Seller 1696 en Bernard/Smith 1698. De laatste zijn commentaren op de door Halifax gepubliceerde inscripties door twee geleerden die ook betrokken waren bij de publicaties in de *Philosophical Transactions*; Edward Bernard stuurde de beschrijving van Halifax op naar Thomas Smith die behoorde tot de redactie van de *Philosophical Transactions*.

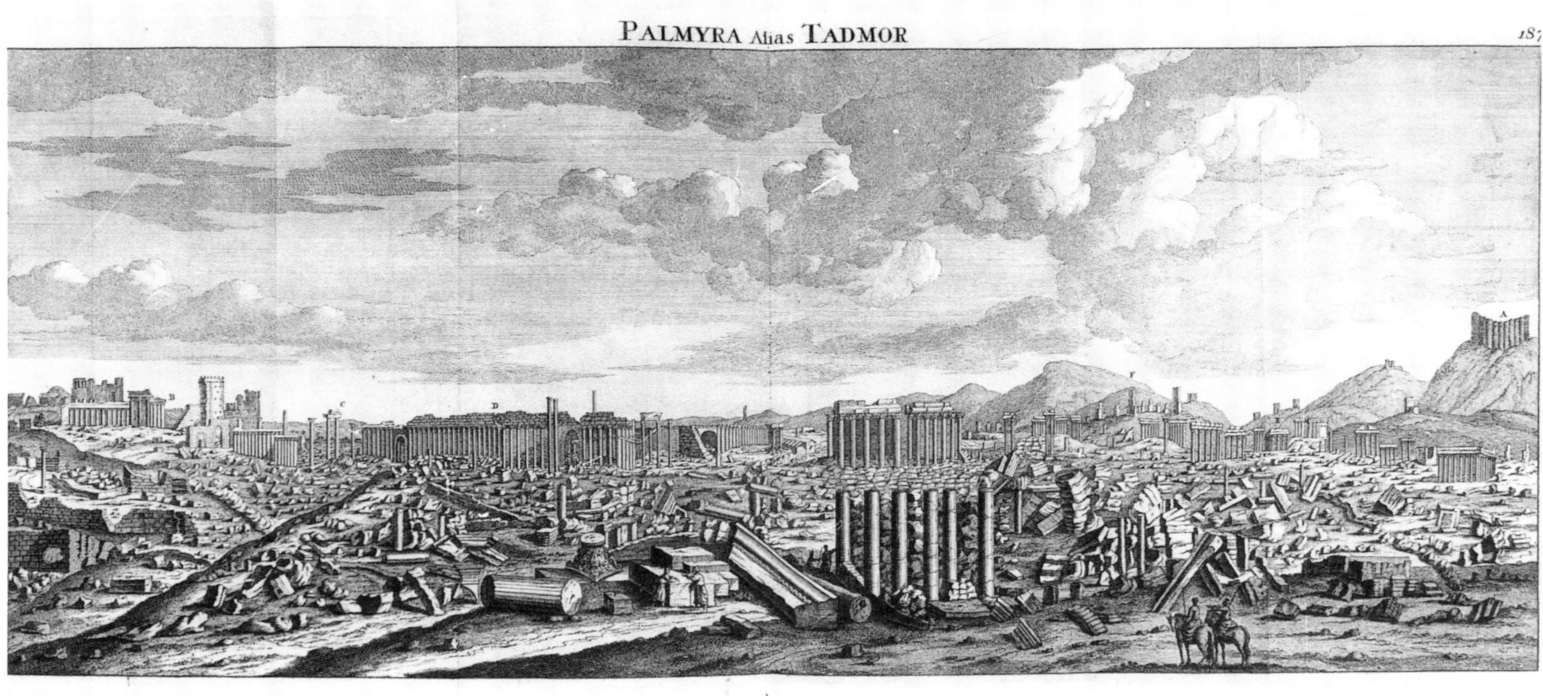

35. Palmyra door De Bruijn (1698: Pl. 187).

Op 31 maart 1688 ontving Calckberner, de Nederlandse consul te Aleppo, voor het eerst een brief van Cuper. Hij vroeg hem te onderzoeken of er te Aleppo en omgeving nog resten uit de oudheid, zoals tempels, amfitheaters en aquaducten, aanwezig waren. Mocht dit het geval zijn, dan zou hij het zeer op prijs stellen als Calckberner tekeningen van antieke beelden en reliëfs zou laten maken. We hebben reeds gezien dat Cuper verschillende Europeanen in de Levant vroeg voor hem antieke munten te kopen. Verzoeken om tekeningen en afschriften van klassieke monumenten werden evenmin aan Calckberner alleen gestuurd. De Hochepied in Izmir en Colyer in Istanbul ontvingen soortgelijke brieven.[12]

In een brief van Calckberner aan Cuper uit juli 1692 is voor de eerste maal sprake van een afbeelding van Palmyra. Calckberner beloofde Cuper binnenkort, als hij na een verblijf in de bergen weer was teruggekeerd in Aleppo, een gedetailleerdere brief te sturen en "oock poogen toe te senden d'afteeckening van Tadmur of Palmira, welck door een bijsonder accident den schilder overcomen tot dato nogh niet heeft konnen geschieden" (Hotz 1911: 31). Uit latere brieven van Calckberner blijkt dat het gezicht op Palmyra pas in mei 1693 naar Cuper verzonden kon worden en dat er bovendien nog sprake was van twee andere Palmyreense schilderijen die helaas verloren zijn gegaan:

> "Desen gaet indien Godt believende met het schip den St. Pieter waermede aen myn broeder sende een cascken gemerkt G.C. waerinne is het schildery van Tadmor: en daer beneffens 2 andere kleene schilderykens, het eene een tempel aldaer en het andere van een der begraeffplaetsen..."[13]

Het schilderij moet in het begin van 1694 in de Nederlanden zijn aangekomen.[14] De Bruijn weet te melden dat het door Henrico Lub in Amsterdam werd afgeleverd (1698: 335). Vervolgens werd het doek doorgezonden naar Deventer waar het een ereplaats in het huis van Cuper kreeg. In 1710 zag Zacharias Conrad von Uffenbach het schilderij daar nog hangen.[15] Na Cupers dood belandde het panorama in handen van Gerard van Papenbroeck, die

---

[12] Aan De Hochepied stuurde Cuper in 1687 een brief met het verzoek "Te laaten uyt tekenen de basrelief, off beelden, die van de oude Grieken en Romeinen tot Smyrna, Constantinopolen off elders...", en verder "te copieren de Griexse en Romeynsse inscriptien, die nieuws moghte gevonden worden, off nogh in Europa niet bekent zyn..." (Cuper aan Hochepied, vermoedelijk rond 1687: A.R.A. Verz. Cuperus, 1.10.24, inv. nr. 13, brieven Hochepied, folio 463, 464). In een brief aan Colyer van 8 februari 1687 schreef Cuper onder andere: "vous me feriez un singulier plaisir, si vous vouloir ordonner a vostre ministre de copier les inscriptions qui s'y trouvent, ou qui se decouvrent nouvellement" (Cuper aan Colyer, Den Haag 8 februari 1687: A.R.A., Verz. Cuperus, 1.10.24, inv. nr. 12, brieven aan Colyer, Calckberner etc., folio 476).

[13] Calckberner aan Cuper, Aleppo 25 mei 1693 in: Hotz 1911: 31. Hotz geeft in dit artikel overigens nog meer citaten uit de briefwisseling Calckberner-Cuper met betrekking tot het schilderij van Palmyra.

[14] Hotz 1911: 32 concludeerde dat het schilderij reeds in 1693 in de Nederlanden moest zijn aangekomen. Dit is echter hoogst onwaarschijnlijk aangezien Calckberners broer, J. Calckberner, op 14 december 1693 aan Cuper schrijft dat het schilderij nog steeds niet te Livorno gearriveerd was: "...en wanneer den St. Pieter eens behouden overcomt, dat nu eerlangh kan geschieden, [...] dan sal ik het bewuste cassie te lande senden neffens de boeken die van Rome ontboden heb." (A.R.A., Verz. Cuperus, 1.10.24., inv. nr. 12, folio 528, 529)

[15] Uffenbach bracht in 1710 samen met zijn broer een bezoek aan het huis en de collectie van Cuper te Deventer. Ze bewonderden de bibliotheek en de tuin: "Als wir wiederum zurück gingen, sahen wir in den Gang einige Schilderyen, sonderlich eine curiöse lange Tafel, darauf die rudera urbis Palmyrenae so wie noch wirklich zu sehen sind, am Orte selbst abgemalt, und ihm zugesendet worden. Man kan sich nicht genug verwundern, wenn mann die grossen Säulen und anders, was von dieser vortrefflichen Stadt übrich ist, ansiehet." (Hotz 1911: 32)

het, getuige de later toegevoegde regels aan de bovenkant van het doek, in 1743 ten geschenke gaf aan het Atheneum Illustre van de stad Amsterdam.[16] Thans bevindt het schilderij zich in het Allard Pierson Museum in Amsterdam. Het panorama heeft uitzonderlijke afmetingen, 431 cm. bij 97 cm., en draagt een signatuur: "G:Hofstede fec. 1693 jan" (ill. 36).[17]

Gezien de datering ligt het voor de hand aan te nemen dat deze G. Hofstede, over wie verder weinig bekend is, deel uitmaakte van de tweede Engelse expeditie naar Palmyra onder leiding van Halifax in 1691.[18] Dit wordt niet alleen bevestigd door het feit dat Calckberner, zoals we gezien hebben, samen met het schilderij een afschrift van Halifax' reisverslag naar Cuper opstuurde, maar ook door een brief van Cuper aan Toinard van 10 april 1699:

> "Le peintre qui a été dans la compagnie des Anglois, les [les inscriptions de Palmyre] a copieés, et il a dépeint les restes de cette suberbe ville, il a donné le tableau à Mr. Calckberner, consul pour Mess. les Estats Généraux à Aleppo, et celui-cy m'en fait présent." (Hotz 1911: 33)

In het reisverslag van de tweede expeditie in de *Philosophical Transactions* van november/december 1695 wordt melding gemaakt van een tekening van de ruïnes van Palmyra. Toen de Engelsen Palmyra bezocht hadden keerden ze terug naar Aleppo. Voordat ze die stad bereikten brachten ze eerst een bezoek aan Assyne, de leider van bedoeïenen die hen een veilige tocht naar Palmyra had gegarandeerd.[19] Assyne ontving hen zeer gastvrij in zijn tent en informeerde naar hun verblijf in de ruïnestad. Hij was met name geïnteresseerd of de Engelsen ook kostbaarheden hadden gevonden. De Arabieren dachten immers dat de Europeanen ruïnes bezochten en inscripties bestudeerden in de hoop aanwijzingen voor verborgen schatten te vinden. De Engelsen antwoordden Assyne echter dat zij geen schatgravers waren en dat zij niets uit Palmyra hadden meegenomen behalve een stukje porfier dat zij hem lieten zien. Maar dit was niet het enige dat zij de bedoeïenenleider toonden:

> "We let him see too, a kind of rude draught which we had taken of the place; which he seemed to like." (Extract of the Journals, november/december 1695: 155)

Dit moet een tekening van Hofstede geweest zijn. Deze tekening werd door de Engelse kooplieden Timothy Lanoy en Aaron Goodyear, samen met de reisjournalen van de expedities uit 1678 en 1691, ter beschikking gesteld aan de redactie van de *Philosophical Transactions*, die er een prent van liet maken. Deze prent werd gepubliceerd in de aflevering van november/december 1695 (ill. 37).[20]

---

[16] De later toegevoegde tekst luidt: "RUDERA PALMYRAE AD VIVUM EXPRESSA. DONO DEDIT NOBILISSIMUS IUDICUM AMSTELAEDAMENSIUM QUONDAM PRAESE G.V. PAPENBROECK, X IAN MDCCXLIII. Zie ook Van Regteren Altena/Van Thiel 1964: 202-204, nr. 49.

[17] Voor een beschrijving van het schilderij en een poging tot identificatie van de afgebeelde ruïnes zie Ruprechtsberger 1987: 16-17.

[18] Hotz ontdekte in het British Museum een serie tekeningen, waarvan enkele gesigneerd waren "G. Hofsted van Essen". Wellicht was hij dus van Duitse afkomst. Alle tekeningen hebben overigens oosterse onderwerpen: karavaanscènes, stadsgezichten van enkele Perzische steden en schetsen van Persepolis. Hofstede's naam zou ook onder die van De Bruijn te vinden zijn op een poort in Persepolis. Voor informatie over Hofstede, zie Hotz 1911: 25-34.

[19] Deze "Assyne" heet "Husaeni, Arabum" in Bernard/Smith 1698.

[20] De redactie geeft een korte inleiding op de reisjournaals van 1678 en 1691 en schrijft: "...by the favour of Mr. Timothy Lanoy, and Mr. Aaron Goodyear, two very Eminent Merchants, who were both in the first

36. Palmyra geschilderd door Hofsted van Essen; Allard Pierson Museum.

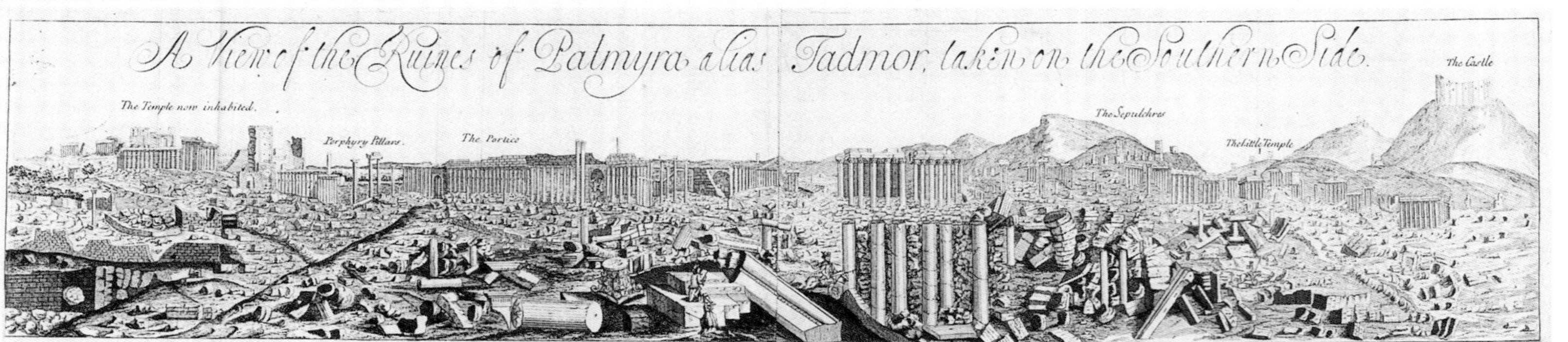

37. Palmyra door Hofsted van Essen in *Philosophical Transactions* nov./dec. 1695.

Nu terug naar De Bruijn. Zoals gezegd voegde De Bruijns uitgever nog een extra reisverslag toe "door andere reizigers voorzien van een naeuwkeurige aftekening van de Peuinhopen" (1698: 335). Het gaat hier om dat reisjournaal van Lanoy en Goodyear. De "naeuwkeurige aftekening van de Peuinhopen" moet dus de prent naar Hofstede zijn die bij het journaal van Lanoy en Goodyear in de *Transactions* stond afgedrukt.[21] De Bruijn veranderde de prent echter een weinig door midden op de prent een liggende zuil aan de zes staande zuilen toe te voegen. Hij geeft ook de reden voor deze toevoeging:

> "'t Geen my hier voet toe heeft gegeven, is, dat ik het aldus gevonden heb in een schildery, op de plaats zelve ontworpen, 't welck den Heer Henrico Lub, jongst van Aleppo tot Amsterdam gekomen, van daar heeft mede gebracht." (1698: 335)

De Bruijn heeft het hier over Hofstede's schilderij van Palmyra in bezit van Cuper. Dit leidt tot de conclusie dat de prent van Palmyra in het reisboek van De Bruijn grotendeels is gebaseerd op een prent naar een tekening van Hofstede, maar op een klein detail is verbeterd naar aanleiding van Hofstede's eigen schilderij. Het uitgangspunt voor zowel de prent uit de *Transactions*, als het schilderij vormde een tekening die Hofstede ter plekke had gemaakt en die helaas verloren is gegaan. De Bruijns prent gaat, zij het indirect, uiteindelijk ook op die tekening terug.

Kopieën naar De Bruijn

De Bruijns prent werd op haar beurt weer de bron voor verschillende andere afbeeldingen van Palmyra. De Bruijns reisverhaal kende immers, mede dankzij verschillende Franse en Engelse vertalingen, een veel grotere oplage en verspreiding dan Hofstede's prent in de *Philosophical Transactions* die weldra in de vergetelheid raakte.[22] De Bruijns prent verscheen bijvoorbeeld in het zeer invloedrijke *L'Antiquité expliquée et representée en figures* van Bernard de Montfaucon, een vijfdelig encyclopedisch werk over de overblijfselen uit de Oudheid dat in 1719 in druk verscheen. De Montfaucon vermeldt bij de prent van Palmyra dat deze gemaakt werd door "one of the most accurate Travellers of that time, Cornelius Bruyn".[23]

Een merkwaardige variant op de Bruijns panorama verscheen in 1721 in de eerste universele architectuurgeschiedenis: *Entwurff einer historischen Architektur*, geschreven door de beroemde Oostenrijkse architect Johann Bernard Fischer von Erlach (ill. 38). Ook

Voyage, we have receiv'd not only the Draught of the prospect of those noble Ruins, taken upon the place, (of which we here give a copy) but also the Journals of both the Voyages; which, for the Satisfaction of the curious, we have thought fit to publish." (*Philosophical Transactions*, november/december 1695: number 218, 129)

[21] Cederlöf 1988: 96 gaat er ten onrechte vanuit dat De Bruijn zich baseerde op originele tekeningen van Hofstede. De Bruijn zou deze van Halifax gekregen hebben. Vermoedelijk heeft De Bruijn nooit contact gehad met Halifax, hetgeen ook helemaal niet nodig was. Halifax' verslag, zowel in het Engels als het Nederlands, was in bezit van Cuper en de prent naar Hofstede's tekening stond in een aflevering van *Philosophical Transactions* die in het bezit van zijn uitgever was.

[22] Niet alleen tijdgenoten als Loos en Fischer von Erlach lijken geen weet te hebben van de prent naar Hofstede in de *Transactions*, ook in modernere publicaties wordt deze prent niet genoemd; Duhn 1894, Hotz 1911, Ruprechtsberger 1987 en Cederlöf 1988 geven er geen blijk van de prent te kennen.

[23] De Montfaucon 1721-22: Vol. 3, 117. Bernard de Montfaucons *L'antiquité expliquée et representée en figures* (Parijs 1719) werd reeds in 1721-22 in het Engels vertaald. Ik heb hier gebruik gemaakt van een fotomechanische herdruk van die Engelse uitgave.

38. Palmyra in Fischer von Erlach's *Entwurff einer historischen Architektur*.

Fischer von Erlach verkeerde in de veronderstelling dat De Bruijn de eerste was die een prent van Palmyra had gemaakt, maar wist nog wel te vermelden dat deze gestoken was naar een tekening van een onbekende.[24] Volgens Fischer von Erlach zou het onzinnig geweest zijn deze prent weer over te nemen, ware het niet dat hij ook een variant op De Bruijns prent had gezien die in het bezit was van de Zweedse koning, Karel XII. Hij had deze tekening kunnen bestuderen tijdens het verblijf van enkele Zweedse officieren te Wenen. Hem was verteld dat deze afbeelding van Palmyra en enkele andere tekeningen met Levantijnse onderwerpen waren gemaakt in opdracht van de Zweedse koning toen deze in het Turkse Bender verbleef. Fischer von Erlach had te Wenen De Bruijns prent vergeleken met de Zweedse tekening en had enkele verschillen geconstateerd waarvan de aanwezigheid van een basilicaal gebouw rechts op de voorgrond van de Zweedse afbeelding wel het opvallendste was (afb. 39).[25]

Ulf Cederlöf publiceerde in 1988 een artikel over de Zweedse tekening van Palmyra die Fischer von Erlach te Wenen zag. Hij toont aan dat het hier om een werk van Cornelius Loos gaat en beschrijft de wonderbaarlijke totstandkoming van deze tekening (Cederlöf 1988: 89-101).

In 1703 voltooide de Zweedse Koninklijke Bijbelcommissie een herziene uitgave van het Nieuwe Testament: de Karel XII-bijbel. Karel XII had grote interesse getoond voor de werkzaamheden van de commissie. Mogelijkerwijs was de reden waarom Karel XII zeven jaar later een van zijn officieren, Cornelius Loos, op een expeditie naar het Nabije Oosten zond, gelegen in het feit dat zijn nieuwsgierigheid naar de Bijbelse topografie was gewekt door de beschrijving van het Heilige Land in deze bijbel. Wellicht wilde hij de nieuwe gegevens door Loos geverifieerd zien. Loos, werkzaam als ingenieur in het leger van de Zweedse koning, reisde in 1710 samen met zijn landgenoten Hans Gyllenskiepp en Konrad Sparre naar het Heilige Land. Ze vertokken vanuit het Turkse Bender waar het Zweedse leger zijn kamp had opgeslagen na de nederlaag tegen de Russen bij Poltava.

Loos maakte een kaart van de Levant waarop hij zijn reisroute aangaf. In de kantlijn van deze kaart maakte hij korte reisnotities. De landkaart, die onze belangrijkste bron is voor het verloop van de reis, wordt tegenwoordig bewaard in het Nationaal Museum te Stockholm. De aantekeningen op de kaart vermelden dat Loos op 8 oktober 1710 vanuit Damascus naar Palmyra vertrok. Op 16 oktober was hij al weer terug. Dat betekent dat hij binnen een tijdspanne van negen dagen vanuit Damascus naar Palmyra reisde en terug en bovendien nog kans zag de Palmyreense ruïnes te bestuderen en te tekenen. Halifax had vanuit Aleppo — de afstand tussen Aleppo en Palmyra is te vergelijken met die tussen Damascus en Palmyra — alleen al zes dagen nodig gehad om de ruïnestad in de woestijn te bereiken. De twijfel over de juistheid van Loos' bewering dat hij Palmyra bezocht heeft, wordt versterkt door het feit dat het verslag van de tocht naar Palmyra in de kantlijn van

[24] Fischer von Erlach 1721: 79: "...und herr le Brun ist der erste / so davon einen Abriss heraus gegeben / wie er solchen von anderen becommen."

[25] Fischer von Erlach 1721: 79-80. In het vervolg van dit artikel heb ik het alleen over de basilica, terwijl er wel meer verschillen zijn aan te duiden tussen de afbeeldingen, zoals de extra twee zuilen in het midden op de voorgrond en een soort poort links op de voorgrond.

39. Palmyra door Cornelius Loos, Nationalmuseum Stockholm.

de landkaart met een kleinere letter en met andere inkt is geschreven; het lijkt later te zijn toegevoegd (Cederlöf 1988: 92-93).

Toch maakte Loos een afbeelding van Palmyra. Dit panorama van ongeveer 50 bij 150 centimeter bevindt zich, net als de landkaart, in het museum te Stockholm (ill. 39). Onder deze prent staat te lezen dat hij de originele tekening ter plekke heeft gemaakt en later te Bender heeft voltooid: '*...tirée et crayonnée sur les lieus, et ensuite mis au net a Bender en l'année 1711 par Loos*' (Cederlöf 1988: 93). Loos' afbeelding komt grotendeels overeen met de prent van De Bruijn. Alleen de voorgrond verschilt. Rechts op Loos' prent bevindt zich, net als bij Fischer von Erlach, een drie-schepig, basilicaal gebouw. In werkelijkheid heeft er echter nooit een dergelijke basilica in Palmyra gestaan. Bij nadere beschouwing vallen ook onmiddellijk de ongelijke verhoudingen tussen dit gebouw en de omgeving, het afwijkende perspectief en de decorachtige plaatsing van de basilica op.

Kennelijk is Loos nooit in Palmyra geweest en heeft hij zijn panorama van de ruïnestad nagetekend van De Bruijns prent, met toevoeging van de basilica. Cederlöf (1988: 97) uit het vermoeden dat Loos dit bouwwerk toevoegde om zijn opdrachtgever Karel XII niet teleur te stellen. In diens bijbeluitgave werd Palmyra immers aangeduid als het Aards Paradijs. Loos' basilica gaf de ruïnestad, die alleen heidense bouwwerken kende, een christelijk tintje. Het lijkt mij echter zeker zo aannemelijk dat Loos het gebouw toevoegde om de verdenking te kunnen ontkrachten dat hij niet zelf in Palmyra had getekend en slechts De Bruijns prent had gekopieerd.

Op 28 juli 1711 keerde Loos terug naar Bender, waar hij onmiddellijk begon met het catalogiseren en beschrijven van het meegebrachte materiaal. Loos had onderweg niet alleen honderden tekeningen gemaakt, hij had ook schelpen, mineralen, zeldzame planten en antiquiteiten, zoals munten, gemmen en bronzen, verzameld. Zijn werk werd bruusk verstoord door het uitbreken van de *Opstand van Bender* op 1 februari 1712. Een Turkse commandant zweepte de locale bevolking op het Zweedse kamp te bestormen. Het kamp werd gebrandschat en het grootste deel van Loos' collectie, waaronder zo'n 250 van de 300 tekeningen, ging in vlammen op. Alleen de tekeningen die in een houten koffer onder het bed van Karel XII werden bewaard ontsnapten aan de vuurzee en werden door de Turken als buit meegevoerd. De Turken verkochten deze kist aan een westerse diplomaat, F.E. von Fabrice, die haar meenam naar Wenen. Uiteindelijk belandde de kist in 1718 weer in handen van de Zweedse koning. Karel XII had aanvankelijk de bedoeling de tekeningen over te laten zetten op koperplaten, maar zijn plotselinge dood in 1718 verhinderde dit plan. Loos' tekening van Palmyra werd later toch nog als prent uitgegeven.

Gedurende de korte periode waarin de tekeningen zich te Wenen bevonden, moet Fischer von Erlach ze gezien hebben bij Von Fabrice. Fischer von Erlach kende de prent van De Bruijn en zag de correctheid hiervan in grote lijnen bevestigd door het panorama van Loos. Ongetwijfeld zal hij zich wel verbaasd hebben over de toegevoegde basilica, maar hoe kon hij weten dat Loos deze erbij verzonnen had? Begerig de laatste archeologische ontdekkingen in zijn prent te verwerken, maakte Fischer von Erlach een synthese van de afbeeldingen van De Bruijn en Loos.

Conclusie

We kunnen zeggen dat De Bruijns bezoek aan Aleppo geen opzienbare ontdekkingen heeft opgeleverd. Zijn beschrijving van de stad en haar bevolking bevat weinig nieuws, maar is wel erg leesbaar en onderhoudend en dat is meer dan we van de meeste itineraria uit die tijd kunnen zeggen. De prent van Aleppo is wel bijzonder. Het is een van de weinig bekende afbeeldingen van de stad uit die tijd en, voor zover dat nog is na te gaan, ook een nauwkeurige.

Omdat De Bruijn door omstandigheden niet naar Palmyra kon reizen, kon hij evenmin nieuwe informatie over de ruïnes leveren. Hij geeft wel een verslag van de eerste Engelse expeditie naar de ruïnestad in 1678 die opvallend betrouwbaar blijkt te zijn na vergelijking met het journaal van dezelfde tocht uit de *Philosophical Transactions*. Het grootste deel van de hoofdstukken over Palmyra in De Bruijns reisverslag bestaat uit woordelijke vertalingen van artikelen die al in 1695 in de *Philosophical Transactions* verschenen. De waarde van De Bruijns hoofdstukken over Palmyra ligt dan ook niet zozeer in de originaliteit van de inhoud, maar in het feit dat nu ook de Nederlandse lezer de mogelijkheid kreeg recente informatie over Palmyra te lezen. Mede dankzij de vertalingen van het boek in het Frans en het Engels en de vele herdrukken die het beleefde, was De Bruijns reisverslag ook van groot belang voor de verspreiding van de kennis over Palmyra in Europa. Voor velen was zijn boek de eerste en enige bron over de ruïnestad.

Dit gold evenzeer voor De Bruijns prent van Palmyra. Deze werd door verschillende tijdgenoten gekopieerd. Een merkwaardige variant op De Bruijns prent verscheen in Fischer von Erlachs *Entwurff einer historischen Architektur*. De afwijkingen op Fischer von Erlachs afbeelding waren te wijten aan een falsificatie van Cornelius Loos.

De eer de eerste afbeelding van Palmyra te hebben gemaakt komt G. Hofstede toe. Zijn afbeelding bereikte echter maar een zeer beperkt publiek. Zijn schilderij van Palmyra verdween in Cupers privécollectie en de prent uit de *Philosophical Transactions* raakte al gauw in de vergetelheid. Zelfs moderne auteurs besteedden geen aandacht aan deze prent. De Bruijns prent, die volledig op Hofstede's werk was gebaseerd, werd daarentegen de bron bij uitstek voor de visuele kennis van Palmyra tot het verschijnen van *The Ruins of Palmyra* van Robert Wood en James Dawnkins in 1753.

"YVER, AENDACHT EN NAERSTIGHEIT". VERBLIJF IN PERSEPOLIS

HELEEN SANCISI-WEERDENBURG

Op het titelblad van het tweede reisverslag van Cornelis de Bruijn staat uitgebreid aangekondigd dat de auteur ook bericht zal geven over Persepolis: *Reizen over Moskovie, door Persie en Indie: Verrykt met Driehondert konstplaten, Vertoonende De beroemdste lantschappen en steden, ook de byzondere dragten, beesten, gewassen en planten, die daer gevonden worden: Voor al derzelver oudheden En wel voornamentlyk heel uitvoerig, die van heerlyke en van oudts de geheele werrelt door befaemde Hof van Persepolis, By de Persianen Tchilminar genaemt.* Al meer dan een eeuw waren er in de reisliteratuur berichten verschenen van wat er over was van de eens zo imposante hoofdstad van het Perzische rijk.[1] In de antieke literatuur, aan veel zestiende- en zeventiende-eeuwers welbekend in originele of geparafraseerde versie, ontbrak het niet aan vermeldingen van de kolossale rijkdommen van het voormalige Perzische rijk. In de Oudheid waren de Perzen synoniem met rijkdom en die *topos* wordt eindeloos herhaald, lang nadat het Perzische rijk van de aardbodem is verdwenen en Persepolis door Alexander de Grote in 330 v.Chr. is geplunderd en verwoest. Werkelijke beschrijvingen van de bezienswaardigheden van de hoofdstad van het Perzische rijk waren er eigenlijk in de Oudheid niet, met uitzondering van het summiere bericht van Diodorus Siculus (XVII 70).

Het is niet verwonderlijk dat men in de zeventiende eeuw hoogst nieuwsgierig was naar de vroegere en de tegenwoordige staat van de hoofdsteden. In de vroegste reisbeschrijvingen over Perzië zijn meestal berichten over Persepolis te vinden. Het oord heette Tchehelminar: de veertig zuilen, waarbij 'veertig' niet letterlijk moet worden genomen; het staat voor 'veel.' In de Oudheid hadden honderden imposante zuilen de daken van de paleizen gedragen. In de vroeg moderne tijd was daar niet veel meer van over behalve een aantal zuilen van de Apadana (een van de belangrijkste gebouwen op het terras), waarschijnlijk nooit meer dan negentien. Dat getal nam in de loop der tijden gestaag af, totdat in de jaren zestig van onze eeuw bij restauraties door het ISMEO de zuilentrommels werden opgestapeld en zoveel mogelijk zuilen weer werden opgericht.

Een bezoek aan Tchehelminar was, voor wie de gevaarlijke reis naar Perzië had gemaakt, niet extra moeilijk. Het reisdoel van de meeste Europese reizigers was Isfahan of Shiraz, waar het hof van de Sjah regelmatig verbleef. Vandaar was een bezoek aan de ruïnes niet meer dan een tweedaagse excursie. Wat wel lastig bleek was de verslaggeving van

[1] Voor een overzicht van deze literatuur zie Curzon 1892; Gabriel 1952; Arndt 1984; Sancisi-Weerdenburg 1989; Sancisi-Weerdenburg 1991a.

wat er ter plaatse te zien was. Het is voor ons, gewend aan foto's en films van de verste en wonderlijkste uithoeken der wereld, nauwelijks meer in te denken hoe moeilijk het was door een beschrijving duidelijk te maken hoe iets eruit zag. De meeste reizigers tekenden niet ter plaatse, maar maakten slechts aantekeningen. Voor de publicatie van hun reisverslag werd de tekst dan door een tekenaar of graveur omgezet in een prent. De tekenaar had alleen de woorden beschikbaar en geen flauw benul van het werkelijke aanzicht van het paleisterras en de erop staande gebouwen. Wat dat opleverde blijkt duidelijk uit de tekeningen in het werk van Thomas Herbert (1677). De op zich wel kloppende beschrijving van Herbert is door de befaamde tekenaar Wenceslas Hollar in een tekening omgezet: het resultaat lijkt niet op de ruïnes op het paleisterras. Afzonderlijke elementen zijn te identificeren, zoals de Apadana-trappen, de toegangstrappen en de fabeldieren van de Poort van Alle Landen; het geheel is wel een fraaie prent, maar komt weinig overeen met het echte Persepolis (zie Vickers 1991; De Jong 1989).[2]

Toen De Bruijn zich rond 1700 voorbereidde op zijn tweede reis waren er wel al enige beschrijvingen gepubliceerd (cf. Sancisi-Weerdenburg 1989, 1991a); aan prentmateriaal was er vrijwel niets. De tekeningen in de verschillende drukken van Herbert waren zoals gezegd niet adequaat; als de eerste druk van Mandelslo al de prent bevatte die in de latere Franse editie is te zien (zie noot 2) dan moet het toch voor een lezer die de werkelijkheid ter plekke niet kende, ook duidelijk zijn geweest dat het beeld minder informatie gaf dan de beschrijving; Tavernier en Thévenot (1679 en 1689) bevatten geen tekeningen van Persepolis, het manuscript van Figueroa werd in 1667 gepubliceerd zonder illustraties.[3] De eerste ter plekke gemaakte gepubliceerde prenten waren die van Daulier Deslandes in zijn *Beautez de la Perse* (1673). Het werk is nu betrekkelijk zeldzaam en het is de vraag of het in de zeventiende eeuw ruim verspreid was. In ieder geval boden ook deze enigszins onbeholpen tekeningen niet voldoende informatie.

Er bestonden wel tekeningen die door geroutineerde tekenaars ter plaatse waren gemaakt, zij het dat geen daarvan vóór 1693 was gedrukt. De Fransman Chardin, wiens laatste bezoek aan Persepolis in 1677 plaats vond, had zich laten vergezellen door de tekenaar Grelot. Na een forse ruzie tussen de beide heren verliet Grelot zijn Franse opdrachtgever en reisde verder met de Italiaan Bembo. Een gedeelte van Grelot's tekeningen bleef in het bezit van Chardin. Het manuscript van Ambrogio Bembo is, inclusief tekeningen van Grelot, op een paar kleine fragmenten na, nog steeds niet gepubliceerd. Chardin vestigde zich na terugkeer in Europa in Londen, waar hij de publicatie van zijn reisgegevens voorbereidde. Het werk, getiteld *Travels into Persia and the East-Indies. The first volume, to which is added: The coronation of this present King of Persia, Solyman the Third* verscheen in 1686 in Londen.[4] Dit werk bevat

[2] In de tweede druk van Herbert (van 1638) is een al even wonderlijke prent te vinden. De prent lijkt (zeker wanneer hij tot onderdelen wordt herleid) opmerkelijk op de prent van Persepolis in het werk van Mandelslo/Olearius. De door mij geraadpleegde uitgave is die van 1719: een Franse vertaling. Ik heb de eerste druk van Mandelslo nog niet kunnen opsporen. Het is niet onmogelijk dat Herbert voor zijn uitgave van 1638 meer gebruik heeft gemaakt van het werk van zijn Duitse collega, dan moderne copyright voorschriften zouden toelaten.

[3] Illustraties komen pas in de uitgave van Figueroa's werk van 1903-1905 voor; zie Hotz 1908: 432.

[4] Al in 1687 verscheen in Amsterdam een vertaling van Chardin's boek: *Dagverhaal der reis van den ridder Chardyn na Persien en Oost-Indien door de Swarte Zee en Colchis* (vert. G. v. Broekhuizen).

echter niet de beschrijving van Persepolis, noch de door Grelot gemaakte tekeningen van de ruïnes. Die zouden pas voor het eerst in de uitgebreidere uitgave van 1711 verschijnen.[5] Het is niet geheel onmogelijk dat er iets van Chardins tekeningen in Holland gezien is. Chardin bracht na 1683 geruime tijd in de Republiek door (Sancisi-Weerdenburg 1991a: 24 n.40; Bonnerot 1972: 84) en heeft in zijn diplomatieke functie wellicht contacten gehad met Nederlandse geïnteresseerden. Enige zekerheid daarover is nog niet gevonden.

Niet lang na Chardin had Engelbert Kaempfer Persepolis bezocht. Hij had er drie dagen koortsachtig getekend en aantekeningen gemaakt. Kaempfer heeft in de jaren '90 zeker contacten gehad met Nicolaes Witsen. In zijn *Noord en Oost Tartarije* geeft Witsen aan dat hij een tekening van een inscriptie heeft gekregen van een Duitse arts.[6] Kaempfer heeft Witsen wellicht nog meer van zijn tekeningen laten zien. Erg hoopgevend kan dat niet zijn geweest voor iemand die wilde weten hoe Persepolis eruit zag. In zijn in 1712 verschenen boek *Amoenitates Persicae* beklaagt Kaempfer zich over de knoeiboel die de graveur van zijn aantekeningen heeft gemaakt (De Jong 1989: 50). Enigszins ten onrechte, zoals blijkt uit de originelen in het British Museum. Waar de resultaten opmerkelijk wonderlijk zijn, zoals op de tekening van de Apadana-reliëfs of die van de reliëfs van de koning die met een fabeldier strijdt, geven Kaempfers aantekeningen en schetsjes daar alle reden toe. Het overzicht van Persepolis vanuit het Oosten en het terrasaanzicht vanuit het westen zijn bruikbare prenten, zowel in het origineel als in de gepubliceerde gravure. Of Witsen deze tekeningen heeft gezien, of er kopieën van heeft laten maken, blijft voorlopig een open vraag.[7]

In 1652 was er een Nederlands gezelschap onder leiding van de gezant Joan Cunaeus in Persepolis geweest. Het verbaal van het bezoek is gemaakt door de secretaris Cornelis Speelman. Dit opmerkelijk zakelijke verslag is pas in 1908 gepubliceerd. Een kopie ervan werd bewaard in de archieven van de VOC. Het vormde onder andere de basis voor de beschrijving van Persepolis door Valentijn (1726: 220-225). De tekening die Valentijn hierbij geeft is waarschijnlijk gemaakt door de schilder Philip Angel, die het gezelschap in Perzië begeleidde, maar — ook hij — ruzie kreeg en de dienst van de VOC verliet (cf. Hotz 1908: xcii). Het is zeker niet uitgesloten dat Witsen deze tekening voor de reis van Cornelis de Bruijn heeft gezien. Volgens Valentijn, die in 1694 uit Indië vertrok (Valentijn 1726: 220), was het verslag van Speelman (dat hij aan De Jager toeschrijft) gemaakt tijdens een reis in 1693. Volgens Hotz (1908: xciv) is er van deze reis van De Jager in 1693 geen spoor te vinden in de archieven.[8]

Van twee prenten staat vast dat Witsen ze kende. Hij zond ze zelf in 1693 aan de Royal Society in Londen. Er wordt in de *Proceedings* niet bij vermeld wie de tekeningen heeft

[5] J. Chardin, *Voyages en Perse, et autres lieux de l'Orient*, Amsterdam, J. de Lorme, 1711.

[6] Witsen 1705: dl.2, 563: "van waer my zeker Duitsch Heel-meester, die aldaer vliedende, de woede van Stenko Rasin, was door gereist, heeft verhaelt, gezien te hebben, zoo in Wulsten; als aen Wanden, en op het gebergte, uitgesnedene Letters van de zelve gedaene, als op de overblijfzelen van 't Persepolis zijn te zien."

[7] Het is in ieder geval opmerkelijk dat Witsen in 1694 zijn tekening en afbeelding van het spijkerschrift naar de Royal Society stuurt. In oktober 1693 keerde Kaempfer, "beladen met exotica, schetsen en dagboeken" (Wiesehöfer 1991: 73) in Amsterdam terug. Kaempfer kan heel wel de door Hotz (1911: 4) aan Herbert de Jager toegeschreven prent mee terug hebben gebracht.

[8] Met verwijzing naar: Leupe, 'Herbert de Jager', *Bijdragen Koninklijk Instituut v. Ned. Indië* 3, IV, 88.

gemaakt. Hotz concludeert dat de tekeningen van de hand van Herbert de Jager zijn. Deze was eveneens in dienst van de Compagnie. Zijn bezoek aan Isfahan en Persepolis in 1683 was samengevallen met dat van Kaempfer. In de *Proceedings* van de Royal Society zijn twee tekeningen afgebeeld (Lowthorp 1731: 526f.), een plattegrond, gemaakt vanuit het Oosten en een aanzicht van het terras uit het Westen. De tekeningen zijn voor een amateur als de Jager niet slecht, maar als je werkelijk wilde weten hoe het er ter plaatse uitzag liet het geheel in kwaliteit en aantal te wensen over. Witsen had dus niet veel gegevens, en hij beschikte waarschijnljk over meer informatie dan wie dan ook in Europa, afgezien van de bezoekers die ter plekke de overblijfselen van de paleizen hadden gezien.

Het mag geen wonder heten dat de nieuwsgierigheid van geleerden in Europa door de informatie van deze kwaliteit eerder geprikkeld dan bevredigd was. Dat was de achtergrond waartegen De Bruijn zijn reis voorbereidde. Een van zijn opdrachten was het maken van een betrouwbare reeks tekeningen van Persepolis.

Het verslag van De Bruijn

Het verslag van zijn bevindingen te Persepolis beslaat de pagina's 208-228. De Bruijn deelt mee zijn tijd goed te hebben benut: "Myn verblyf hier genomen hebbende, was mijn eerste werk den tydt wel waer te nemen, opdat die niet vrugteloos vervloge" (1711: 208). Dat dit geen overdrijving is, blijkt uit het vervolg: de beschrijving van het paleisterras zit gedegen in elkaar. Op een beschrijving van de natuurlijke omgeving van het terras volgt een verklaring van de naam, en een opgave van de afmetingen van het terras (1711: 209). Terloops merkt De Bruijn op dat er waarschijnlijk aan de noordwestzijde ook een toegangstrap is geweest.[9] Hij is vol bewondering over de monumentale toegangstrap naar het terras zelf:

> "ik moet bekennen dat ik nooit trappen gezien hebbe, die zo gemakkelyk te beklimmen waren; of het most de trap zyn, dien ik te Napels aen het Paleis van den Onderkoningh gezien heb; hoewel my egter voorstaet dat die hooger is." (1711: 209)

De vergelijking is kenmerkend voor een reiziger die een onbekende en onaanschouwde wereld moet verhalen en vertalen in beelden die aan het 'geestesoog' van zijn publiek appelleren. Kenmerkend voor De Bruijn is dat hij daarbij gebruik maakt van beschrijving van eigen ervaringen, en dus zelf in zekere zin de garantie vormt voor de betrouwbaarheid van zijn verhaal. Die techniek is al zo oud als Herodotus (Hartog 1991: 259f.), maar maakt tevens de verslaggever kwetsbaar.[10] Het eigenlijke verslag bestaat uit drie gedeelten: een soort geschreven grondplan (1711: 210-215) en een toelichting op het getekende (1711: 216-222); tenslotte volgen een serie opmerkingen en correcties op wat eerdere schrijvers gemeld hebben. Veelzeggend is de metafoor waarmee De Bruijn zijn geschreven

[9] Er zijn meer suggesties in de literatuur dat er, behalve de nog bestaande toegangstrap, andere entrées tot het terras waren. Zie Tilia 1987: 14-19, in het bijzonder p.18: in het noord-westen van het terras was er waarschijnlijk een toegangsmogelijkheid voor het transport van steen van buitenaf naar de bouwplaatsen.

[10] Zie ook Sancisi-Weerdenburg 1991b voor vergelijkingen van De Bruijns bevindingen wat betreft Nowruz.

grondplan begint: "Nu zal ik dit lichaem, om zoo te spreken, openen om u een gezicht van het binnenste te geven (1711: 210)." Deze aan de anatomie ontleende metafoor houdt de verzekering in dat zijn methoden als wetenschappelijk moeten worden bezien.

Voor hij over gaat tot een beschrijving van wat hij heeft aangetroffen, meldt De Bruijn nog dat hij, anders dan zijn voorgangers, zich met eigen waarnemingen heeft bezig gehouden. Niet met wat door antieke auteurs is vermeld,[11] en ook niet met wat er voor kletsverhalen rond Persepolis worden verteld:

> "Dus verre heb ik U eene beschryvinge gegeven van het ontwerp dezes gebous, waer omtrent veele Schryvers den bal hebben misgeslagen, dat is, in het wild wech geschreven; terwijl eenigen zich hebben bezigh gehouden met de gedenkenissen der aloude tyden over hoop te halen, zonder de ware gelegenheyt der tegenwoordig dingen aen te roeren, hebbende meer lust gehadt zich bezigh te houden met dingen onzeker en zoo duister als raedsels, dan naer het leven te vertoonen hetgeen zy vertoonen konden, had het hun aen geenen yver, aendagt, en naerstigheid ontbroken. Hier uit is het ook gebeurt, dat zy zich de ooren hebben laten vullen met verzierde vertellingen, en daer onder met het praetje van de Oyevaeren, als of die eeuwigh hun verblijf hier ter plaetse hadden, daer het nogtans zeker is dat ze hier maer voor zekeren tydt komen en daerna weer vertrekke, na dat ze hunne nesten op eenige kolommen gehadt hebben, even als ze in andere landen doen." (1711: 209)

De kanttekening over de ooievaars lijkt zich te richten tegen een door Dapper aangehaalde opmerking van Herbert.[12] Maar waar het werkelijk aan ontbroken heeft bij zijn voorgangers, is ijver, vlijt en aandacht. In vergelijking tot al zijn voorgangers is De Bruijn ook heel lang in de buurt van Persepolis geweest: ongeveer drie maanden. Dat is precies de tijd die volgens Dapper/Herbert nodig is om het gehele complex behoorlijk te tekenen: "Die niet tegenstaende zou een goed schilder drie maenden tijds genoech te doen hebben om alle desselfs volmaektheden en cieraedjen bequamelijk af te beelden" (Dapper 1672: 11). Ook een bestek van zes maanden wordt wel genoemd (Mandelslo 1719: 12). Philip Angel was acht dagen in Persepolis geweest, maar oordeelde die periode nog te lang. De Bruijn is in Persepolis niet al die tijd alleen is geweest. Boven de ingekraste naam van De Bruijn, staat de naam 'Backer' met hetzelfde jaartal: 1704. De handschriften lijken op elkaar en de namen lopen parallel.[13]

---

[11] Het is niet geheel duidelijk wie De Bruijn hier op het oog heeft. Zowel Figueroa als Della Valle citeren uitvoerig antieke auteurs, maar ik heb geen gegevens kunnen vinden die erop wijzen dat De Bruijn deze werken heeft geraadpleegd. Herbert (of wellicht het door Dapper aangehaalde gedeelte van Herbert's beschrijving) citeert alleen Q. Curtius.

[12] Dapper 1672: 10: "Op de meeste nestelen oyevaers, die meer met weer en wind gequelt worden, als met vrees voor eenigh volk omtrent hen: want de Persiaenen dragen den oyevaers groote eerbiedigheid toe." Dapper citeert twee reisverslagen in extenso, dat van Herbert en dat van Mandelslo. De twee berichten lijken onmiskenbaar zeer sterk op elkaar. Hoe de relatie tussen deze twee berichten is zal nog verder moeten worden uitgezocht. Dapper meldt verder dat zijn bronnen Della Valle, Herbert, Figueroa, Barbaro, Mandelslo en Olearius waren. In de context van de plaatsbepaling van een van de koningsgraven citeert hij Diodorus Siculus' beschrijving (XVII 70) van Persepolis.

[13] Cf. Herzfeld Papers, Freer Gallery of Art, Notebook N-87, 31. Voor Backer, zie De Hond in deze bundel, pp. 16-17.

De Bruijns werkwijze

Het is terecht De Bruijns activiteiten op het paleisterras als wetenschappelijk te betitelen, zeker gemeten aan de technische mogelijkheden van die dagen. Hij tekent en beschrijft uiterst nauwkeurig objecten waarvan de interpretatie in de literatuur problematisch of onduidelijk is. Het beste voorbeeld daarvan is het probleem van de fabeldieren bij de Poort van Alle Landen: twee maal twee composiete beesten, waarvan de identificatie bemoeilijkt werd doordat de koppen ontbraken. Dapper geeft er twee beschrijvingen van: de dieren, een naar het bericht van Mandelslo: "twee groote peerden, met zeltzame hooft-cieraedje en zadels...dieren als leeuwen, met kroonen op het hooft en vleugelen aen de schouderen" (Dapper 1672: 9). In de tweede beschrijving volgt Dapper Herbert: "een olifant van geweldige grootte en aen d'andere een monster" (Dapper 1672: 10). Voor wie wilde weten hoe het er echt uitzag bood de beschikbare literatuur weinig zekerheid. De Bruijn bekijkt de beesten nauwkeurig:

> "Wat aengaet de hoedanigheit dezer beesten, die eenigszins naer Sfinxen gelyken, men weet niet regt wat men er van maken zal. Het lichaem is voor het grootste gedeelte van een paert, de pooten zijn plomp, dik en kort, waerom ze eenigszins zweemen naer eenen leeu. Van de hoofden kan men niet spreken, omdat ze daer af zyn. Men geeft voor dat het menschenhoofden geweest zyn. En boven op het eene beest schynt'er eenigh blyk van te zyn: dewyl'er een rond boven op het agterhooft is, dat zich naer voren strekt op de wyze eener sterkte, of zulker borstweringe, als de ouden gewoon waren op de Olifanten te stellen, om'er met pylen uit te schieten. Het schynt sierlyk gemaekt te zyn geweest, even als men wel verbeelt ziet op de hoofden veeler oude gedenkpenningen. Het verdere lichaem is gesiert als met eene wapenrusting, bezet met veele rond loopende groote knoppen. Al het welke ik na de gedane beschryvingh verbeelden zal." (1711: 210)

De Bruijn doet geen uitspraak: de tekening moet maar voldoende duidelijkheid brengen. Hoewel de interpretatie van de "loopende groote knoppen" als onderdelen van een pantser niet juist is — de knoppen zijn krullen — schort er aan de tekeningen weinig, zeker als men ze vergelijkt met de bizarre produkten die het verslag van Chardin vergezellen (De Jong 1989: 45-47). Het is mogelijk dat de indruk dat het hier om een olifantenzadel gaat voornamelijk geïnspireerd is op de regelmatig terugkerende opmerkingen in beschrijvingen van Persepolis, dat een of twee beesten aan de Poort van Alle Landen olifanten waren. De tekening van Wenceslas Hollar in Herbert's editie van 1677 was in dit opzicht meer dan misleidend (Vickers 1991: 59ff.).

Een andere bekende puzzel is de aard van de kapitelen die de zuilen bekroonden. Het eerdere reizigers ter beschikking staande interpretatie-kader is dat van de Griekse orden: Dorisch, Ionisch of Corintisch.[14] Ook hier bestudeert De Bruijn de objecten nauwkeurig:

> "Hier by leggen veele stukken van kolommen, ook andere brokken van het bovenste sieraetwerk der kolommen over hoop. Men kan aen de overige stukken zien dat het knielende kameelen geweest zyn. Ook ziet men nogh op eene dezer staende kolommen voor een gedeelte zulk een beest knielende: als uit onze afbeelding blyken zal." (1711: 211)

[14] Interessant is hier het verslag van Speelman die meent dat het Dorische zuilen zijn, maar dat Dorisch wel eens van Darius afgeleid kan zijn; Hotz 1908: 110.

Uitdrukkelijk geeft De Bruijn aan dat de vraag tot welke klassieke orde de zuilen behoorde niet deugt: "hoedanig een orde, niet overeenkomende met de vyf bekende, ik noit gezien heb" (1711: 220). Tegenwoordig is wel duidelijk dat er geen kameel-kapitelen in Persepolis zijn geweest. Bij opgravingen zijn complete kapitelen gevonden. De Bruijn moest zich behelpen met brokstukken die hier en daar verspreid lagen en niet erg in het oog vielen: "Ik had meer dan drie weken daer geweest, eer ik deze steenen vond. Zoodat mij door het gestadigh zoeken alles most voorkomen" (1711: 220). Nauwkeurig kijken is De Bruijns belangrijkste instrument.

Als een geoefend tekenaar kent De Bruijn ook het verschil dat waarnemingen van hetzelfde object vanuit verschillende gezichtspunten opleveren. Zo tekent hij bij het derde van zijn vier 'Gesigten op Persepolis' (ill. 40) aan:

> "Het derde gezicht op No.119 is getekent aen d'Oostzyde tegens het opgaen van het gebergte, zoo als ik zat regt onder het eerst gemelde graf. Voor deze bergh leggen twee groote zanthuvels. Men ziet hier alle de vervallen van elkander afgescheiden, zoo als zy leggen. Hierom nam ik dit gezicht met voordagt zoo hoogh tot verlichting des beschouwers." (1711: 216)

Ook vermeldt hij nauwkeurig de plek waar hij met grote moeite een stuk inscriptie heeft laten weghakken en de plaatsen waar de door hem gekopiëerde inscripties staan op gesteld (1711: 218).

Het gehele eerste gedeelte van de beschrijving is een verbaal grondplan. Een getekend grondplan schijnt De Bruijn niet te hebben gemaakt. Waar mogelijk geeft hij de hoogte aan van de muren die nog overeind staan en, zoals vrijwel alle andere bezoekers van Persepolis telt hij de zuilen. De Bruijns conclusies zijn ook in dit opzicht beter dan die van zijn voorgangers:

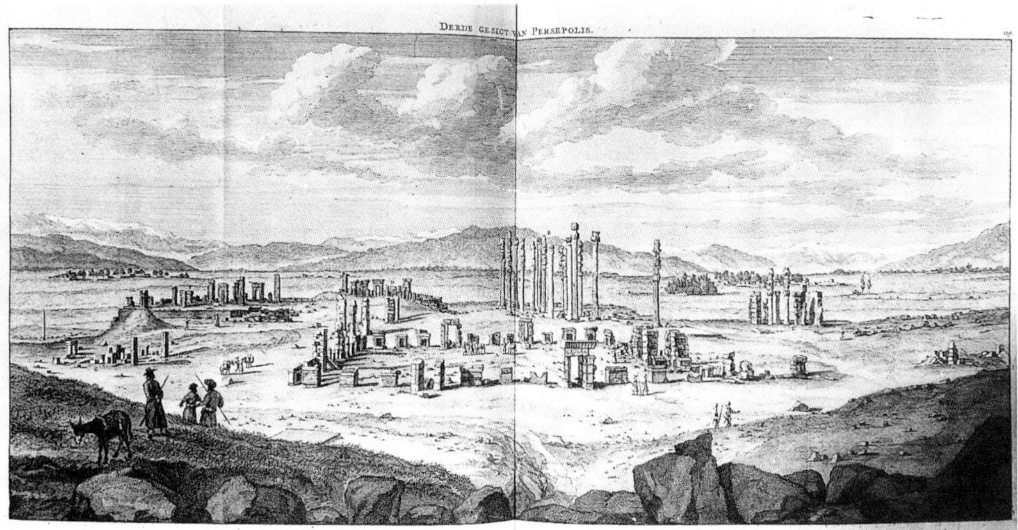

40. "Derde gesigt op Persepolis". De ruïnes van Persepolis vanuit het oosten gezien (1711: Pl. 119).

> "Andere reizigers voor my hebben dit getal bevestigt, en daer by gevoegt dat de kolommen, die tot de 40 overigh waren, verwoest lagen. Maer zy toonen hier mede dat zy niet alles naeukeurigh onderzogt, en over het werk los heen geloopen hebben. Want ik heb bevonden uit de overige voetstutten, en plaetsen, daer men zien kan dat kolommen gestaen hebben, dat zy een getal van 205 uitmaken. Alle de deelen in het byzonder heb ik, als blykt, op orde aangewezen." (1711: 223)

Tenslotte heeft De Bruijn ook de op de reliëfs afgebeelde personen geteld: "een getal van 1300 beelden, zoo menschen als beesten" (1711: 223).[15]

Hoewel er in het gehele verslag maar twee eerdere reisberichten als zodanig worden genoemd, blijkt telkens dat De Bruijn op de hoogte is van oudere berichten. Zo kan bijvoorbeeld zijn overweging of het paleis van Xerxes al dan niet een dak had gehad[16] heel goed een antwoord zijn op het idee van Thévenot (1689: 505, 520) dat de zuilen hadden gediend als onderbouw voor standbeelden of idolen en er nooit een dak was geweest.[17] De Bruijn kende het werk van Thévenot goed. Hij had er uitvoerig uit geput voor de samenstelling van zijn eerste reisverslag (zie Versteeg in deze bundel). Had hij het ook speciaal voor Persepolis geconsulteerd? Het zou niet verwonderlijk zijn: met de beschrijving van Tavernier was dit een van de bekendste reisverslagen uit de zeventiende eeuw.[18] Het boek van Tavernier heeft De Bruijn zeker op 'Persepolis' nageslagen. Hij heeft er niet veel goede woorden voor over. Regelmatig wordt hij door locale bewoners gevraagd naar de betekenis van de ruïnes:

> "deze luiden [namen] ook hun vermaek in het beschouwen dezer outheden met veel meer yver zeker dan de Fransche Schrijver Tavernier, die zich niet ontzien heeft te boek te staen dat in zynen tydt, nu 48 jaren geleden, hier nogh 12 kolommen stonden, en daer by te voegen dat alle deze overblyffsels, daer men zul eenen ophef vanmaekt, niet verdienen dat iemant, om haer te bezichtigen, een half uur uit zynen wegh ga. Hy hecht ook aen zyn verhael dat zeker Hollants Heer, op last der Maetschappye, een tekeningh daer van maekte voor den koning Abbaas den tweeden. Aen welke tekeningh als hy eenigen tydt besteed hadde, zoude hy zich des beklaegt hebben. Op 't eerste moet ik zeggen dat ik geloof dat die Fransche Schryver daer noit geweest is, dewyl er nu nogh 19 kolommen overend staen. En van het tweede magh de werrelt zelve oordeelen, als zy myn werk zal zien." (1711: 224)[19]

---

[15] Persepolis werd door de omwonenden regelmatig als steengroeve gebruikt, cf. Mandelslo 1719: 12: "...tant le batiment est ruiné, bien qu'il y reste encore de quoi occuper un bon & habile Peintre plus de six mois. C'est dommage, que jusqu'ici l'on n'a point eu la curiosité de le faire graver; d'autant plus que ces Barbares achevent de le ruiner tous les jours, se servant de ses pierres à leurs bâtimens particuliers." Dapper 1672: 11: "Het woest volk daer omtrent sloopt dit gebouw, met steenen dagelijx daer af te breken, tot zit-banken, graf-stenen en ander gebruik. Dus' verre Herbert."

[16] "Hoedanigh de zydsteenen daer aen gevoegt zyn geweest tot de kleener partyen, of hoe men'er boven op is gekomen, daer van is geen kenteken: en even zoo weinigh of'er een gewelf boven geweest is. Waerom men niet wel bezeffen kan, waer toe het magh gedient hebben. Het best dat men gissen kan, is dat het schynt dat' er een Koninglyk kabinet zy geweest." (1711: 213)

[17] Ook Tavernier (1679: 729) meent dat de oude Perzen hun goden op pilaren plaatsten. Della Valle (1672, II: 346) had gemeend dat de zuilen te hoog waren om een dak te dragen. De verwarring hier komt waarschijnlijk voor uit bekendheid met Herodotus I 131: die vermeldt dat de Perzen op open plaatsen offerden, dit in combinatie met de onzekerheid (die tot in de 19de eeuw voortduurt) of Persepolis een koningswoning of een tempel is geweest; zie Sancisi-Weerdenburg 1989: 24-29. Het is niet onmogelijk dat het woord 'minar' in Tchehelminar met reminiscenties aan minaretten hier de verwarring veroorzaakt.

[18] Chaybany 1967: 376ff.; Bonnerot 1988: 336ff.

[19] De Hollandse Heer is Philip Angel, wiens tekening volgens Hotz (1908: xciv; 1911: 2) afgebeeld is in Valentijn (1725 V,1 opp. p.220) en volgens het onderschrift door Herbert de Jager zou zijn gemaakt.

Het is niet te achterhalen of De Bruijn het werk kende voordat hij vertrok, of er na terugkomst op werd geattendeerd en het bij de uitwerking van zijn verslag raadpleegde en gebruikte. De opmerking volgt op de twee beschrijvende gedeelten en kan ook na thuiskomst aan de reisnotities zijn toegevoegd.

Het andere verslag dat door De Bruijn expliciet wordt aangehaald is dat van Cornelis Speelman:

> "Andere schrijvers getuigen dat op deze twee kolommen vliegende paerden gestaen hebben van eene ongelooffelyke grootte by de twee poortaelen aen de voortrap van 't gebouw. Ja daer is'er, die zegt zulx met eigene oogen gezien te hebben, waer aen ik myne toestemming wellicht geven zoude; hoewel ik in het hantschrift des schrijvers geen jaer aengetekent vond, ook niet dat van hem op de andere kolommen kamelen gezien waren, daer ik dit nogtans verzekeren kan, dewyl nu nogh op eene der kolommen, die by elkander zonder kapiteel staen, hoedanige nogh negen in getal overigh zyn, een knielende kameel gezien wort. Hy is wel niet geheel: maer men ziet klaer een gedeelte van het lyf en de voorste pooten, alles met sieraedtwerk bezet, even als de beesten in de voorste poortalen. Dat genoegh bewaerheit wort door de byleggende steenen, die van de andere kolomen afgevallen zyn. Het bovenstuk schynt door aertbeving verschoven te zyn, maer evenwel zodanigh aen de eene zyde te hebben overgehelt, dat het in wederwigt gebleven is... De zelve schryver tekent aan dat hy nog zestien pilaren by een heeft vinden staen, die gevoegt by de twee eerste aen den voortrap een getal van 18 uitmaken. Hoe kan dat zyn, daer ik'er nogh 19 gevonden heb?[20] In zyne verdere aentekeningen heeft hy ook veele misslagen begaen. Evenwel moet ik tot zynen lof zeggen, dat ik nogh by niemant zulke naeukeurige aentekeningen over dit gebouw als by hem gevonden heb." (1711: 220)

De Bruijn heeft terecht lof voor het werkstuk van Speelman dat hij in "hantschrift" heeft gezien. Speelmans relaas over Persepolis is even onopgesmukt als dat van De Bruijn zelf. Volgens Hotz (1908: xci) heeft De Bruijn het manuscript in Batavia gezien, dus na zijn verblijf in Perzië. Soms lijkt De Bruijn rechtstreeks in te gaan op het bericht van Speelman. Het lijkt mij daarom niet uitgesloten dat hij, zo niet van het gehele verslag van Speelman, dan toch van de voor Persepolis relevante passages op de hoogte was, voor hij vertrok. Zo bijvoorbeeld de kwestie van de graven in de rotswand oostelijk van het terras. Er zijn er drie, die door de opgravers aan resp. Artaxerxes II, Artaxerxes III en Darius III worden toegeschreven (zie ill. 43). Het graf van Darius III zou dan het onvoltooide graf zijn dat zich ten zuiden van het terras bevindt en pas voor het eerst door Niebuhr (1776-1780) werd opgemerkt. Het zuidelijke graf wordt door Schmidt (1970: 99) aan Artaxerxes II toebedacht. De doorsnede laat zien dat het drie grafkamers bevat. Het noordelijke graf, dat van Artaxerxes III, heeft, volgend op de vestibule, slechts een kamer met twee grafsteden. De Bruijn heeft het meest zuidelijke graf nader onderzocht, d.w.z. hij heeft er iemand in laten kruipen, die hem heeft bericht dat er slechts drie plaatsen in het graf zijn. Die werden vervolgens door De Bruijn getekend, maar het is, in vergelijking met de opgravingspublicatie evident dat De Bruijn de binnenzijde van het graf niet zelf heeft gezien.[21] De beschrijving

[20] Speelman (Hotz 1908: 110): "uyt welk getal noch sesthien volcomen in wese taan en de toppen den oyevaer tot de gront van sijn nest dienen...; zie Hotz 1908 voor overzicht van de hoeveelheden zuilen.

[21] Curzon 1892: dl. 2, 184 n.5 tekent hier aan dat zijn eigen aantekeningen verward zijn, maar dat Ouseley, Johnson, Rich, Binning en Ussher die allemaal in het graf zijn geweest aangeven dat er drie grafgewelven en

van Speelman is hier correcter, behalve dat Speelman het noordelijke graf met het zuidelijke verwart. Ook de "sevende tombe" is een vergissing: waarschijnlijk dacht Speelman dat onder de losliggende deksel in de vestibule nog een graf schuil ging.[22] In geen van de oudere berichten vinden we opmerkingen over de binnenkant van de graven, zodat het hier voor de hand ligt dat het onderzoek van De Bruijn geïnspireerd is door vermeende onduidelijkheid in het geschrift van Speelman. Opmerkelijk is in ieder geval dat de enige antieke auteur die door De Bruijn wordt genoemd, Q. Curtius, in deze zelfde context ook door Speelman wordt genoemd. Beide vragen zich af of het graf bedoeld was voor Darius III, en blijven het antwoord daarop schuldig:

> "Men kan niet zeker zeggen of in eene dezer grafsteden het lichaem van Koningh Darius gelegt is, dewyl men het niet uit de Schryvern besluiten kan. Want Q. Curtius, die zich geheel overgegeven heeft tot het beschryven van Alexanders leven, en zyne verwinningen breed uit te meten, tekent alleen aen..." (1711: 221)

Speelman kan overigens niet De Bruijns enige bron zijn geweest voor kennis van de geschriften van Curtius. Kennelijk heeft hij de passages van deze Alexander historiograaf zelf gelezen, want hij merkt op:

> "Indien wy Q. Curtius gelooven, was het Koninglyk Hof met veel Cederhout betimmert; van welke boomen egter nu geen kenteken ter werelt in dit Ryk te vinden is. — Het moeten dus Zenaerboomen geweest zijn — Evenwel kon ik missen. Want door den tydt zyn deze boomen misschien zoo wel als de gebouwen der veranderinge onderworpen geweest." (1711: 227)

Karakteristieke voorzichtigheid, gebaseerd op observaties van de eigen wereld en onbevooroordeelde vergelijking met wat antieke auteurs berichten. In dit geval zouden inscripties echter uitwijzen dat Curtius gelijk had. Het cederhout is door de koningen geïmporteerd van de Libanon en door 'Assyriërs' naar Babylon en vandaar door Cariërs en Ioniërs naar Susa getransporteerd, zo blijkt uit een inscriptie uit Susa.[23] Voor Persepolis hebben we geen inscriptie, slechts technologisch bewijs: Stolze liet in 1874 de houtskool analyseren die hij in de Troonzaal had aangetroffen. Het was cederhout (Stolze/Andreas 1882).

---

drie grafnissen of sarcofagen zijn. Flandin en Coste heben zes graven opgemerkt; Curzon: "I think they are again wrong."

[22] Speelman (Hotz 1908: 117): "Hierinne staan 2 graffsteden met halffronde bergsteene sarcken belegt, en daarboven, noch ruym 6 voeten hoogh, 't verwulff, mede al sonder behulp van metselwerc, uyt deselve berg gehact, maar 't noordelijcxste heeft in de plaets dat in dit twee graffsteden onder een verwulff sijn, ses onder drie wulffsels en voor 't middelste noch een dat 't sevende is. Off nu wel 't lighaem van den mogenden Darius, van den sijnen vermoort en mishandelt, door den grooten wereltwinner Alexander gevonden, beweent ende aan de oude moeder gegeven sijnde, seggende als bij Curtius te lesen, neemt het lighaam ende legt het in de graven bij sijne voorouderen, in eene van dese gebragt is, soude wel connen wesen, maer valt de sekerheyt daaraff wat swaar te raden."

[23] DSf 30-35; cf. Kent 1953: 144.

Autopsie versus de klassieken

De Bruijn meent zelf, zoals Speelman voor hem, dat het weinig zin heeft de klassieken uit te pluizen op zoek naar kennis van Persepolis. Autopsie is nuttiger. Met de Bijbel ligt het evenwel toch iets anders dan met de klassieke auteurs: voor zijn publiek is het Oude Testament een belangrijke bron van kennis over het oude Perzië. Een opmerking over de vroegere luister van het paleis: "gelyk zulx in het boek Esther van Zusan getuigt wort" (1711: 227) moet bij de lezers levendige geestesbeelden evoceren en dient vooral om de toch gebrekkige mogelijkheden van verbaal en beeldbericht te ondersteunen.[24]

Hoewel De Bruijn regelmatig impliciet blijk geeft goed op de hoogte te zijn van wat er voor hem geschreven is, is zijn favoriete vergelijkingsmateriaal dat wat hij in zijn eigen tijd, met zijn eigen ogen ter plekke en in de omtrek ziet. Een open oog voor zijn omgeving levert hem de primeur als eerste de vergelijking te hebben gemaakt tussen de Apadana-reliëfs en het Nowruz-festival ter gelegenheid waarvan de hoogwaardigheidbekleder geschenken worden gebracht (zie Sancisi-Weerdenburg 1991b). Zo beschrijft hij ook de uitdossing van kamelen en de functie van de vliegenmepper die op een aantal reliëfs door een dienaar boven de koning wordt gehouden met een verwijzing naar eigentijdse gewoonten.[25]

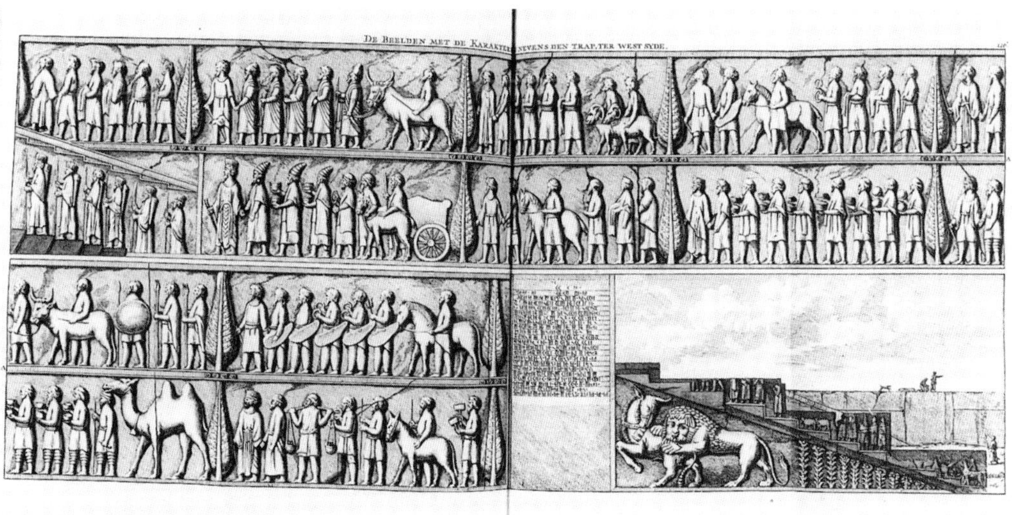

41. Apadana-reliëf met inscriptie in spijkerschrift, Persepolis (1711: Pl. 126).

[24] De Bruijn besluit zijn bericht met een paar opmerkingen over het voorkomen van Persepolis in de Bijbel: als Elymais in Maccabeeen, in boek Daniel, in boek Esra. Cf. Dapper (1672: 12): "Bij ouds wierd deze plaetse...Persepolis genaemt; en anders in den Bijbel Elymais."

[25] "Hier op volgt een kameel met twee bulten, hebbende een koort om den hals, waer aen een bel hangt, volgens de Oostersche wyze in de karavanen gebruikelyk om elkander te hooren: inzonderheit wanneer ze elkander by enge en gevaerlyke wegen ontmoeten" (1711: 217). Over de vliegenmepper: Dit langh gedraeit tuigh ziet men in de handen van verscheie beelden, die naer gissingh staen by een voornaem personaedje, en daerom schynen in de hant gehadt te hebben de staert van een Zeepaert. Want die is by deze volkeren nogh in gebruik

Op één punt zit De Bruijn er echter evident naast: hij signaleert vrouwen tussen de afgebeelde figuren. Het is niet zo merkwaardig dat De Bruijn niet heeft gezien dat het gehele beelden-repertoire van Persepolis een 'all male gathering' is. Anderen voor hem, zoals Chardin, hebben die fout ook gemaakt.[26] Niebuhr, die De Bruijn op een aantal plaatsen tracht te corrigeren, herhaalt de fout van De Bruijn (Sancisi-Weerdenburg 1989: 30f.). En ook op de tekeningen van Hofsted van Essen, die in 1703 in Persepolis is geweest[27] zijn de dragers van de vliegenmeppers als bevallige dames afgebeeld. Wel merkwaardig is dat De Bruijns beschrijving van een van de reliëfs vergezeld gaat van een tekening, waarop een van de 'dames' een duidelijke baard draagt.[28]

Besluit

Niet alles wat erover De Bruijns beschrijving van Persepolis te zeggen valt, is hiermee gezegd. Wel zal duidelijk zijn dat De Bruijn in de keten van kennisverwerving een unieke plaats heeft ingenomen. Hij controleert wat hij heeft gehoord en gelezen door zelf de objecten zorgvuldig te bestuderen. Zijn waarneming is zo onafhankelijk als maar mogelijk was. De kleine missers kunnen De Bruin niet echt euvel worden geduid. Het is vooral belangrijk dat De Bruijn zich niet op het verkeerde been liet zetten door wetenschap uit de onaantastbaar geachte antieke auteurs. Hij keek zelf. Ook in dat opzicht is hij een wetenschappelijk verslaggever. Daarom is het tragisch dat Gisbert Cuper minder vertrouwen stelde in De Bruijns tekenaarskwaliteiten dan in de wetenschappelijker klinkende verslaggeving van Chardin en Kaempfer.[29]

---

ten dienst der aenzienlyke luiden om de vliegen te verdryven. Men moet voor het eene wel hondert Ryxdalers betalen. Het handvatsel is gemeenlijk van gout, ook wel met edele gesteenten bezet. De Koning en Grooten des Ryx hebben het hangen voor benevens de borst der paerden, gehecht aen het hooft." (1711: 217)

[26] Figueroa 1667: 160: "où il y auoit tant de figures d'hommes, il n'y en auoit pas vne de femmes..."; cf. Sancisi-Weerdenburg 1989: 28; Sancisi-Weerdenburg 1991a: 5.

[27] Zie Hotz 1911 en de inscriptie van Hofsted van Essen vlak boven die van De Bruijn.

[28] "Dogh in het eene is dit onderscheit, dat een der twee vrouwen eenigh sierlyk krom tuigh boven den manhout, die ook iets in de handen hout dat verbroken is." (1711: 214); "Zy behelst twee vrouwen, waer van d'eene weder den staert van een Zeepaert boven het hooft van een voornaem man hout, wiens muts, haer, en baert de gedaente heeft, die men ziet op de penningen van Arsaces." (1711: 219: No.148); N.B. p.148 heeft een van de twee figuren een baard. Toch heeft De Bruijn enige aarzeling: "ik zagh ten minste alle de beelden met den zonnescherm en Zeepaerdestaert voor vrouwebeelden aen..." (1711: 219)

[29] Cf. Drijvers 1989 en 1991. Het is een raadsel waarom Cuper De Bruijns uitdrukkelijke bewering "Alle de hoofden zyn meest verbroken" (1711: 217) in twijfel trekt.

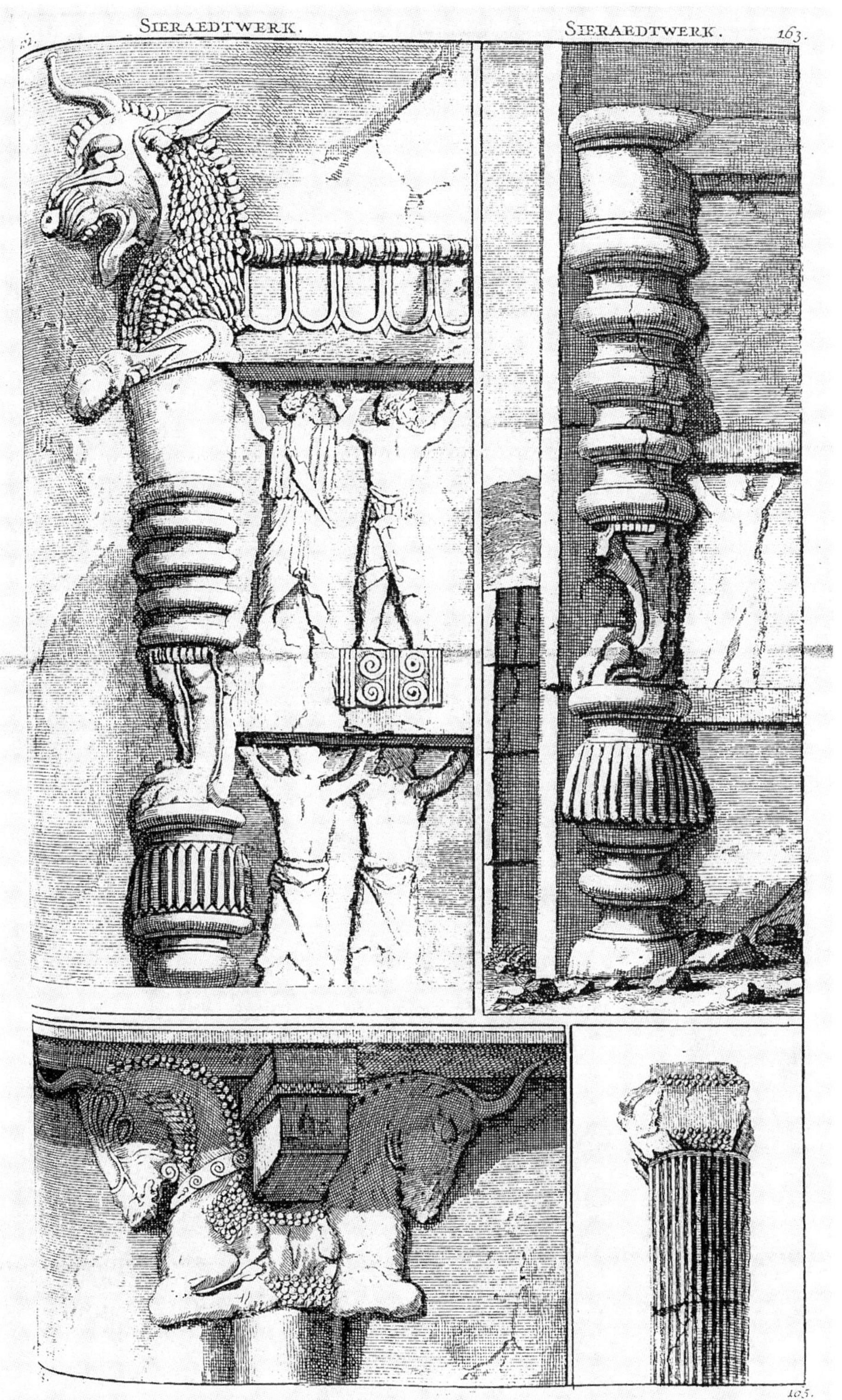

42. Ornamenten, Persepolis (1711: Pl. 163).

43. Koninklijk graf, Persepolis (1711: Pl. 158).

“GEBREKKIGE TEKENINGEN”? NIEBUHR OVER DE BRUIJN

WOUTER HENKELMAN

Wanneer de Duitse[1] geleerde Karsten Niebuhr in 1761-1765 Perzië bereist en de ruïnes van Persepolis bezoekt, breekt daarmee de periode van het wetenschappelijke onderzoek naar de Perzische oudheden aan (Sancisi-Weerdenburg 1989: 29). Vóór de publicatie van zijn *Beschreibung von Arabien*[2] kenden de Europese geleerden Persepolis alleen uit reisverslagen die niet zuiver wetenschappelijk bedoeld waren. In de overgang naar het wetenschappelijke onderzoek speelt ook Cornelis de Bruijn een grote rol. Zijn verslag zou het summum van de reisbeschrijvingen genoemd kunnen worden. De fraaie tekeningen die hij van Persepolis maakte, overtreffen die van zijn voorgangers verre door hun nauwkeurigheid en realistische weergave. Tevens zet hij met zijn beschrijving, die weinig gekleurd is door vooropgezette meningen en een redelijk ‘neutraal’ karakter heeft, de eerste schreden in de richting van het wetenschappelijk onderzoek.

In het licht van dat laatste is het des te opmerkelijker dat juist De Bruijn het zo zwaar moest ontgelden in het werk van Niebuhr. Gebruikte Niebuhr zijn over het algemeen hooggeprezen voorganger wellicht om zich tegen af te zetten, zodat zijn eigen bevindingen des te nauwkeuriger zouden schijnen? Of had hij, althans gedeeltelijk gelijk met zijn kritiek en leverde hij inderdaad een aantal verbeteringen ten opzichte van De Bruijn? Niebuhrs kritiek bestaat hoofdzakelijk uit drie punten: De Bruijns afschriften van de spijkerschriftteksten zouden onnauwkeurig zijn. Hetzelfde zou gelden voor de tekeningen. Voorts zou de Bruijn te zware verwijten uiten aan het adres van diens voorgangers, met name Chardin. In de volgende paragrafen zullen deze punten van kritiek afzonderlijk besproken worden.

De Persepolitaanse inscripties

Of Niebuhr nu wel of niet gelijk had met zijn kritiek op de Bruijns afschriften, die laatste was er in ieder geval van overtuigd dat hij zijn best had gedaan ze waarheidsgetrouw te kopiëren:

> “Wat aengaet de oude karakters, zy zyn geenszins meer bekent. Ik heb zeer veel vlyt aengewend om den gront daer van te verstaen, maer vergeefs: niemant ook gevonden, die

[1] Niebuhr wordt met enige regelmaat een Deen genoemd, hetgeen beslist onjuist is. Inderdaad werd hij geboren in Hadeln, dat verscheidene malen tot Denemarken behoorde en waarschijnlijk redelijk Deens geörienteerd was. Ten tijde van Niebuhrs geboorte (1733) behoorde Hadeln echter tot het keurvorstendom Hannover. Niebuhr zag zichzelf misschien wel het meest als Oostfries.

[2] In het vervolg zal ik niet deze editie (Niebuhr 1772) citeren, maar steeds de Nederlandse (Niebuhr 1776).

> bequam was om eenige letter daer van uit te leggen. Ik verbeeldde my al te voren niets anders. Evenwel heb ik groote moeite genomen om ze net af te tekenen..." (1711: 218)

Zoals gezegd wil Niebuhr er niet in toestemmen dat De Bruijn de spijkertekens zo 'net' heeft afgetekend:

> "Doch ik wenste wel, dat een Europeër, in het vervolg daar komende, nog meer van de opschriften, die daer gevonden worden, afschreef, en wel zo, dat men in de tékening, éven als in het oorspronkelijke, elke letter konde onderscheiden. Dit is noch door Kämpfer, Chardin, noch de Bruijn geschied; en ik denk, dat dit de reden zij waarom nog geen geleerde van derzelver verklaring zijn werk gemaakt heeft." (Niebuhr 1776: 142-143)

Elders is Niebuhrs kritiek meer specifiek. De inscriptie die zich in de noordelijke trap van het belangrijkste gebouw, de zogenaamde Apadana, bevond (XPb-a)[3] is door zijn voorgangers niet duidelijk weergegeven:

> "Het gemelde opschrift is reeds door Kaempfer en De Bruijn afgeschreven, doch zo onduidelijk, dat men de verschillende letters niet daar uit kan kennen, welken men nogthans in het oorspronkelijke duidelijk onderscheid." (Niebuhr 1776: 127)

Dat de tekeningen van Chardin en Kaempfer[4] niet correct zijn, is inmiddels een algemeen aanvaard gegeven. Zelfs een leek kan, indien hij foto's van de inscripties naast deze afschriften legt, direct zien dat ze geenszins kloppen en derhalve van geen enkele waarde voor het wetenschappelijk onderzoek naar deze teksten geweest zijn.[5] Daar staat tegenover dat De Bruijns afschriften over het algemeen als zeer betrouwbaar gelden en door de Duitse geleerde Friedrich Grotefend gebruikt zijn bij diens ontcijfering van het Oud-Perzische spijkerschrift (zie Drijvers 1989: 70).[6] Zelfs een van de belangrijkste Iranologen en deskundigen op het gebied van spijkerschrift, Walther Hinz, verklaarde De Bruijns afschriften voor "gute Zeichnungen", waar hij het werk van Chardin en Kaempfer voor "wertlos" houdt.[7] Niebuhr lijkt dus alleen te staan met zijn kritiek, hetgeen al gauw doet vermoeden dat hij hier te kwistig is geweest met verwijten aan het adres van De Bruijn. Dat deze veronderstelling onjuist is, blijkt wanneer zowel de afschriften van De Bruijn als die van Niebuhr naast de publicatiefoto's van de inscripties gelegd worden en daarmee teken voor teken worden vergeleken. Een dergelijk onderzoek leidt namelijk onvermijdelijk tot de conclusie dat Niebuhr gelijk had.

Dat laatste wordt al direct duidelijk bij vergelijking van Niebuhrs en De Bruijns afschriften van de genoemde inscriptie (XPb-a) aan de noordzijde van de Apadana (Schmidt 1953:

---

[3] De inscripties van de Perzische koningen worden doorgaans aangeduid met a) de eerste letter van de koningsnaam: X = Xerxes, D = Darius, A = Artaxerxes, A^2 = Artaxerxes II; b) de eerste letter van de plaats waar ze gevonden zijn: P = Persepolis, S = Susa etc. en c) een letter die een volgnummer weergeeft.

[4] Chardin 1711: afb. LXIX (afgebeeld is de inscriptie DPc); Kaempfer 1712: 347 (DPc) en 333 (DPg).

[5] Foto's van de gevonden inscripties zijn door de opgraver, gepubliceerd (Schmidt 1953). Een verzameling van uitstekende foto's van de inscripties biedt ook Shahbazi 1985. Een transscriptie met vertaling van de Oud-Perzische teksten geeft Kent 1953. De enige uitgave van de Akkadische en Elamitische inscripties in Persepolis is nog steeds Weissbach 1911 met volledige bibliografie van alle publicaties tot 1911.

[6] Grotefend deed zijn ontdekking in 1802; zie Grotefend 1817, Meyer 1893, en Borger 1975. Pas met Rawlinson 1847/1848 was het spijkerschrift definitief ontcijferd.

[7] Hinz/Koch 1987: 1332 geeft een zeer nuttig overzicht van alle afschriften van de (Elamitische) inscripties van de Achaemeniden die door Europese reizigers gemaakt zijn.

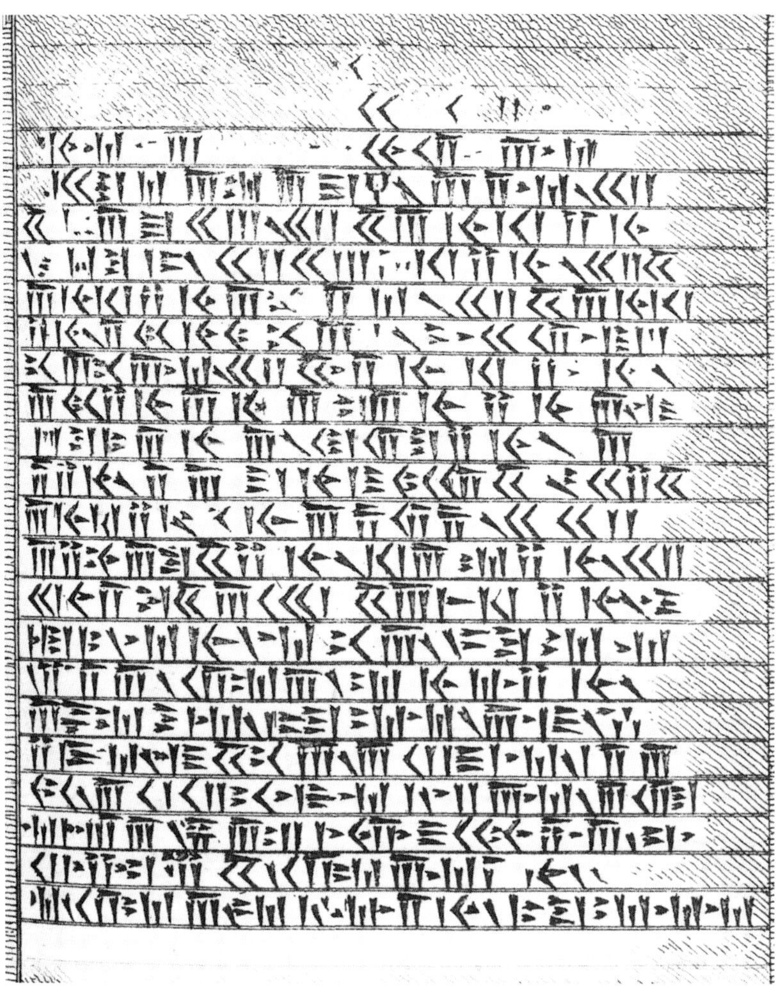

44. Spijkerschrift-inscriptie op Apadana-reliëf (1711: Pl. 126).

Pl. 60). Inderdaad blijkt De Bruijn de verschillende tekens niet duidelijk onderscheiden afgebeeld te hebben, terwijl dat onderscheid in werkelijkheid evident is. Niebuhr noteert daarentegen zeer duidelijk onderscheiden tekens die onderling gescheiden worden door puntjes (die ook werkelijk zichtbaar zijn; ill. 45). Van de onderhavige inscriptie zijn de regels 1-4 volledig onleesbaar. Daarom begint Niebuhr pas bij regel 5. De Bruijns tekening (ill. 44) wekt echter de indruk dat de tekst veel verder beschadigd is: in regel 5-6 noteert hij niets, in 7-8 slechts drie tekens. Zo ontstaat de onjuiste indruk dat de tekst pas vanaf regel 9 leesbaar is. Daarbij komt dan nog dat De Bruijn veel fouten maakt bij het afschrijven, zowel door onzorgvuldigheid als door de onduidelijkheid van de inscriptie. In de eerste categorie vallen met name het verdubbelen van gedeelten van tekens (één maal een heel teken) of het weglaten daarvan. De zogenaamde 'winkelhaak' wordt met grote regelmaat aangezien voor één of twee kleine spijkers en omgekeerd. Al met al bevat De Bruijns afschrift ongeveer vijfenzestig fouten, tegenover vier in het afschrift van Niebuhr.

Het is duidelijk dat De Bruijns afschrift in wetenschappelijk opzicht geen "gute Zeichnung" is. Ten dele is dit wellicht te wijten aan het kleine formaat van de tekening. Afbeelding 126, waar De Bruijns afschrift onderdeel van is, toont een gedeelte van de noordelijke trap van de Apadana. Heeft De Bruijn zijn tekening van de inscriptie wellicht slechts bedoeld als noodzakelijk onderdeel van deze afbeelding en niet als nauwkeurig afschrift? De Bruijns overige afschriften, die wel apart zijn afgebeeld (Pl. 131-134) zijn groter getekend en ogen inderdaad veel duidelijker. Uit nader onderzoek blijkt echter dat ook hier de verschillende tekens niet duidelijk onderscheiden zijn weergegeven, waar Niebuhr dat steeds wel doet. Bovendien geeft de Bruijn niet aan waar de tekst beschadigd is, maar noteert zonder onderbreking het eerstvolgende 'leesbare' teken. Zo ontstaat de indruk van een onbeschadigde, steeds doorlopende tekst. Niebuhr geeft daarentegen door grijsarcering de verschillende beschadigingen aan.

Afbeelding 132 bij de Bruijn is een afschrift van de drietalige inscriptie die de code DPa draagt en die in het Oud-Perzisch, Elamitisch en Akkadisch is opgesteld (de hierboven besproken XPb-a was alleen in het Oud-Perzisch) (Schmidt 1953: Pl. 138a). Opnieuw zijn

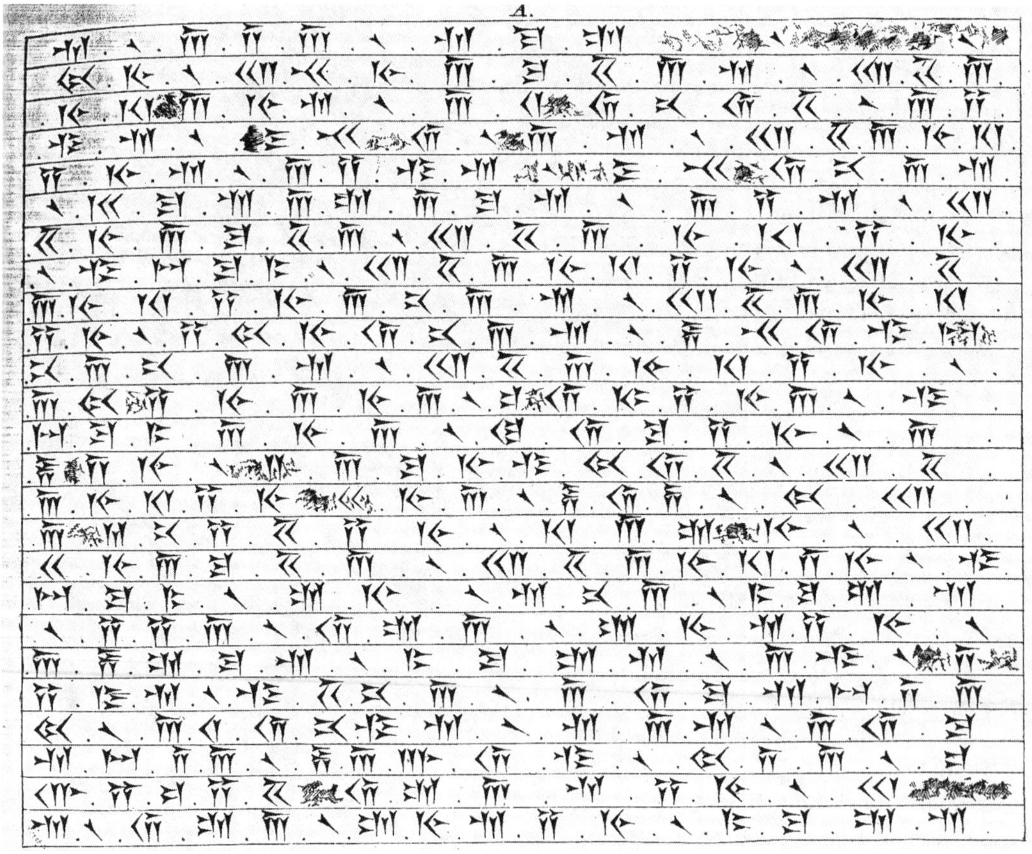

A.

45. Spijkerschrift-inscriptie op Apadana-reliëf (Niebuhr 1776: Taf. XXIV-A).

er veel fouten gemaakt bij het afschrijven, dit maal zo'n negentig in totaal, tegenover drie in Niebuhrs afschrift (Taf. XXIVB-C-D). Overigens levert Niebuhr (1776: 143-145) hier opnieuw kritiek op De Bruijns afschrift: "De Bruijn heeft ze afgeschreven, doch zeer onduidelijk." Van de overige afschriften van De Bruijn, bleek afbeelding 134 (DPc), met slechts dertien fouten nog verreweg het nauwkeurigst (Shahbazi 1985: Pl. VII). Afbeelding 131 (XPc-a) ziet er fraai uit, maar het afschrift van deze drietalige inscriptie is opnieuw niet erg nauwkeurig (Schmidt 1953: Pl. 21). Alleen al het bovenste (Oud-Perzische) gedeelte is goed voor ongeveer zeventig fouten. Van de inscriptie op afbeelding 133 zegt De Bruijn dat hij haar heeft samengesteld uit diverse verspreid gevonden fragmenten. Buiten zijn schuld — hij kon dat immers onmogelijk vermoeden — combineerde hij daarbij twee verschillende inscripties, DPb en waarschijnlijk XPe (Shahbazi 1985: Pls. VIII-XII). Bovendien schreef hij de regels in de verkeerde volgorde af, zodat de inscriptie van onder naar boven moet worden gelezen.[8]

Niebuhr had gelijk met zijn eerste punt van kritiek op De Bruijn. Hoe was het nu mogelijk dat zijn afschriften zoveel beter waren? In de eerste plaats was spijkerschrift waarschijnlijk geheel nieuw voor De Bruijn. Hoogstwaarschijnlijk heeft hij de afschriften van zijn voorgangers ook pas na zijn reis ingezien. Ten opzichte van hun tekeningen, was De Bruijns werk natuurlijk wèl een verbetering. Anderzijds had Niebuhr al een voorsprong voordat hij aan zijn reis begon aangezien hij de afschriften van Kaempfer en De Bruijn kende en wellicht onderweg bij zich had. Naast de tijd die hij thuis geïnvesteerd had in de bestudering van de spijkertekens, deed hij bovendien in Egypte ervaring op met het afschrijven van hiërogliefen. Zodoende kon hij in Persepolis, meer dan enige reiziger voor hem, als geoefend kopiist te werk gaan.

Niet alleen betoonde Niebuhr zich een goed kopiist, hij wist ook een aantal zeer juiste observaties te maken die de eerste stap zouden vormen voor de latere ontcijfering. Zo stelde hij op eigen kracht vast dat er drie verschillende schriften waren. Hij maakt hierover een opmerking bij een inscriptie in het paleis van Darius, die een aantal malen voorkomt (DPa), onder meer aan weerszijden van hetzelfde portaal:

> "Boven deze beelden, omtrent 12 voet boven de grond, ziet men aan elke zijde de drie opschriften B. C. D. plaat XXIV, allen naast elkander. Het is zonderling dat elk derzelven een bijzonder alphabet heeft: en niet alleen hier, maar ook op andere plaatzen vind men dezelfde schriften aan beide de poorten tegenover elkaar." (Niebuhr 1776: 131)

Als eerste wist Niebuhr te bewijzen dat het Oud-Perzische spijkerschrift van links naar rechts loopt. Hij deed dit aan de hand van de genoemde inscriptie (DPa) waarvan hij meerdere kopieën aantrof. Bij één van deze inscripties zag Niebuhr dat enige tekens die bij de andere kopieën aan het eind van de derde, hier aan het begin van de vierde regel waren komen te staan (Niebuhr 1776: 137). Doordat hij nu wist dat het schrift van links naar rechts liep, was hij in staat te zien of een inscriptie op zijn kant stond of niet. Zo kon hij tot de conclusie komen dat er lang zoveel letters niet zijn "als men wellicht uit de copieën

[8] Het is een klein wonder dat Grotefend, na enige inspanning, uiteindelijk in staat was de twee inscripties te splitsen en in de juiste volgorde te lezen. Zie hierover Grotefend 1817: 421-422; Meyer 1893: 177; Borger 1975: 170 n.9.

van mijn voorgangers vermoedde" (Niebuhr 1776: 132). Bovendien was hij in staat uit de verschillende, beschadigde kopieën van de inscriptie in Darius' paleis (DPa) één volledige tekst samen te stellen (Taf. XXIV B-C-D).

Niebuhrs grootste verdienste is ongetwijfeld dat hij de verschillende tekens heeft kunnen isoleren en zodoende een tekenlijst van het Oud-Perzisch kon opstellen (Niebuhr 1776: 132 en Taf. XXIII).[9] Waarschijnlijk is dit ook de belangrijkste reden van het feit dat zijn afschriften zoveel beter zijn dan die van De Bruijn. Niet alleen kon Niebuhr de verschillende tekens steeds onderscheiden, maar hij kon ook de moeilijk leesbare tekens met behulp van zijn lijst makkelijk herkennen. Het is dan ook niet verbazend dat zijn afschriften van de Babylonische en Elamitische inscripties meer fouten bevatten: van deze talen had Niebuhr geen tekenlijst kunnen maken. Desondanks blijven ook deze afschriften nauwkeurig genoeg om voor wetenschappelijke doeleinden te dienen.

Met dat laatste komen we bij de vraag naar de respectievelijke rollen van De Bruijns en Niebuhrs tekeningen bij de ontcijfering van het spijkerschrift door Georg Friedrich Grotefend in 1802-1803. Als De Bruijns afschriften immers zoveel fouten bevatten, is het moeilijk te geloven dat ze Grotefend veel hebben geholpen, zoals wel is beweerd. Grotefends moeilijk toegankelijke geschriften, zijn voorlopige publicaties of *Praevia* in het Latijn (Meyer 1893) en een tractaat in het Duits (Grotefend 1817) geven over deze kwestie uitsluitsel.

Het blijkt dat Grotefend als eerste stap Niebuhrs conclusies over de leesrichting van het Oud-Perzische schrift aanvaard heeft en grotendeels Niebuhrs tekenlijst heeft overgenomen. Vervolgens heeft hij Niebuhrs afschriften XXIV B (DPa) en G (XPe) aandachtig bestudeerd en in deze teksten de namen Hystaspes, Darius en Xerxes geïsoleerd. Pas daarna, toen hij al veertien tekens ontcijferd had, is hij Niebuhrs verdere teksten gaan bestuderen. Deze teksten waardeerde hij over het algemeen omdat de tekens steeds zo duidelijk onderscheiden waren. "Niebuhr", aldus Grotefend, "heeft zijn voorgangers terecht verweten dat ze die 'gepaste' ruimte, die de tekens overal (van elkaar) onderscheid, achterwege hebben gelaten."[10]

Pas in dit stadium gaat Grotefend de afschriften van De Bruijn gebruiken, en wel als controle op Niebuhrs afschriften.[11] Daarbij beklaagt hij zich verschillende malen over de fouten in De Bruijns afschriften. Zo wil hij de inscriptie XPc (Pl. 131 bij De Bruijn) gebruiken als opstapje om Niebuhrs grotere afschriften te kunnen lezen. Dit wordt hem echter onmogelijk gemaakt door de vele fouten: "...daar De Bruijn werkelijk vele letters zo slecht heeft geschreven, dat zijn inscriptie nauwelijks op de juiste manier gelezen kan worden, tenzij wij door het vergelijken van de (verschillende) versies de ware lezing

---

[9] Deze lijst bestaat uit 42 tekens, waarvan er 34 correct zijn. Drie redelijk zeldzame tekens zijn niet opgenomen, wellicht omdat ze niet voorkwamen in de teksten die Niebuhr zag. De acht incorrecte (niet bestaande) tekens zijn zeer waarschijnlijk ontstaan door beschadigingen in de tekst waarbij delen van tekens waren weggevallen.

[10] Meyer 1893: 589: "...antessores suos recte vituperavit, quod decens illud spacium omiserint, quod characteres ubique distinguat."

[11] Bijvoorbeeld Grotefend 1817: 415: "Um also recht sicher zu gehen, verglich ich noch ein Mahl alle Inschriften von Niebuhr und Bruin, um zu sehen, ob auch die Nahmen richtig copiirt seyen..."

tevoorschijn halen."[12] Met de "verschillende versies vergelijken" bedoelt Grotefend dat hij De Bruijns afschrift probeert te verbeteren aan de hand van afschriften van Niebuhr van andere inscripties, hetgeen hem na een moeizaam onderzoek inderdaad is gelukt (Meyer 1893: 595-603). Op dezelfde manier heeft hij ook de andere inscripties, die De Bruijn afgeschreven had, gecorrigeerd, met name afbeelding 133 (DPa en XPe) waar De Bruijn twee verschillende inscripties had gecombineerd en deels in omgekeerde volgorde getekend. Het op de juiste wijze redigeren van deze afschriften is een prestatie van formaat die Grotefends vaak geprezen briljante ontijfering van het Oud-Perzische spijkerschrift zeker evenaart.

Het moge duidelijk zijn dat vooral Niebuhrs tekeningen de mogelijkheid boden tot de ontcijfering. Die eer komt hem overigens nog een tweede maal toe: zijn afschriften van de Sassanidische Pahlevi-teksten in Naqsh-i Rustam werden door Antoine Sylvestre de Sacy in 1787 gebruikt bij diens ontcijfering van dit schrift. In zijn tijd had ook De Bruijn de wetenschappelijke wereld zeer geïnteresseerd met zijn afschriften, maar deze waren niet nauwkeurig en duidelijk genoeg om tot een ontcijfering te komen (zie Drijvers 1989: 69-76; 1991: 96-105; 1993: 94-106). Cornelis de Bruijn blijft een geïnteresseerde leek, die weliswaar zijn voorgangers overtreft maar bij gebrek aan enig houvast fouten maakt in zijn afschriften. Karsten Niebuhr is daarentegen degene die met enige ervaring en wetenschappelijke bagage de inscripties kopieert en tussen de bedrijven door knap denkwerk verricht. Het verschil in de afschriften van Cornelis de Bruijn en Karsten Niebuhr markeert de overgang naar het wetenschappelijke onderzoek.

Onnauwkeurigheid in de tekeningen

Niebuhr uit in zijn *Beschreibung von Arabien* zware kritiek op De Bruijn betreffende diens beschrijving en tekeningen van Persepolis:

> "Doch kan ik het niet goedkeuren dat de Bruijn de tékening van den heer Chardin zozeer berispt. Naar mijn oordeel, heeft hij zelf veele tékeningen op de plaats alleenlijk met potlood ontworpen, en ze eerst naderhand met inkt getékend, waardoor denklijk veele dingen onkenbaar geworden zijn. Hij zou dus beter gedaan hebben, als hij zijne aanmerkingen over Chardin en Kämpfer in het geheel niet bekend gemaakt had, want hij legt deze reizigers daarin dikwijls feiten te last, om zijne eigen gebrekkige tékeningen te verdédigen." (Niebuhr 1776: 142)

De Bruijn treffen hier drie verwijten: zijn kritiek op Kaempfer en Chardin is niet op zijn plaats, zijn tekeningen zijn gebrekkig en zijn slechts gebaseerd op ter plaatse gemaakte schetsen. Over De Bruijns kritiek op Kaempfer en Chardin zal in de volgende paragraaf worden gesproken, de twee andere verwijten zullen hieronder behandeld worden.

[12] Meyer 1893: 595: "Quum vero de Bruin. literas plerasque tam corrupte ediderit, ut recte legi vix queat eius inscriptio, nisi versionibus comparatis veram eruamus lectionem." Van de derde, Babylonische versie, van deze inscriptie zegt Grotefend dat hij dusdanig foutief is gekopiëerd dat hij er van af moest zien deze te gebruiken: "Tertiam enim scripturam iam eo libetius omitto, quo magis corrupta est..."

Tot twee maal toe beweert Cornelis de Bruijn dat zijn tekeningen al ter plaatse met waterverf heeft ingekleurd, onder andere in zijn *Aenmerkingen over de printverbeeldingen* (1714) dat hij schreef naar aanleiding van kritiek op zijn eigen werk uit wetenschappelijke kring.[13] Blijkbaar vond hij het nodig nog eens te benadrukken hoe hij in Persepolis te werk was gegaan:

> "Uit al het bovengemelde zal ieder een ligt kunnen bevatten, hoe ik eenen gants anderen weg hebbe ingeslagen als veele Reizigers, en den tyd van zeven Jaren alleenlyk besteed, niet om voordeel in vreemde landen op te zoeken, of my in dienst van anderen te begeven, maer enkel uit aengeborene zugt en genegenheid een werk te voltrekken dat nooit door een ander zodanig is uitgegeven. Ten dien einde zyn alle de originelen door myn eigen hand na 't leven, en 't meeste gedeelte in Water-verw, op 't papier gebragt, en dat in zoo goeden order geschikt en opgemaekt, dat dezelve by de Beschryving, even als de Printen, gevoegd kunnen worden." (1714: 49)

Ook tegenover Z.C. von Uffenbach, die De Bruijn in Amsterdam bezocht, benadrukt de reiziger dat hij alles tot in detail ter plaatse uitwerkte:

> "Er [De Bruijn] hat sie nicht allein mit Indianischer Dinte, sondern auch meistentheils mit allerhand Wasserfarben nach dem Leben verfertiget, und zwar nicht als blose Entwürfe, sondern er hat sie jedesmal in loco, wie er versicherte, ausgearbeitet und ausgeführt, mit dem Vorgrund und ganzer Ausstaffierung." (Uffenbach 1753: dl.3, 676)

Uit Uffenbachs bericht blijkt niet dat deze de kleurtekeningen van Persepolis ook zelf heeft gezien en van die tekeningen is verder ook niets bekend. Wel zijn er enige waterverfschetsen bewaard gebleven van andere plaatsen.[14] Heeft De Bruijn zijn tekeningen nu wel of niet ter plaatse vervaardigd? Benadrukt hij dit gegeven wellicht zo sterk om zijn tekeningen boven elke twijfel te verheffen? Er zijn twee redenen om aan te nemen dat De Bruijn daadwerkelijk al ter plaatse waterverfschetsen maakte. De eerste is de kwaliteit van de tekeningen. Hoewel deze, zoals ik hieronder zal bespreken, niet altijd tot in de details juist waren, vormen ze een enorme verbetering ten opzichte van De Bruijns voorgangers. Cornelis de Bruijn is een nauwkeurig observator wiens werk buitengewoon levensecht is. Met andere woorden, De Bruijns tekeningen zijn dusdanig realistisch vergeleken bij die van reizigers als Chardin en Kaempfer, van wie we weten dat hun schetsen eerst thuis uitgewerkt werden (De Jong 1989: 44-51), dat ze haast wel ter plekke gemaakt moeten zijn. Een tweede gegeven is de duur van De Bruijns verblijf in Persepolis. Engelbert Kaempfer verbleef slechts drie dagen in Persepolis. In die tijd wist hij een redelijk aantal, hoewel zeer onnauwkeurige, schetsen te maken (Sancisi-Weerdenburg 1989: 27-28). Een kunstschilder als Cornelis de Bruijn had aan twee of drie weken zeker genoeg gehad om een aantal grove schetsen te kunnen maken. Zoals uit zijn verslag blijkt, bleef hij echter drie maanden, een periode die wel erg ruim is voor het maken van onuitgewerkte schetsen. Niebuhrs verwijt kan dan ook nauwelijks terecht zijn. De Bruijn heeft zeer waarschijnlijk wèl een aantal volledig uitgewerkte en ingekleurde tekeningen ter plaatse vervaardigd.

---

[13] Zie over deze kwestie Drijvers 1989. De andere plaats waar De Bruijn het over zijn waterverfschetsen heeft is 1711: 223-224.

[14] Zie ill. 19, een aquarel van de Perzische havenstad Bandar Abbas (Gamron). Zie ook De Jong 1989: 47.

46. Koninklijke held met leeuw (1711: Pl. 146).

47. Koninklijke held met leeuw (Niebuhr 1776: Taf. XXV-D).

Niebuhr verwijt De Bruijn bovendien gebrekkige tekeningen te hebben gemaakt. Daarbij kunnen de volgende twee overwegingen een rol hebben gespeeld. Enerzijds was Niebuhr oprecht de mening toegedaan dat De Bruijns tekeningen niet altijd even wetenschappelijk waren, omdat ze het op details lieten afweten. Anderzijds was hij nijdig vanwege de Bruijns felle, door hem onterecht geachte, kritiek op diens voorgangers. Door eenzelfde beschuldiging aan De Bruijns adres te maken, wilde hij deze terechtwijzen en daarbij zichzelf tegelijkertijd tegen hem afzetten. Zo kon hij zijn eigen werk een veel hogere status geven, hetgeen voor hem als geleerde van groot belang moet zijn geweest.

De Bruijn heeft inderdaad een aantal fouten gemaakt in zijn tekeningen, deels van dezelfde aard als die in de afschriften van de inscripties. Niebuhr wist meer van wat hij zag en besefte bovendien, meer dan De Bruijn, dat een detaillistische nauwkeurigheid van het grootste belang was om de geleerden in Europa van betrouwbaar materiaal te voorzien. Zijn ervaring met het kopiëren van hiërogliefen zal hem hier opnieuw geholpen hebben.

Een voorbeeld van de fouten die De Bruijn maakt, is zijn afbeelding (Pl. 152) van een van de zogenaamde 'audiëntiereliëfs' in een van de portalen in Persepolis. Voorgesteld wordt een zetelende koning, met voor en achter hem een aantal figuren die bij de audiëntie betrokken zijn. Onder deze scène wordt de koninklijke lijfwacht afgebeeld, de eerste rij alleen Perzen, daaronder afwisselend Meden en Perzen. De Bruijn maakt hier de volgende

48. Troondragers (1711: Pl. 153).

49. Troondragers (Niebuhr 1776: Taf. XXX).

fouten: de tweede man achter de troon heeft bij hem geen boog, op de tweede rij van de lijfwacht wordt een boog teveel meegedragen en wat wel het belangrijkste is, hij maakt geen onderscheid in Meden en Perzen wat kleding betreft. Bovendien beeldt hij de derde rij (van boven) lijfwachten af als een open strook en de vierde rij uiterst vaag. Toch waren er meerdere reliëfs met deze voorstelling, waarvan een aantal in perfecte staat. De Bruijn had zeker een volledige afbeelding kunnen maken, mits hij dat ook gewild had. Niebuhrs tekening (Taf. XXIX) is daarentegen uiterst nauwkeurig, is recht van voren getekend en vertoont alle details. Wel zijn de figuurtjes die hij tekent behoorlijk onbeholpen, de Persepolitaanse stijl valt er nauwelijks in te herkennen. Ook afbeelding 153 bij De Bruijn vertoont afwijkingen (ill. 48). Het gaat hier opnieuw om een reliëf van een zetelende koning die als het ware gedragen wordt door een aantal representanten van de rijksvolken die allen onderscheiden kleding dragen. Op de reliëfs met deze afbeelding zijn steeds veertien 'troondragers' weergegeven in één rij van vier en twee van vijf figuren. Wat De Bruijn doet, is een schaduw, die over het reliëf valt, in zijn tekening opnemen, waardoor een aantal details verdwijnt. Van een onderscheid tussen de verschillende soorten kleding is geen sprake en bovendien tekent de Bruijn in de tweede rij maar vier van de vijf figuren. Opnieuw is Niebuhr (Taf. XXX; ill. 49) nauwkeuriger, zijn tekening is duidelijk en geeft alle figuren in onderscheiden kleding weer. Bovendien vermeldt hij de onderscheiden kleding in zijn beschrijving.[15]

Karsten Niebuhr was een bijzonder nauwlettend waarnemer met een oog voor details. Zulks blijkt althans wel uit de volgende passage, die betrekking heeft op een van de reliëfs uit het paleis van Darius:

> "Doch in plaats dat de laatsten verhéven streepen op hunne hooge mutzen, en groote ringen om den hals hebben, welk alles in den steen uitgehouwen is, zo is de muts hier nog een ruwe steen met veele gaten, waaruit men schier zou besluiten, dat zij met kostbaar metaal is bedekt geweest. Op de schouder, vóór de borst en aan de handen zijn ook gaten in den steen, waarin misschien ringen vastgemaakt waren." (Niebuhr 1776: 130)

Niebuhr vestigt hier voor het eerst de aandacht op het feit dat sommige hoofddeksels op de reliëfs niet volledig in de steen zijn uitgewerkt. Zijn conclusie dat bepaalde gaten gediend hebben voor metaalapplicaties is onder hedendaagse deskundigen inmiddels een algemeen aanvaard gegeven (bijv. Porada 1979: 42). Daarmee staat Niebuhr opnieuw aan de wieg van de Iranologie, zoals hij dat eerder deed door het vervaardigen van zijn uiterst nauwkeurige afschriften.

Vanwege de fouten in zijn tekeningen moeten De Bruijn nu echter geen zware verwijten worden gemaakt. Niebuhr heeft slechts ten dele gelijk wanneer hij De Bruijns tekeningen

[15] Niebuhr 1776: 140. Hij merkt onder andere de Nubiërs op, die hij "Kaffers uit Afrika" noemt. Ook de graven bij Persepolis hebben reliëfs waarop "troondragers" voorkomen. De Bruijns afbeelding (Pl. 158) van een van de graven kent wederom geen of nauwelijks onderscheid tussen de kleding van de verschillende personen. Zelfs beweert hij dat de figuren allemaal hetzelfde dragen: "Hun kleding is de dragt der oude Persianen" (1711: 232), hetgeen dus onwaar is. Onder de kleinere onnauwkeurigheden bij De Bruijn zijn onder andere te noemen de stieren, met name die bij de toegangspoort (Pl. 123; Niebuhr 1776: Taf. XX), die steeds zonder geslachtsdelen worden getekend, wat bij Niebuhr niet het geval is. De volkeren-delegaties op de Apadana-trap zijn bij de Bruijn (Pl. 126) opnieuw zeer levensecht getekend, maar bij Niebuhr (Taf. XXII) zijn de geschenken en de onderscheiden kleding, die de verschillende delegaties dragen, veel duidelijker te zien.

gebrekkig noemt. Waarschijnlijk wilde hij met zijn kritiek op De Bruijn zijn eigen werk in een gunstig daglicht stellen. Bovendien zijn de tekeningen die hij zelf maakte lang niet altijd een vooruitgang ten opzichte van zijn voorganger. Dit blijkt met name uit zijn overzicht van de ruïnes vanuit het Oosten (Taf. XIX), die overeenkomt met "het derde gezigt op Persepolis" van Cornelis de Bruijn (Pl. 119; ill. 40). Niebuhr tekent hier ruïnes die er zeer rechtlijnig uitzien en niet bezaaid zijn met brokstukken, afgebroken zuilen en dergelijke. Het is haast alsof Persepolis is opgebouwd met elementen uit een blokkendoos. Daarentegen zijn deze en andere tekeningen van De Bruijn natuurgetrouwe weergaven van de staat waarin de ruïnes van Persepolis verkeerden en verkeren. Steeds wordt nauwkeurig aangegeven waar stenen afgebroken zijn, waar zuilen omgevallen zijn en waar brokstukken liggen. Bovendien plaatst De Bruijn de verschillende reliëfs steeds veel beter in hun context. De fabelwezens bij de toegangspoort lijken in zijn tekening (Pl. 122-123) geen ondiep reliëf op een muur te zijn, zoals bij zijn collega (Taf. XX). De genoemde audiëntie- en troondragersreliëfs mogen dan niet erg nauwkeurig qua inhoud zijn, ze zijn wel levensecht en zijn in hun omgeving afgebeeld. Daardoor kan de lezer een indruk krijgen van zowel plaatsing als grootte van de reliëfs in verhouding tot de rest van de ruïnes.

Zoals eerder is opgemerkt geeft De Bruijn de Persepolitaanse stijl uitstekend weer; hij maakt er zelfs technische opmerkingen over, zoals over de anatomie en het gebrek aan beweging (1711: 223). Niebuhrs afbeeldingen hebben geen enkele gelijkenis met deze stijl en vertonen vaak vreemde vertekeningen. Dat Niebuhr geen kunstschilder was, is bijvoorbeeld te zien bij zijn tekening (Taf. XXVd) van een reliëf waarop een man in gevecht is met een leeuw. De leeuw — bij De Bruijn (Pl. 146; ill. 46) goed te herkennen — heeft hier meer iets weg van een hond (ill. 47). Bij sommige afbeeldingen lijkt bovendien Niebuhrs mathematische achtergrond een rol te hebben gespeeld. Karsten Niebuhr werd aanvankelijk in Hamburg als landmeter opgeleid. In 1757 studeerde hij een jaar lang mathematiek aan de universiteit van Göttingen, waar Johann Tobias Mayer hem de beginselen van de kartografie bijbracht. Via deze Mayer kwam hij in contact met de oriëntalist Johann David Michaelis, de man achter de latere wetenschappelijke expeditie naar de Oriënt waar Niebuhr aan zou deelnemen (zie Arndt 1984: 203-207).

Niebuhrs achtergrond blijkt duidelijk uit zijn zeer zorgvuldige landkaarten; zijn plattegrond van Persepolis (Taf. XVIII) is van grote waarde. Als volleerd wiskundige was Niebuhr in staat aan de hand van de schaduwlengte de hoogte van de zuilen in de Apadana te meten (Niebuhr 1776: 128). Anderzijds vormde deze mathematische achtergrond wellicht de oorzaak van zijn overmatig rechtlijnige weergave van de ruïnes. Bij zijn afbeelding van het paleis van Darius zondigt Niebuhr bovendien tegen het reële perspectief (Taf. XXVI; afb. 51). Hij lijkt hier bewust af te wijken van het normale perspectief, de centrale projectie, waarmee werkelijke voorwerpen normaliter worden afgebeeld. In plaats daarvan kiest hij voor een wiskundige projectie, die de verhoudingen weliswaar intact laat, maar zeer vertekenend werkt. In Niebuhrs weergave staan alle portalen en vensters van dit gebouw keurig op hun plaats, maar door de vreemde hoek die ze ten opzichte van elkaar maken kan iemand die het gebouw niet kent zich er absoluut geen voorstelling van maken. De Bruijns realistische afbeelding is dan ook veel begrijpelijker (Pl. 128).

50. Paleis van Darius (1711: Pl. 128).

51. Paleis van Darius (Niebuhr 1776; Taf. XXVI).

De tekeningen die De Bruijn en Niebuhr van Persepolis maakten markeren opnieuw het verschil tussen beide reizigers. De Bruijns tekeningen zijn realistisch, geven stijl en verhoudingen zeer juist weer en zijn bovendien ook in kunstzinnig opzicht fraai. De schilderachtigheid van de tekeningen werkt echter niet in het voordeel van het wetenschappelijk gehalte: De Bruijn is er niet op uit alle details uitputtend weer te geven en laat zelfs schaduwen over reliëfs vallen. Hier en daar ziet hij elementen over het hoofd. De Bruijns tekeningen waren ongetwijfeld bijzonder geschikt om de geïnteresseerde leek een realistisch beeld te geven van Persepolis en de staat waarin de ruïnes verkeerden. Daar staat tegenover dat geleerden die precieze informatie verlangden beter hun heil konden zoeken in Niebuhrs detaillistische tekeningen, hoewel die het op gebied van stijl, verhoudingen, context en levensechte weergave laten afweten. Het verschil lag dus in feite bij de gebruikers.

De Bruijns kritiek op Chardin en Kaempfer

Waar Niebuhr zich klaarblijkelijk het meest aan heeft gestoord is De Bruijns voortdurende kritiek op diens voorgangers:

> "Hij zou dus beter gedaan hebben, als hij zijne aanmerkingen over Chardin en Kämpfer in het geheel niet bekend gemaakt had, want hij legt deze reizigers daarin dikwijls feiten te last, om zijne eigen gebrekkige tékeningen te verdédigen." (Niebuhr 1776: 142)

Het procédé waar Niebuhr hier op doelt, de ander beschuldigen om de onvolkomenheid van het eigen werk te verdoezelen, moet populair zijn geweest in zijn dagen (zie Versteeg in deze bundel, pp. 78-80). Niebuhr maakt er immers zelf maar al te gretig gebruik van. Hoewel zijn werk in een aantal opzichten beter is dan dat van zijn voorganger, is zijn verontwaardiging lang niet zo oprecht als hij doet voorkomen. Door De Bruijn ervan te beschuldigen de tekeningen niet ter plaatse gemaakt te hebben en te stellen dat ze bovendien gebrekkig zijn, verhult hij de gebreken van zijn eigen tekeningen. Het gaat in onze ogen dan ook wel erg ver dat Niebuhr, die zelf voortdurend De Bruijn en anderen hun fouten onder de neus wrijft, ook nog De Bruijn beschuldigt van te zware kritiek op Chardin. Toch is Niebuhrs standpunt ook in deze wel enigszins begrijpelijk.

Wanneer Niebuhr het heeft over De Bruijns "aanmerkingen over Chardin en Kämpfer", doelt hij op diens boekje *Aenmerkingen over de printverbeeldingen* (zie Hannema in deze bundel, pp. 30-32), waarin onder andere alle fouten in de tekeningen van Chardin en Kaempfer opgesomd worden. De Bruijns kritiek is hier en daar inderdaad wel wat overdadig, soms met een ironische ondertoon. De mening dat zijn eigen werk superieur is aan dat van zijn voorgangers wordt niet bepaald onder stoelen of banken geschoven. Zo geeft De Bruijn aan dat zijn afschriften veel nauwkeuriger zijn dan die van Kaempfer:

> "Het blad met Caracters pag. 333. kan ik met de myne op N°. 126. die dezelfde zyn, niet overeen brengen, doordien alles onder den anderen, wild, verschillende en heel tegenstrydig is. Ook worden eenige vertoond die daer niet en zyn: Daerby de 24 linien alle in haer geheel, 't geene van elke linie door my contrarie getoond word, en dat de Caracters in de drie bovenste weg zyn, de overige heb ik tot een stipjen toe aengeteekend." (1714: 37-38)

Inderdaad is de tekening van Kaempfer erg onnauwkeurig, maar dat De Bruijn er zijn eigen afschrift niet in herkent is niet verbazend, het gaat namelijk om een andere inscriptie (zie Drijvers 1993: 97-100). Bovendien is het afschrift van De Bruijn (Pl. 126), waarin de tekens "tot een stipjen toe" zijn weergegeven, een van de meest slecht gekopieerde inscripties, zoals hierboven al bleek. Dit is de tekst waarvan De Bruijn vier volledige regels verzuimde af te schrijven en waarin talloze fouten zitten. Niebuhr, met zijn zorgvuldig afschrift, kon dus met recht stellen dat De Bruijn hier te zware kritiek had geuit.

Een ironische ondertoon is onder andere voelbaar in twee volgende passages uit de *Aenmerkingen*:

> "Het laetste Beeld by den heer Chardin draegt hier weder Menschenbeenderen, 't welk my vreemt voorkomt, een zaek te vertoonen en uit te leggen, waer van geen kenteeken te vinden ofte ooit geweest is." (1714: 13)
>
> "De 58ste Prent van den Heer Chardin, naer ik het bemerkte, zal 't geene willen zyn, daer van ik in de beschryving der zes Beelden van het eerste vak in de onderste rye, die de trappen opgaen, gesprooken hebbe. Dog waer zyn Ed. die menigte van negen-en twintig Beelden van daen gehaeld hebbe, zullen wy daer laten, en tot de andere rye overgaen, op N°. 59. aangewezen." (1714: 18)

Of deze toonzetting nu wel of niet acceptabel is in een serieus bedoeld commentaar, het is in ieder geval duidelijk waarom Niebuhr zich ergerde aan De Bruijns aanmerkingen. Het is voorstelbaar dat deze ergernis alleen maar groter werd door De Bruijns lof op zichzelf.[16] De Bruijns trots is zeker niet onterecht als men zijn werk vergelijkt met dat van Chardin of Kaempfer. In Niebuhrs ogen kon deze trots echter geen goedkeuring vinden daar hij gebreken had ontdekt in De Bruijns werk en diens kritiek onterecht of te zwaar achtte.

De eerder besproken beschuldiging dat De Bruijn zijn tekeningen niet ter plaatse zou hebben gemaakt, kan Niebuhr hebben geuit om het eigen werk gunstig te belichten. Ook kan hier sprake zijn van verontwaardiging om De Bruijns beschuldigingen aan het adres van zijn voorgangers. In de *Aenmerkingen op de printverbeeldingen* levert deze namelijk nogal wat kritiek op het feit dat zij hun schetsen pas thuis uitwerkten of lieten uitwerken:

> "...Dewyl ik nu dit myn oogmerk tot noch toe niet hebbe bereikt, en anderen zulks hebben ondernoomen, vinde ik my genoodzaekt hunne dwaeling alhier aen te wyzen, en 't geene in de Voorreden van myn Werk gezeid is goed te maeken: naemelyk hoe eenige het wit dat zy beoogden, hebben mis geschooten, veele dwaelingen en verkeerde verbeeldingen opgesteld, zoo uit manquement van kennisse der Oudheden of Teekenkonst, ook door kortheid des tyds, die zy daer toe besteedden, alles overgeloopen: Waerdoor dan de Aenteekeningen als een raadzel by een gebragt, en naderhand de Teekeningen eerst werden geformeerd, die onmogelyk met de waerheid kunnen overeen komen. Zoo nu iemand voor loon tot zulks te doen word gebruikt, gelyk de Heer Chardin bekend gedaen te hebben, alzoo hy zelf geen Teekenkonst verstond, niet alleen in zyne schriften, maer zelf monde-

[16] Bijvoorbeeld 1714: 50: "...Ten dien einde heb ik aldaer omtrent drie maenden doorgebragt, met dat inzigt, om alle berispingen te ontgaen, en by myn Landsgenoten den lof te verdienen, van de eerste geweest te zyn, die de Overblyfzelen van zoo een befaemd en over de 2000 Jaren oud werk aen de Wereld naer waerheid heeft bekend gemaekt, zoo wel in desselfs regte geschapenheid na de konst, zoo ik meene, beschreven, als in Printen met alle mogelyke naeukeurigheid na 't leven verbeeld: Waer door ik ordeele boven anderen geloof by regtschapen Liefhebbers verdiend te hebben."

ling aen myn eigen Perzoon. Zoodanige loontrekkers nu zyn door zulke liefde tot waerheid niet aengeprikkeld, die daer toe word vereischt; gelyk in het werk van dien Heer genoegzaem blykt." (1714: 5-6)

De Bruijn doet er zelfs nog een schepje bovenop. Zelfs de oorspronkelijke schetsen van Chardin zelf deugden van geen kanten:

"...Deze verbeelding gelykt beter naer een spel, dan een schets van dat befaemde fraeye werk, vermids'er geen trek naer waerheid aen te vinden is, gelyk in myn verbeelding N°. 126 kan worden gezien. Het is mede qualyk te begrypen, hoe de fauten aen den Plaetsnyder alleen konnen worden toegeschreven, alzoo zij haer moeten reguleren naer de schetzen, of vertellingen die zy daer van ontvangen..." (1714: 40)

Niebuhr vond De Bruijns kritiek te zwaar en hij heeft zich wellicht geërgerd aan De Bruijns toon. Hier wordt de klacht van de Nederlander opeens gefundeerder. Het is De Bruijns grote trots dat hij, in tegenstelling tot zijn voorgangers, ter plaatse volledige tekeningen maakte. Het zwaarste verwijt dat Niebuhr zijn voorganger dus kon maken was hem van het tegendeel beschuldigen: "De Bruijn heeft zijn tekeningen thuis gemaakt, laat hem zwijgen over Chardin en Kaempfer."

Concluderend kunnen we stellen dat De Bruijn en Niebuhr op het punt van kritiek op voorgangers een zekere overeenkomst vertonen. Beiden zijn er enerzijds van overtuigd dat hun werk een verbetering is ten opzichte van dat van voorgangers. Anderzijds gebruiken ze het wapen van de kritiek om zich af te zetten en de betrouwbaarheid van eigen werk groter te doen schijnen. In het agonistische klimaat dat in hun dagen in de wetenschappelijke wereld heerste, zijn beide reizigers echter bepaald geen uitzondering geweest met hun aanvallende houding. Noch Karsten Niebuhr noch Cornelis de Bruijn komt dus 'slechter' uit deze studie te voorschijn, wel zijn beiden 'gewoner' geworden.[17]

Besluit

Ook een korte vergelijking als deze, waarbij voorbij werd gegaan aan inhoudelijke aspecten, werpt een interessant licht op het werk van Cornelis de Bruijn. Hoewel deze meer dan enige van zijn voorgangers, de nauwkeurigheid nastreefde en de eerste aanzetten tot wetenschappelijk onderzoek gaf, kon zijn werk, met name waar het afschriften van spijkerschriftteksten betrof, niet altijd voldoen aan de eisen van de wetenschap. Pas met Niebuhr begint het echte wetenschappelijke onderzoek. Niet alleen biedt zijn werk wèl de vereiste nauwkeurigheid, ook zijn observaties die steunen op opgedane ervaring en kennis, getuigen van een wetenschappelijke instelling.

Natuurlijk mogen we de halve eeuw die beide reizigers van elkaar scheidt niet uit het oog verliezen. Inmiddels had de wetenschap een aantal vorderingen gemaakt en was de kennis van en belangstelling voor Perzië enorm toegenomen, niet in het minst door het werk van De Bruijn zelf. Toen Cornelis de Bruijn aan zijn reis begon had hij zich niet

[17] Overigens zijn de *Aenmerkingen*, een verweerschrift, bepaald venijniger van toon dan De Bruijns reisverslagen.

diepgaand kunnen inlezen; zijn werk steunt dan ook voornamelijk op eigen ervaringen en observaties. Daarentegen had Niebuhr zich terdege kunnen voorbereiden. Een van de grootste voordelen die hij daarbij gehad moet hebben is het feit dat hij in tegenstelling tot zijn voorganger wèl beschikte over een 'De Bruijn.'

Inmiddels zijn de verslagen, tekeningen en afschriften van De Bruijn en van Niebuhr door moderne expedities en opgravingen achterhaald. Wat blijft is alleen hun eigenheid. Waarschijnlijk is dat ook de reden dat Cornelis de Bruijn ons ook na bijna drie eeuwen nog steeds dierbaar is. Zijn verslag heeft nog niets aan zijn onderhoudende onbevangenheid ingeboet en zijn schilderachtige tekeningen komen ons nog steeds even fraai voor. De Bruijn is een sprekend persoon gebleven, Niebuhr is dat al lang niet meer.

"LE BRUN, BON DESSINATEUR". DE COMTE DE CAYLUS OVER CORNELIS DE BRUIJN

HELEEN SANCISI-WEERDENBURG

Kort na verschijnen van De Bruijns tweede boek met zijn uitgebreide verslag van wat er van de ruïnes van Persepolis in de vlakte van Murghab was te zien, kwam er al kritiek op het relaas. Gisbert Cupers commentaar was voor De Bruijn aanleiding om het kleine boekje met *Aenmerkingen* te laten drukken (zie Drijvers 1989; 1991). De Bruijn verweerde zich in tamelijk heftige bewoordingen. Later in de achttiende eeuw nam Niebuhr zijn Hollandse voorganger op de korrel, soms terecht maar even vaak ten onrechte (zie artikel Henkelman in deze bundel). Toch was er in de achttiende eeuw ook waardering voor het werk van De Bruijn, alias Corneille Lebrun, de naam waaronder de Franse vertaling van zijn werk is verschenen. Een opmerkelijk voorbeeld van die waardering is een betoog van de Comte de Caylus, zelf verdienstelijk graveur (die had leren tekenen bij Watteau en leren graveren bij Mariette[1]), en archeoloog of, correcter gezegd, een antiquariër. Antiquariër is een benaming voor een onderzoeker die zich, vaak buiten de academische wereld, bezighoudt met de materiële cultuur van oude tijden. Het is gangbaar om in deze geleerden nu de voorlopers van de wetenschappelijke archeologie te zien (Momigliano 1979).

Anne-Claude-Philippe de Tubières, de Grimoard, de Pestels, de Levis, comte de Caylus, marquis d'Esternay, baron de Bransac, de Landocre, de Rivesac, de Montlaur etc. (1692-1765) stamde uit een oud adellijk geslacht. Zijn moeder is een nicht van Madame de Maintenon. Al op 11-jarige leeftijd gaat hij, in 1704, in krijgsdienst. Zijn legercarrière verloopt voorspoedig, maar in 1713 geeft hij er de voorkeur aan te gaan reizen, allereerst naar Italië, waar hij onder de indruk raakt van de materiële overblijfselen van de Oudheid. In 1715 maakt hij een reis naar Turkije en bezoekt daar o.a. Smyrna (Izmir), Ephese, de vlakte van Troje en Istanbul. Zijn laatste reis gaat naar Engeland en Nederland (Zadoks-Josephus Jitta 1949). Daarna zal hij Frankrijk niet meer verlaten. Hij wijdt zich voortaan aan de bestudering van de kunst in het algemeen en die van de Oudheid in het bijzonder. In 1731 wordt hij lid van de *Académie Royale de Peinture et de Sculpture*, in 1742 wordt hij tot lid verkozen van de *Académie des Inscriptions*. Voor dit illustere gezelschap houdt hij meer dan dertig voordrachten die meestal gaan over wat wij nu archeologische thema's zouden noemen. Zijn enthousiasme voor het geleerde gezelschap is zo groot dat hij zich, zwaar ziek, nog tien dagen voor zijn dood, naar een bijeenkomst van de *Académie* laat dragen. De meeste bekendheid verkreeg Caylus door zijn collectie antiquiteiten. Hij was bij het verzamelen minder geïnteresseerd in de spectaculaire grote werken uit de Oudheid, die

[1] Over Caylus en Pierre-Jean Mariette (zelf ook verzamelaar) zie Taylor 1948: 390ff.

vaak door 'restaurateurs' onherkenbaar gefatsoeneerd waren, dan in de kleine stukken, waaruit zoveel beter de geest van de antieke kunst sprak. Hij legt in zijn uitgebreide correspondentie er steeds de nadruk op dat de verzameling een studie-collectie is, waaruit men zeden en gewoonten enerzijds, werkwijzen en technieken anderzijds kan leren kennen (Zadoks-Josephus Jitta 1948: 293). Voor het verkrijgen van nieuwe aanwinsten houdt hij er een uitgebreid netwerk correspondenten in verschillende steden in Italië, in Frankrijk, in Griekenland en in het Nabije Oosten op na. Als zijn huis te vol wordt, brengt hij gedeelten van de collectie over naar het kabinet van de koning. De verzameling van Caylus vormt nog steeds de kern van de verzameling antieken van de Bibliothèque Nationale. Caylus heeft zelf zijn verzameling beschreven in zijn zevendelig *Recueil d'Antiquités égyptiennes, étrusques, grecques et romaines* dat vanaf 1753 verscheen. Het laatste deel komt uit in 1767, twee jaar na zijn dood. Zijn engagement met de kunst en met de kunst van de Oudheid in het bijzonder levert ook enkele memorabele vetes op, met Cochin en met Denis Diderot.[2] Diderot's reactie op de dood van Caylus "La mort nous a délivré du plus cruel des amateurs" is in iedere levensbeschrijving van deze archeoloog avant la lettre terug te vinden. In retrospect is het juister hem te karakteriseren als een man met een "ardeur à tout voir, tout avoir et tout connaître", die er bovendien van overtuigd was dat zijn kennis en zijn collectie aan iedereen ten goede moest komen (Tourneux 1885-1902: 994). Als wegbereider voor de archeologie wordt Caylus vaak als mindere gezien van J.J. Winckelmann. Er kan getwist worden wie van de twee de belangrijkste 'protoarcheoloog' is;[3] gezien het werk van Caylus is het merkwaardig dat het moderne onderzoek naar de ontwikkeling van het wetenschappelijk denken zo aan hem is voorbijgegaan.[4]

Eén van de verhandelingen die De Caylus voor de *Académie des Inscriptions* hield, ging over Persepolis. De voordracht werd gehouden op 2 mei 1758. Het verslag ervan in de *Histoire de l'Académie royale des inscriptions et belles-lettres* 29 (Paris 1764: 118-148)[5] is niet door de graaf zelf geschreven maar gesteld in de derde persoon en begint met een éloge van M. le comte de Caylus: "het ware te wensen geweest dat M. de Caylus zijn reizen tot aan Perzië had voortgezet; zijn talent om nauwkeurig te observeren en goed te beschrijven wat hij heeft gezien zou ons deze schitterende ruïnes werkelijk voor ogen hebben gebracht" (118). Nu hij zich tevreden heeft moeten stellen met de berichten van anderen is hij op nogal wat problemen gestoten: "Les relations des voyageurs, qu'il a consultés avec soin, ne lui ont fait naître que des doutes", maar, zo concludeert de schrijver: verlichte twijfel brengt dichter bij de waarheid dan een gedurfde constatering.

[2] Voor de ruzie tussen Diderot en Caylus zie Seznec 1957: 86-96.

[3] De term 'protoarcheoloog' is van Jenkins 1992: 60. Schnapp 1993: 238 kent aan Caylus een andere functie toe dan aan Winckelmann. Hij noemt Caylus "une sorte de physicien du passé" en legt de nadruk op het experimentele karakter van zijn onderzoekingen. "Caylus ne fait rien d'autre que proposer une théorie des types qui est l'ancêtre de tout raisonnement archéologique" (1993: 241).

[4] Van de Comte de Caylus bestaat geen moderne biografie. De meest recente biografie is Rocheblave 1889; zie verder Goncourt 1880; Tourneux 1885-1902; Leguay 1956; Zadoks-Josephus Jitta 1948; Godenne 1969. In de universiteitsbibliotheek te Utrecht bevinden zich twee scripties van D.J. van den Berg over Caylus (1987, 1989). Zie ook Taylor 1948: 387-400.

[5] In het vervolg van dit artikel wordt slechts naar de pagina's van deze voordracht verwezen en niet meer naar het jaartal.

In de inleiding worden ook de auteurs genoemd wiens werk Caylus heeft bestudeerd: Figueroa, Della Valle, Thévenot, Chardin, Gemelli, Kaempfer en 'Corneille le Brun'. Wat er aan andere beschrijvingen van Persepolis op dat moment voorradig was had Caylus niet verder op weg kunnen helpen.[6] De weinige platen die de werken van bijvoorbeeld Herbert, Daulier-Deslandes en Tavernier bevatten zijn niet ter plekke getekend, of later bewerkt en daardoor onbetrouwbaar. Uit het genoemde rijtje reizigers geeft Caylus de voorkeur aan Kaempfer en De Bruijn, om verschillende redenen. Corneille le Brun "étoit bon dessinateur"; zijn schrijfstijl laat echter te wensen over. Men kan in ieder geval rekenen op zijn nauwkeurigheid: hij was immers drie maanden ter plaatse geweest en had overal maten van genomen. Kaempfer daarentegen was een man van de wetenschap, een 'savant' die twee jaar in Perzië had verbleven. Van betrouwbaarheid van diens beschrijvingen getuigt — zo meent de graaf — de overeenkomst met het bericht van De Bruijn.[7] En tenslotte is er nog een argument waarom Caylus Kaempfer betrouwbaar acht: de nauwe verwantschap tussen de Perzische monumenten en de Egyptische is voelbaar ('sensible') in het verslag van Kaempfer, hoewel deze zelf geen idee had van de relaties die mogelijk beide volkeren kunnen verbinden (119). Het is opmerkelijk dat Caylus zich kennelijk niet realiseert dat De Bruijn Egypte wel heeft bezocht, ook al heeft hij daar niet bovenmatig veel aandacht besteed aan de Oudheden. Ook zonder dat kan hij met het verslag van de Hollander uit de voeten. In de rest van zijn betoog neemt hij hem als bron voor de gegevens die hij voor zijn these nodig heeft en ook op de twee bijbehorende gravures zijn de kleine tekeningen duidelijk te herkennen als nagetekend naar De Bruijn.

In dit betoog ontvouwt Caylus een opmerkelijke theorie: er is grote verwantschap tussen wat er nog te zien is van Persepolis en de Egyptische cultuur.[8] Hoe de relatie precies ligt, maakt hij niet duidelijk, maar hij neemt kennelijk aan dat Perzië voornamelijk de recipient was. Die elementen van culturele gelijkvormigheid worden vervlochten in een nog merkwaardiger discussie over de ouderdom van Persepolis. Persepolis kan in ieder geval niet ten tijde van Cyrus en zijn opvolgers zijn gesticht, het dateert ook niet uit de Seleucidische of de Arsacidische periode. Een Sasanidische datering is helemaal buiten discussie. Dan blijft alleen over dat het veel ouder is: "A quels monarques, à quel siècle faut-il donc rapporter cette superbe entreprise?" Dat weet ook M. le comte de Caylus niet en hij stelt zich ermee tevreden de redenen van zijn twijfel te hebben uiteengezet en laat aan anderen de eer een zo lastig probleem op te lossen, zo besluit het bericht (148).

Het probleem is inderdaad door anderen opgelost. De twijfels van Caylus bleken een halve eeuw later door de ontcijfering van het spijkerschrift ongegrond te zijn: lezing van de in de achttiende eeuw nog zo enigmatische teksten maakte ondubbelzinnig duidelijk dat de paleizen van Persepolis gebouwd moesten zijn onder Darius (522-486) en Xerxes (486-465) en hun opvolgers. Wat Caylus overigens wel terecht signaleert is de gelijkenis tussen

[6] Voor de zeventiende en vroeg-achttiende eeuwse reizigers die Persepolis aandeden, zie Sancisi-Weerdenburg 1989; 1991a: 5-25.

[7] Voor Kaempfer en Persepolis, zie Wiesehöfer 1991; Drijvers 1993. Zie ook Sancisi-Weerdenburg 1991a: 17-18.

[8] Die verwantschap wordt overigens ook door Niebuhr 1778: 122 gesignaleerd. Hij meent dat de "persepolitanische Tempeln" wellicht dezelfde ouderdom hebben als de Egyptische tempels.

52. Tekeningen van Caylus naar De Bruijn (Hist. de l'Acad. des Belles Lettres, t. XXX, p. 148, Planche I).

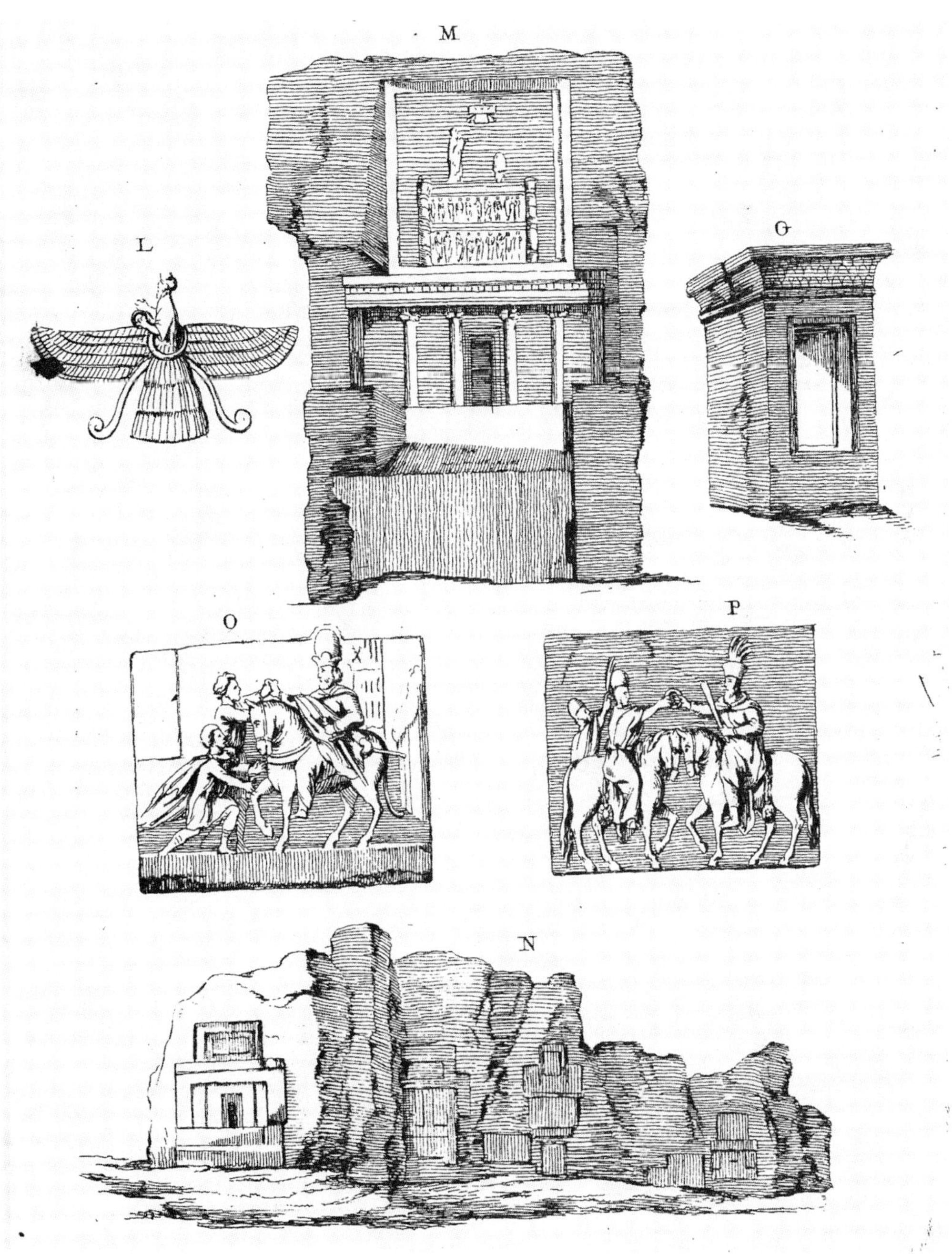

53. Tekeningen van Caylus naar De Bruijn (Hist. de l'Acad. des Belles Lettres, t. XXX, p. 148, Planche II).

een aantal Egyptische en Perzische iconogafische elementen. Hij is niet de enige die dit verband legt, maar zijn argumenten zijn beter onderbouwd dan die van, bij voorbeeld, Niebuhr. In 1979 zou Root in haar monumentale boek *King and Kingship in Achaemenid Art* uitvoerig laten zien dat onderdelen van de Egyptische beeldtaal in het iconografische repertoire van Persepolis terecht waren gekomen (Root 1979: 77, 126-127). Overigens had Caylus niet op al zijn punten gelijk.

Caylus gebruikt als bron voornamelijk De Bruijn. Alleen als De Bruijn het laat afweten, of iets niet getekend heeft, moet Caylus zijn gegevens elders vinden. Zo haalt hij bijvoorbeeld een tekening van een graf dat De Bruijn heeft overgeslagen uit Chardin (134). Juist het door Chardin wel en door De Bruijn niet getekende graf bevat reliëfs van 'scarabeeën' (zie hieronder, pp. 167-168) en dat beeld ondersteunt natuurlijk Caylus' these volledig. Maar voor het overige is de Hollandse reiziger Caylus' trouwe gids, zozeer zelfs dat het verslag (van de Académie-scribent) van het verslag (van Caylus) van het verslag van De Bruijn af en toe de indruk geeft dat het door een ooggetuige wordt geleverd.[9]

De redenering die Caylus in zijn verhandeling geeft is, gemeten aan de huidige wetenschappelijke maatstaven, volledig achterhaald. De ontcijfering van het spijkerschrift heeft een oplossing gebracht voor de chronologische problemen waaraan veel achttiende-eeuwse geleerden hun beste krachten spendeerden.[10] Waar het hier vooral om gaat is hoe de rapportage van De Bruijn werd opgenomen, zijn tekeningen en beschrijvingen werden gebruikt in een wetenschappelijke discussie. Caylus is een interessant voorbeeld omdat hij, meer dan andere geleerden en geleerde amateurs ingaat op de archeologische bijzonderheden en die in zijn interpretatie integreert.

Caylus formuleert zijn bespreking ook als een dateringsprobleem: wanneer was Persepolis gebouwd? De Bruijn had daar in zijn beschrijving kortweg op geantwoord dat de paleiscomplexen moesten stammen uit de tijd van Darius.[11] Caylus kan zich niet in die datering vinden om verschillende redenen. De voornaamste is wel dat de bestaande ruïnes niet de overblijfselen zijn van de Perzische residentie die door Alexander de Grote in 330 in brand is gestoken.[12] Uit verschillende antieke bronnen[13] blijkt dat Q. Curtius' bewering (V vii 3-7) dat Persepolis door Alexander zodanig verwoest werd dat het nooit meer werd

[9] Bijv.: "Les quatre montans qui paroissent les premiers, & qui se présentent à l'œil quand on est arrivé au haut de l'escalier principal, sont placés deux à deux, & alignés à une distance convenable & majestueuse." (128)

[10] De kern van al deze problemen was het met elkaar in overeenstemming brengen van de gegevens uit de Oudtestamentische traditie en de gegevens uit de klassieke auteurs. Chronologie werd beschouwd als een van de twee belangrijkste hulpwetenschappen van de geschiedenis. Geografie was de andere hulpwetenschap. Voor de geschiedwetenschap in de achttiende eeuw; zie Roelevink 1986.

[11] Op p. 209 meldt De Bruijn (1711) kortweg: "Het oude hof der Persische koningen, gemeenlijk genaemt Darius huis, en hier uit bij de inwoners geheten Chelmenar..." Op p. 227 is hij wat uitgebreider: volgens de 'Persianen' was de stad gesticht door Sjemschid. "Deze zou naer hun gevoelens nu 5000 jaren out geweest zijn. Buiten twijfel verstaen zij door dezen naem *Corus*, anders *Cyrus* die de eerste en voornaemste Koningh van dit Rijk geweest is...". Op pp. 228-233 geeft Praetorius een wetenschappelijke onderbouwing van dit standpunt.

[12] Verderop in zijn betoog geeft hij ook een bouwkundig argument: hoe zou men zich moeten voorstellen dat een dergelijk openliggend en goed toegankelijk complex als woonstede kon hebben gediend? (125)

[13] Caylus heeft deze bronnen waarschijnlijk niet in de oorspronkelijke taal gelezen. Hij kende geen Grieks en op vijftigjarige leeftijd zette hij zich aan het opnieuw leren van het Latijn dat hij grotendeels vergeten was (Leguay 1956: 1520).

gebruikt en bewoond, onjuist is. Curtius' zelf weerspreekt die bewering in een mededeling over een gouverneur die door Alexander in Persepolis met een garnizoen wordt achtergelaten. Diodorus bericht over een offer van Peukestes, satraap van Persepolis, gevolgd door festiviteiten die heel zeker — meent Caylus (121) — in Persepolis moeten hebben plaats gevonden. Bovendien meldt 2 *Macc.* 9 dat Antiochus Epiphanes van zins was tempel en stad te Persepolis te plunderen. Ergo: de Perzische paleizen door Alexander verwoest waren niet identiek aan Persepolis. Persepolis is wel identiek aan het Tschehelminar dat door de Europese reizigers werd beschreven (119f.). Daaruit volgt dat wat er te zien is op het terras iets anders moet zijn dan de gebouwen waar Alexander zijn destructieve plannen op richtte.

Het zijn, volgens Caylus, dus niet de woonsteden van de Perzische koningen. Maar waarvan zijn dan de monumentale zuilen en de imposante poorten de overblijfselen? In een uitvoerige uiteenzetting noteert Caylus de overeenkomsten tussen Egyptische architecturale en iconografische elementen en corresponderende onderdelen op de Persepolitaanse tekeningen van De Bruijn. De processie op de Apadana-trappen vertoont weliswaar lieden in Perzische dracht en getekend in een andere stijl, maar "la disposition de leur marche, sur la même ligne, est semblable à celle que nous voyons si fréquemment sur les monumen égyptiens" (124).[14] Onder de gebouwen liggen allerlei ondergrondse gangen: "De pareilles entreprises ne peuvent avoir eu pour principe que l'ambition de parvenir à la postérité; c'étoit aussi la passion des Égyptiens" (126).[15] De spectaculaire zuilen van Persepolis hebben ook overeenkomsten met Egyptische exemplaren, zij het dat de dier-kapitelen wel in Persepolis, maar niet in Egypte voorkomen (127). Twee van de mysterieuze dieren aan de toegangspoort, die zovele reizigers hoofdbrekens hebben bezorgd, zijn, volgens Caylus, gevleugelde beesten met mensenhoofden, dus "le sphynx des Égyptiens" (129).[16] Na een uitweiding over de vergelijkbaarheid van de Inca-bouwwerken met die van Persepolis en Egypte, komt Caylus weer op de details terug: de lijst van de meeste deur- en raamportalen die in Persepolis nog zichtbaar zijn, zijn onmiskenbaar Egyptisch (131; zie Root 1979: 126). De gevleugelde godheid die vrijwel overal boven de koning 'hangt' en volgens Caylus niet, zoals de Engelsman Hyde denkt,[17] een verwijzing naar de Zoroastrische godsdienst is, maar een figuur die zit op een scarabee met uitgespreide vleugels (133). Diezelfde 'scarabee' signaleert Caylus ook op friezen van de grafreliëfs. De Bruijn heeft niet ieder grafreliëf getekend, en Chardin moet de ontbrekende informatie leveren (134).[18]

[14] Cf. Root 1979: 240-250 met een discussie van de relevante voorbeelden.

[15] De ondergrondse gangen van Persepolis hadden niets te maken met de grafcultuur; het waren onderdelen van een afwateringssysteem.

[16] Caylus verklaart hier het verschil tussen de tekeningen van De Bruijn die fabelwezens zonder kop had getekend en Chardin die wel koppen had geschetst als te wijten aan de tijd tussen het bezoek van beiden. Chardin had ze nog wel gezien, tijdens De Bruijns verblijf waren ze er niet meer. Het verschil tussen de beide tekeningen had voor veel verwarring gezorgd; zie Drijvers 1991: 101f.

[17] Hyde 1760 (2nd ed.): 307: "D. *Thevenotus* in *Itinerario*, horum *Iconismorum* scopum haud satis percipiens, *Deitates alatas* vocat" en op Tab. VI: "Ex mausoleo Persepolitano Rex coram Igne et Sole quasi adoraturus stans, cujus Anima ceu Icuncula in nube ascensura cernitur." De eerste editie van Hyde's werk is van 1700. Hyde was de eerste die de Perzische godsdienst op wetenschappelijke wijze bestudeerde.

[18] Wat Caylus hier als 'scarabee' interpreteert is het alom tegenwoordige symbool van de gevleugelde godheid, dat door vele geleerden als een verwijzing naar de voornaamste Iraanse god Ahuramazda wordt gezien, door anderen als het teken van de *khvarnah* van de koningen; zie Lecoq 1984 voor de stand van zaken in de

Tenslotte meent Caylus dat, hoewel ornamenten en smaak van de Perzische funeraire architectuur afwijken van de Egyptische, beide stijlen niettemin geïnspireerd zijn op dezelfde 'esprit' en hetzelfde oogmerk hebben. De conclusie is onontkoombaar dat de gebouwen ooit tot stand zijn gekomen "selon les idées générales des Égyptiens" (137).

In de laatste pagina's keert Caylus terug naar het oorspronkelijke probleem van de datering. Dat probleem is lastiger omdat de aard van de gebouwen niet vast staat. Verschillende reizigers (o.a. Thévenot en Chardin) hadden opgemerkt dat er tempels op het terras stonden (zie Sancisi-Weerdenburg 1991a: 15-16). Anderen hielden het op paleizen of woongebouwen. Caylus weet het niet zeker, maar neigt naar de eerste mogelijkheid. Evenals Chardin is hij ervan overtuigd dat er op zijn minst twee eeuwen gebouwd moet zijn aan dergelijke enorme gebouwen.[19] En dat vermoeden wordt een vaststaand feit in de poging tot datering die volgt. Onder Cyrus kan er niet gebouwd zijn, want deze vorst was voortdurend aan het veroveren en uit de geschiedenis zijn ons geen gegevens bewaard dat hij liefhebber van de schone kunsten of van de architectuur was. Cambyses zou in aanmerking komen omdat hij Egypte veroverd heeft en de ruïnes tal van Egyptische kenmerken vertonen. Maar zijn regeringsperiode was te kort. Darius en Xerxes kunnen het ook niet zijn geweest want Xerxes had op instigatie van de Magi de Griekse tempels in brand gestoken omdat het gehele universum de tempel van de goden diende te zijn: "Des Princes prévus de cette opinion, n'ont certainement pas travaillé à la construction d'un temple dans leur pays" (142). Na Xerxes past het al helemaal niet, omdat 130 jaar niet voldoende zijn om een dergelijk werk te voltooien. En omdat Caylus Persepolis ook niet vindt passen bij Arsaciden, Seleuciden en Sassaniden moet het complex dus van oudere datum zijn.[20] Aan een verdere bepaling waagt hij zich niet.

Het meest opmerkelijke in het betoog van Caylus is de relatie die hij legt tussen de Egyptische kunst en wat hij op De Bruijns tekeningen gezien heeft van Persepolis. Dat dat leidt tot een datering die, zoals wij nu weten, niet klopt, doet weinig ter zake. Sommige van de détail-overeenkomsten heeft hij correct gesignaleerd. De 'scarabeeën met uitgespreide vleugels' in de decoratielijsten zijn geen scarabeeën, maar de door Caylus waargenomen overeenkomst met Egyptische motieven is door Root (1979: 246) bevestigd. De complexe figuur van de 'godheid' op een gevleugelde schijf, Ahuramazda of de *khvarnah* heeft zijn naaste analogie in het Assyrische gebied. Dat geldt ook voor de overeenkomst tussen de fabeldieren aan de Poort van Alle Landen en de Egyptische sfinxen. Niemand kon dat in de achttiende eeuw weten, want de Assyrische schatten zouden nog bijna een

discussie. Overigens komen er 'winged discs' (met en zonder godfiguur) in duidelijk Egyptische stijl in Persepolis voor, zie Root 1979: 214-215.

[19] In grote lijnen klopt dat ook: er zijn uit vrijwel alle regeringen van koningen sporen van bouwactiviteiten gevonden.

[20] In een weinig bekend essay over het Medische rijk ('Mémoire sur la Monarchie des Mèdes') neemt Edward Gibbon de conclusies van Caylus over, en tracht de datering nader te preciseren (1814: 79-81). Hij komt uit op Giamschid, de legendarische eerste koning, die hij dan vervolgens gelijkstelt aan de eerste koning uit de Medische dynastie, Arbakes. Het is opmerkelijk dat Gibbon hier wel reisverslagen noemt, maar er zelf kennelijk niet in heeft gekeken. Zijn bibliotheek bevatte tal van reisverslagen, ook die van Cornelis de Bruijn. Omdat de catalogus van zijn bibliotheek een latere stand van zaken weergeeft, valt het niet vast te stellen of Gibbon al een exemplaar van De Bruijn had toen hij aan zijn tractaat over het Medische rijk werkte.

eeuw onder de aarde verborgen blijven. Maar de deurlijsten en de Apadana-processie hebben wel degelijk serieuze pendanten in Egypte. Het Achaemenidische iconografische programma is een verzameling van velerlei elementen van diverse herkomst en met een programmatische betekenis (Root 1979: 309f.). Hoe de ontwerpers van de Perzische koningen aan hun Egyptische voorbeelden zijn gekomen is niet geheel zeker. Root verwijst naar de opvallende overeenkomsten met de tempel van Hibis, die ten tijde van Darius is gebouwd (Root 1979: 125-127). De solide datering van de bouw van Persepolis in de regeringsperiode van Darius door middel van het teruggevonden administratieve archief met gedateerde tabletten, laat toe een continue interactie met het Nijlgebied te veronderstellen.

In de achttiende eeuw bestond er grote belangstelling voor Egypte en voor de Egyptische kunst (Pevsner & Lang 1968; Smits 1988). De Comte de Caylus is een van de eersten die de esthetische kwaliteiten van de Egyptische kunst weet te waarderen (Pevsner & Lang 1968: 230). In zijn *Recueil d'antiquités* dat vanaf 1753 verscheen, besteedt hij uitgebreid aandacht aan de Egyptische oudheden. Hij heeft evident het oog van een archeoloog en signaleert bouwkundige en iconografische overeenkomsten, een zeldzaamheid in de geleerde literatuur over de Oudheid in die tijd. Hij interpreteert die overeenkomsten ook in een historisch ontwikkelingsperspectief. In zijn bericht aan de Académie vinden we niet alleen een parallel tussen Perzen en Egyptenaren: de parallel wordt doorgetrokken naar het Inca-rijk waar vergelijkbare sculptuur is aangetroffen. De sculpturen en reliëfs uit deze culturen mogen niet met de Griekse of de eigentijdse normen vergeleken worden (131).

Curieus is dat Caylus in deze rij van imponerende beeldhouwwerken ook de 'in opdracht van Semiramis bewerkte berg' noemt, het reliëf van Behistun, dat door J.B. Bourguignon d'Anville tijdens een eerdere bijeenkomst van de Académie is besproken. Hij heeft er echter geen idee van dat dat reliëf in dezelfde stijl was als Persepolis, omdat een prent nog niet beschikbaar was. De Egyptische kunst en daarmee ook de kunst van Persepolis worden door Caylus beschouwd als ouder dan de Griekse: "les ordres n'ont été inventé qu'en Égypte & en Grèce: avant cette invention, les proportions étoient absolument arbitraires en Égypte, & permettoient à l'architecte de suivre sa volonté, dans un genre d'ornement susceptible de grandeur & de majesté". En dat is het voornaamste argument om Persepolis als ouder dan de Perzische koningen, die immers tijdgenoten van de Grieken waren, te dateren.

Caylus kon niet echt beter weten. Noch de hiërogliefen noch het spijkerschrift konden worden gelezen. Hij is echter een van de weinige geleerden die in deze periode nauwkeurig kijken en meer vertrouwen op het oog van de waarnemer ter plaatse dan op de antieke berichten. Voor dat doel kon hij geen betere bron gebruiken dan Cornelis de Bruijn. Wellicht had de geleerde wereld de neiging meer te vertrouwen op Chardin en Kaempfer omdat deze beide heren geletterder waren en de antieke schrijvers beter kenden (Sancisi-Weerdenburg 1991b: 184f.). De Bruijns stijl paste niet erg goed in het gangbare geleerdenvertoog. Het is één van Caylus' verdiensten — en hij heeft er nog vele andere, die het zouden rechtvaardigen een moderne studie aan deze kunstkenner en achttiende-eeuwse archeoloog te wijden — dat hij de kwaliteiten van De Bruijn heeft herkend en zijn resultaten benut.

"DE BRUYN'S FOLIANT IN MIJN BAGAGE". MAURITS WAGENVOORT IN DE VOETSPOREN VAN CORNELIS DE BRUIJN

Jan de Hond

Maurits Wagenvoort bezocht Persepolis zo'n twee eeuwen na De Bruijn en anderhalve eeuw na Niebuhr. Wagenvoort was heel wat minder kritisch over De Bruijns verrichtingen dan zijn Duitse voorganger. In zijn reisverslag niets dan lof over De Bruijn, "een der laatste groote reizigers" (Wagenvoort 1926: 49[1]), die volgens hem meer voor de roem van Persepolis gedaan zou hebben dan wie dan ook na hem.

Maurits Wagenvoort was in zijn tijd een niet onbekend journalist, auteur van reisverhalen en romancier die soms onder zijn eigen naam, soms onder het pseudoniem *Vosmeer de Spie* publiceerde. Hij was een vriend van Couperus en deelde met hem een levendige interesse in de Oriënt. Wagenvoort reisde meerdere malen naar de Maghreb en het Midden Oosten en deed hiervan verslag in verschillende kranten en tijdschriften. Enkele van zijn reisverhalen verschenen in boekvorm, waarvan het bekendste *Van Madrid naar Teheran* is. Ook zijn romans, zoals bijvoorbeeld *De Vreemdeling* of *Maria Magdalena's loutere liefde*, hebben vaak het Oosten tot onderwerp.

In de eerste jaren van deze eeuw zwierf Wagenvoort door Perzië. Meer dan twintig jaar later, in 1926, deed hij verslag van deze tocht in *Karavaanreis door Zuid-Perzië*. Uit dit reisverhaal is niet precies af te leiden wanneer hij de tocht heeft ondernomen. In ieder geval moet dit voor 1905 zijn gebeurd want hij vermeldt dat hij de winter in Teheran doorbracht om er zijn roman over de Nederlandse kolonie te Smyrna, *De Voorbijganger*, te schrijven. Dit boek verscheen in 1905 (5-6).

Zijn eerste stappen op Perzische bodem zette Wagenvoort in Resjt, een havenstad aan de Kaspische Zee. Vandaaruit vertrok hij per open rijtuigje naar Teheran en vervolgens per diligence naar Qom. In deze heilige stad verruilde hij de koets voor een traditioneler vervoermiddel. Hij huurde rij- en lastdieren en sloot zich aan bij een karavaan. De tocht ging verder naar Isfahan en Shiraz en eindigde in Bandar Busjir aan de Perzische Golf. Alleen al voor zijn bagage had Wagenvoort drie muildieren nodig die zo'n slordige 140 kilo bepakking op hun ruggen meetorsten. Ongetwijfeld zeulde hij ook een kleine reisbibliotheek met zich mee. Voor ons is het interessant om te weten dat hij in ieder geval Cornelis de Bruijns *Reizen over Moskovie, door Persie en Indie* in zijn bagage had.[2]

[1] Verwijzingen naar Wagenvoort 1926 worden in de rest van de tekst alleen nog maar met paginanummer aangegeven.

[2] Wagenvoort 1926: 45 noemt ook nog de boeken van De Gobineau, *Nouvelles Asiatiques*, en van H. Dunlop, *Perzië, voorheen en thans*. Verder verwijst hij naar de roman *The adventures of hajji Baba of Isfahan* van

Tijdens zijn verblijf in Isfahan noemt Wagenvoort De Bruijns werk voor het eerst. Wanneer hij de Maidân-i Sjâh betreedt, volgens hem het mooiste plein van de wereld waar zelfs het Sint-Pieterplein te Rome, het San-Marcoplein te Venetië en de Place de la Concorde te Parijs niet aan kunnen tippen, verbaast het hem dat alles er nog precies zo uitziet als op de inmiddels tweehonderd jaar oude prent in De Bruijns reisverslag. Ook de oude brug over de Zaindeh was nog weinig veranderd, zij het dat de brug nu in enigszins vervallen staat verkeerde. Van de paleizen en buitenverbijven rondom de stad die De Bruijn getekend had was echter zo goed als niets meer over.

Wagenvoort behandelt De Bruijn uitvoeriger in zijn hoofdstuk over Persepolis. Bewonderend noteert hij dat De Bruijn, in een tijd dat de meeste schilders "het gebied der vaderlandsche sla-tuintjes en melkbochten" (49) niet verlieten, er reeds op uittrok om zijn onderwerpen elders, liefst in het Oosten, te zoeken. Wagenvoort vergelijkt hem daarom met de oriëntalistische schilder Marius Bauer, een tijdgenoot en persoonlijke vriend van Wagenvoort, maar moet bekennen dat Bauer een beter schilder was dan De Bruijn.

"Ik had de Bruyn's foliant in mijn bagage en zijn herinnering in mijn hoofd" schrijft Wagenvoort (49), als hij voor het eerst de ruïnes van Persepolis bezoekt. Dolend door puinhopen, wellicht met De Bruijns werk in de hand, roemt hij meerdere malen de nauwkeurigheid van diens prenten. Hij kan niet anders dan concluderen dat De Bruijns reisboek destijds terecht de aandacht trok van "heel de beschaafde menschheid" (51). Wagenvoort gaat speciaal op zoek naar de *Poort van Xerxes* waar De Bruijn zijn naam zou hebben achtergelaten. Zonder veel moeite vindt hij deze plek en ziet tot zijn grote voldoening dat daar nog steeds de namen van De Bruijn en diens reisgezel De Backer in het basalt gebeiteld staan. Teleurgesteld moet hij echter ook concluderen dat, hoewel deze weliswaar de oudste inscripties zijn, het ook de enige Nederlandse namen zijn te midden van de vele buitenlandse namen die in de loop der eeuwen hier achtergelaten zijn. Wagenvoort beweert dat Nederlanders hun naam gelukkig zelden in oude monumenten krassen, "daarvoor zijn zij te ernstig, te beschaafd, te eerbiedig" (53), maar in het geval van De Bruijn vindt hij dat diens naam hier met rechte prijkt. Het spijt hem zelfs te zien dat er geen andere Nederlandse namen aan toegevoegd zijn "in dit land waar het vaderland oude en aardige herinneringen bezit" (53). Daarom besluit hij zijn naam met jaartal in het gesteente te griffen.

Dit valt hem overigens nog niet mee. Net als De Bruijn twee eeuwen eerder, ondervindt hij hoe hard het basalt van Persepolis is. Bovendien wordt hij gehinderd door de lastige positie waarin hij zich tijdens het krassen bevindt:

> "Ik was geknield op den rug van een gebogen Perzischen beroepsworstelaar, die er zich goed voor liet betalen om mij in die moeilijke houding tot steunpunt te dienen, doch hij was niet zoo sterk of van tijd tot tijd moest hij rusten, zooals ik-zelf trouwens" (53).

James Morier en de triologie *De oude waereld* van Is. Querido, "een romantisch epos...soms van ontstellende, soms van roerende schoonheid, bij het genieten waarvan het bejammeren toch wel eens in mij opkwam, dat deze groote dichter zooveel gelezen en het gelezene zoo weinig aan het reizen getoetst had."

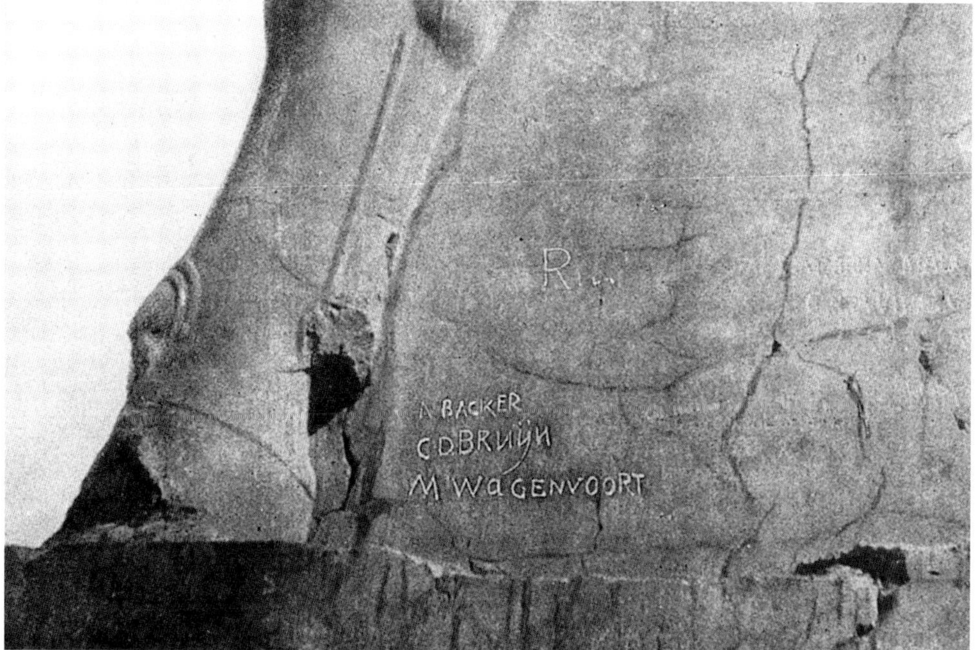

54. De namen van De Bruijn en Wagenvoort gebeiteld in de Poort van Xerxes te Persepolis (Wagenvoort 1926).

Wagenvoort twijfelt dan ook aan het resultaat van deze onderneming en vraagt zich af of zijn naam nu nog te zien zal zijn.[3] Spijt over het schenden van de antieke monumenten heeft hij allerminst omdat hij weet dat zijn beweegredenen "eerlijk en achtenswaardig" waren: "Ik deed het uit eerbied voor Persepolis, uit achting voor Cornelis de Bruyn, uit liefde voor mijn nationaliteit" (53).

Wat Wagenvoort bovenal aantrok in Persepolis was de leegte en de stilte. In alle rust kon hij uren mediteren over de grootsheid van Persepolis maar ook over de vergankelijkheid van het menselijk streven: "De stemming was er zoo diep, de eenzaamheid zoo hoog. In deze stilte des doods was het leven zoo krachtig" (53). Graag had hij zich nog langer temidden van de bouwvallen willen ophouden, maar de karavaan trok voort. Opvallenderwijs schrijft De Bruijn ook over zijn eenzaamheid — dit is overigens de enige verwijzing naar eenzaamheid in het hele reisboek — als hij in Persepolis arriveert. Nadat hij afscheid heeft genomen van zijn vriend Adriaan de Backer met wie hij enkele maanden intensief heeft opgetrokken, blijft hij alleen in Persepolis achter: "en dus vond ik mij schielyk ontbloot van alle vrienden, en eenzaam" (1711: 208). In tegenstelling tot Wagenvoort wenst

[3] In Wagenvoorts reisverslag uit 1926 is een foto met de namen afgedrukt. Deze foto is echter zwaar geretoucheerd om de namen van De Backer, De Bruijn en Wagenvoort zelf leesbaar te maken. Wagenvoorts naam is niet te zien op de foto van de poort van Xerxes die staat afgedrukt bij het artikel van Hotz uit 1911. Hotz maakte deze foto echter niet in 1911, maar veel eerder, namelijk in 1891, dus voordat Wagenvoort een bezoek aan Persepolis bracht (Hotz 1911: 15).

De Bruijn niet te lang stil te staan bij deze gedachten, zeker niet nu er zoveel moois in het verschiet ligt:

> "Daer was derhalven voor my niet overigh dan my te voeden met myne gedagten, en de verbeeldingen van het genoegen dat ik stondt te scheppen uit het beschouwen der dingen, daer ik zoo zeer naer verlangt hadt." (1711: 208)

Werk aan de winkel, dus. En we weten hoe serieus De Bruijn dat werk opvatte. Bijna drie maanden zwierf hij door de ruïnes om alles nauwkeurig op te meten en na te tekenen.

Hieruit blijkt wel dat De Bruijns reisverslag een produkt was van de vroege Verlichting, met haar honger naar feitelijke, verifieerbare kennis. Wagenvoort schreef daarentegen rond 1900 toen de Romantiek reeds geruime tijd haar invloed op de Nederlandse cultuur had doen gelden.[4] De natuur en met name ruïnes gaven voor de romantische auteurs aanleiding tot contemplaties, evoceerden bepaalde gemoedstoestanden. Wagenvoorts "de stemming was er zo diep" is daar een goed voorbeeld van.

Overigens inspireerden de ruïnes Wagenvoort niet alleen tot zwaarmoedige overpeinzingen. De avond na zijn vertrek uit Persepolis levert het bezoek aan de oude Perzische hoofdstad reeds stof tot blijmoediger gedachten:

> "Onder den sterrenhemel van Cyrus' wichelaars bepeinzde ik dien nacht wat ik gezien had, en kende een oogenblik van louter geluk, wijl Persepolis dood was en ik, mier, nog leefde" (54).

[4] Voor de veranderende toon van de reisverslagen naar Persepolis in de negentiende eeuw, verduidelijkt met enkele buitenlandse voorbeelden, zie Sancisi-Weerdenburg 1989: 36-37. Reizigers worden toeristen bij wie de behoefte aan nieuwe kennis niet langer voorop staat, maar voor wie atmosfeer proeven en authentieke indrukken opdoen belangrijker worden. Hun reisverslagen voegen weinig meer toe aan de wetenschappelijke kennis over Persepolis maar zijn wel veel persoonlijker geschreven.

APPENDIX I

CHRONOLOGISCH OVERZICHT VAN DE BRUIJNS REIZEN

Eerste reis

1-10-1674	***Vertrek uit Den Haag*** via Hannover (14 okt.), Leipzig (23 okt.), Wenen (8-17 nov) naar:
Italië	
28-11-1674	***Italiaanse grens*** via Venetië (5 dec.), Florence (12 dec.) naar:
22-12-1674 t/m 17-6-1677	***Rome*** Tijdens Romeinse periode een excursie naar Napels (24 april-16 mei 1677) Na verblijf Rome via Siena (19 juni), Florence (20 juni) naar:
29-6-1677 t/m 10-6-1678	***Livorno*** Per schip via Straat van Messina (20 juni), Kithira [Cerigo] (30 juni), Milos (3 juli), Mikonos en Delos (12-14 juli), Chios [Scio] (15-17 juli) naar:
Turkije	
18-7 t/m 4-12-1678	***Izmir [Smyrna]*** Uitstapje naar Ephese (9-14 okt. 1678). Na verblijf Izmir over land via Manisa [Magnesia] (5 dec.), Palamut (6 dec.) naar:
14-12-1678 t/m 1-7-1680	***Istanbul*** Per schip via het vermeende Troje (3 juli), Mitilini op Lesbos (4 juli) naar:
5-7-1680 t/m 11-2-1681	***Izmir*** Per schip via Chios [Scio] (22-27 feb.), Kos [Stanchio of Isola Longa] (28 feb.) naar:
1-3 t/m 22-3-1681	***Rhodos*** Per schip via Tyrus (28 maart) naar:
Egypte	
31-3 t/m 13-4-1681	***Damietta*** Per schip over de Nijl naar:
19-4 t/m 2-6-1681	***Caïro*** Excursie naar Rosetta en Alexandrië, via Caïro terug naar Damietta.
14-7-1681	Vertrek uit Damietta per boot naar:
Palestina en Syrië	
21-7-1681	***Aankomst Jaffa***
24-7 t/m 17-10-1681	***Ramla [Rama]***
17-10 t/m 16-11-1681	***Jeruzalem*** Tussentijds vanuit Jeruzalem excursie naar Bethlehem (23 okt.-1 nov.)

16-11-1681 t/m 8-1-1682	***Ramla [Rama]*** Naar Jaffa en per schip naar:
9-1 t/m 4-5-1682	***Tripoli*** Tijdens verblijf te Tripoli een lange excursie: per schip naar Akko [St. Jan d'Acre] (16 april), vandaaruit naar Nazareth en het meer van Galilea (22-28 april), vanuit Akko terug per schip via Tyrus (29 april) en Saïda [Sidon] (30 april) naar Tripoli (1 mei) Na terugkeer Tripoli over land via Jisr esh Shugur [Isser-Sjoor] (10 mei) naar:
12-5-1682 t/m 7-4-1683	***Aleppo*** Over land naar Iskenderun [Alexandrette] (10-15 april) en per schip naar:
19-4 t/m 15-5-1683	***Cyprus*** Per schip naar:
Turkije	
30-5 t/m 10-6-1683	***Antalya [Attalia]*** Over land naar:
23-6-1683 t/m 25-10-1684	***Izmir [Smyrna]*** Per schip via Chios [Scio] (26 okt.), Kithira [Cerigo] (29 okt), Kefallinia [Cefalonia] (31 okt.), Korfoe (1 nov.) naar:
Italië	
10-11-1684 t/m 7-10-1692	***Venetië*** Via Trento (15 okt), München (20 okt), Nürnberg (1 nov.-1 dec.), Frankfurt (6 dec.), Keulen (13 dec. 1692 - 8 maart 1693), Amsterdam (14-18 maart) naar:
19-3-1693	***Den Haag***

Tweede reis

28-7-1701	***Vertrek uit Den Haag*** Via Amsterdam naar Texel. Vertrek vanuit Texel (1 aug.) per schip naar:
Rusland	
3-9 t/m 21-12-1701	***Archangelsk*** Over land via o.a. Kholmogory [Kolmogora] (23 dec.), Vologda (29 dec.), Yaroslavl [Jereslauw] (1 jan. 1702) naar:
4-1-1702 t/m 22-4-1703	***Moskou*** Tijdens dit verblijf een uitstapje met de tsaar naar Voronezh [Veronis] (26 jan.-24 febr. 1703). Per schip vertrek uit Moskou over de Moskwa, Oka en Wolga via Kolomna (25 april), Kasimov (1 mei), Murom [Moruma] (3 mei), Nizhniy Novgorod [Nisen] (5 mei), Kazan (10 mei), Saratov (14 mei) naar:
20-5 t/m 12-7-1703	***Astrakhan*** Per schip over de Kaspische Zee naar:

Perzië

21-7-1703	***Aankomst in Perzië te Nizovaya [Niesaway]*** Over land via o.a. Shemakha [Samachi] (2-26 aug.), Ardabil (14 sept.-11 okt.), Zanjan [Samgael] (24-26 okt.), Qom [Chom] (6 nov.), Kashan [Kasian] (10-15 nov.) naar:
15-11-1703 t/m 26-10-1704	***Isfahan*** Via Qomisheh [Komminsja] (28 okt.), Aminabad [Ammanabaet] (29 okt.) naar:
8-11-1704 t/m 23-1-1705	***Persepolis*** Via Shiraz [Zjie-raes] (24 jan.-26 maart) weer terug naar:
7-4 t/m 15-7-1705	***Isfahan*** Via Shiraz [Zjie-raes] (4 aug.), Jahrom [Jaron] (19 aug.), Lar [Laer] (27 aug.) naar:
5-9 t/m 25-10-1705	***Bandar Abbas [Gamron]*** Per schip via Cochin aan de zuid westkust van India (3 dec.) naar:
11-12-1705 t/m 6-1-1706	***Galle op Sri Lanka*** Per schip via straat Sunda naar:

Indië

24-2 t/m 25-8-1706	***Jakarta (Batavia)*** Tijdens verblijf een bezoek aan Banten [Bantam] (11-17 juli) Terug per schip langs zuidkust Arabisch schiereiland (27 sept.) naar:

Perzië

12-10 t/m 30-10-1706	***Bandar Abbas [Gamron]*** Via o.a. Lar [Laer] (8 nov.), Jahrom [Jaron] (15 nov.), Shiraz [Zjie-raes] (1-4 dec.) naar:
10-12-1706 t/m 1-3-1707	***Isfahan*** Verder via o.a. Qazvin [Kasbin] (19-22 maart), Ardabil (8-17 april), Shemakha [Samachi] (30 april-24 mei) naar:
27-5 t/m 8-6-1707	***Nizovoya [Niesaway]*** Per schip over de Kaspische Zee naar:

Rusland

4-7 t/m 20-8-1707	***Astrakhan*** Per schip over de Wolga naar Saratov (28 sept.-6 okt.) en verder over land via Petrovsk [Petroskie] (7 okt.), Penza [Pinse] (10 okt.), Vladimir [Wolodimir] (30 okt.) naar:
5-12-1707 t/m 10-2-1708	***Moskou*** Door het oorlogsgeweld mislukt de poging om via Polen naar de Nederlanden te reizen. Via Smolensk [Smolensko] (17 feb.), Borisov (19 feb.) bereikt hij Molodechno [Molodesna] (21 feb.), tussen Minsk en Vilnius, maar moet dan terugkeren naar:
8-3 t/m 23-3-1708	***Moskou*** Over land via Yaroslavl (26 maart) naar Vologda (28 maart), dan verder met boot over de rivieren Sukhona en Dvina naar:
27-6 t/m 23-8-1708	***Archangelsk*** Per schip over de Noordkaap (7 sept.), via Amsterdam (9-23 okt.) naar:
24-10-1708	***Den Haag***

APPENDIX II

LIJST VAN UITGAVEN, VERTALINGEN EN HERDRUKKEN VAN DE BRUIJNS WERKEN

K. Hannema

1698 *Reizen van Cornelis de Bruyn, door de vermaardste Deelen van Klein Asia, de eylanden Scio, Rhodus, Cyprus, Metelino, Stanchio, etc. mitsgaders de voornaamste steden van Aegypten, Syrien en Palestina, verrijkt met meer als 200 kopere konstplaaten, vertoonende de beroemdste Landschappen, Steden, etc. alles door den auteur selfs na het leven afgetekend*, Henrik van Krooneveld, Delft, 1698.

1700 Corneille le Brun, *Voyage au Levant, c'est-a-dire dans les principaux endroits de l'Asie Mineure dans les Isles de Chio, de Rhodes, de Chypre &c. de meme que dans les plus considerables villes d'Egypte, de Syrie, & de la Terre Sainte; enrichi de plus de deux cens tailles-douces, ou sont representees les plus celebres villes, pais, bourgs, & autres choses dignes de remarque, le tout dessine d'apres nature.* Traduit du Flamand, Chez Henri de Kroonevelt, A Delft 1700 (folio, gr. pap.).

1711 *Reizen over Moskovie, door Persie en Indie: Verrykt met Driehondert konstplaten, Vertoonende De beroemdste lantschappen en steden, ook de byzondere dragten, beesten, gewassen en planten, die daer gevonden worden: Voor al derzelver oudheden En wel voornamentlyk heel uitvoerig, die van heerlyke en van oudts de geheele werrelt door befaemde Hof van Persepolis, By de Persianen Tchilminar genaemt*, Goeree, Amsterdam, 1711.

1714 *Aenmerkingen Over de Printverbeeldingen van de Overblyfzelen van het Oude Persepolis. Onlangs uitgegeven door de Heeren Chardin en Kempfer, waer in derzelver mistekeningen en gebreken klaer worden aengewezen, door Cornelis de Bruin*, R. en G. Wetstein, J. Oosterwyk, H. van de Gaate, Amsterdam.

1714a *Cornelis de Bruins Reizen over Moskovie, door Persie en Indie: verrykt met driehondert kunstplaten, vertoonende de beroemste lantschappen en steden, ook de byzondere dragten, beesten, gewassen en planten, die daar gevonden worden: Voor al derzelver oudheden, en wel voornamentlyk heel uitvoerig, die van het heerlyke en van oudts de geheele werrelt door befaemde Hof van Persepolis, by den Persianen Tchilminar genaemt. Alles door den Auteur zelf met groote naeukeurigheit na 't leven afgetekent, en nooit voor dezen in 't ligt gebragt*, t'Amsteldam, by Rudolph en Gerard Wetstein, Joannes Oosterwyk, Hendrik van de Gaete. Boekverkopers, 1714.

1714b Corneille le Brun, *Voyage au Levant, c'est-à-dire, dans les principaux endroits de l'Asie Mineure, dans Isles de Chio, Rhodes, & Chypre &c. De même que dans les plus considerables villes d'Egypte, de Syrie, et de la Terre Sainte; Enrichi de plus de deux cens tailles-douces, où sont représentées les plus célébres villes, païs, bourgs, & autres choses dignes de remarque, le tout dessiné d'aprés nature: Par Corneille le Brun.* Amsterdam: Chez Wetstein. Se vend à Paris, chez Guillaume Cavelier, Ruë St.Jacques à la Fleur de Lys d'Or, 1714.

1718 *Voyages de Corneille le Brun par la Moscovie, en Perse, et aux Indes Orientales. Ouvrage enrichi de plus de 320. tailles douces, des plus curieuses, representant les plus belles vuës de ces païs; leurs principales villes; les differens habillemens des peuples, qui habitent ces regions eloignées; les animaux, les oiseaux, les poissons & les plantes extraordinaires, qui s'y trouvent. Avec les antiquitez de ces païs, & particulierement celles du fameux Palais de Persepolis. Que les Perses appellent Chelminar. Le tout dessiné d'après nature sur les lieux. On y a ajouté la route qu'a suivie Mr. Isbrants, Ambassadeur de Moscovie, en traversant la Russie & la Tartarie, pour se rendre à la Chine. Et quelques remarques contre Mrs. Chardin & Kempfer. Avec une lettre écrite à l'Auteur, sur ce sujet*, 2 tom. A Amsterdam, chez les Frères Wetstein, 1718.

1720 Cornelius le Brun, *Voyage to the Levant and Travels into Moscovy, Persia, and the East Indies*. Numerous plates. 3 Vols., London 1720.

1722 C. Le Brun. *An Abstract of M.C. Le Brun's Travels through Russia* containing the observations he made in Russia, C. Le Brun, London 1722.

1724 Corneille Le Brun, *Voyage au Levant, c'est-à-dire, dans les principaux endroits de l'Asie Mineure, dans les Isles de Chio, Rhodes, Chypre, &c. Enrichi de plus de 200 tailles-douces*. Par Corneille Le Brun, Paris 1724. [XII] 408 [6] pp. (folio)

1725 Corneille le Bruyn, *Voyage au Levant, c'est-à-dire, dans les principaux endroits de l'Asie Mineure, dans les Isles de Chio, Rhodes, Chypre, &c. De meme que dans les plus considerables villes d'Egypte, Syrie, & Terre Sainte; Enrichi d'un grand nombre de figures en taille-douce. Ou sont representees les plus celebres villes, pais, bourgs, & autres choses dignes de remarque, le tout dessine d'apres nature: par Corneille le Bruyn* (Vol. 1-2). *Voyages par la Moscovie, en Perse et aux Indes orientales* (Vol. 3-5), (ed. rev.) Abbé Antoine Banier. 5 Vol. A Paris, chez Jean-Baptiste-Claude Bauche le fils, Quay des Augustines, a Saint Jean dans le Desert. Et a Rouen chez Charles Ferrand, rue S.Lo, atenant le Palais, & Robert Machuel, derriere le Choeur de S. Martin-sur-Renelle, 1725. Avec Approbation & Privilege du Roy. (kwarto).

1732 *Voyage au Levant...Voyages par la Moscovie etc*. La Haye, Pierre Gosse et Jean Neaulme, 1732, 5 vol a. portr. crts et pls. (kwarto).

1737 Cornelius Le Bruyn, *Travels into Muscovy, Persia, and part of the East-Indies. Containing, an accurate description of whatever is most remarkable in those countries. And embelished with above 320 copper plates, representing the finest prospects, and most considerable cities in those parts; the different habits of the people; the singular and extraordinary birds, fishes, and plants which are there to be found: As likewise the antiquities of those countries, and particularly the noble ruins of the famous Palace of Persepolis, called Chelminar by the Persians. The whole being delineated on the spot, from the respective objects. To which is added, an Account of the Journey of Mr. Isbrants, Ambassador from Muscovy, through Russia and Tartary, to China; together with Remarks on the Travels of Sir John Chardin, and Mr. Kempfer, and a letter written to the Author on that subject*, Two vols. Translated from the original French. Printed for A. Bettesworth and C. Hitch, S. Birt, C. Davis, J. Clarke, S. Harding, D. Browne, A. Millar, J. Shuckburgh, and T. Osborne, London 1737.

1759 Cornelius Le Brun, *A new and more correct Translation than has been hitherto published of Mr. Cornelius Le Brun's Travels into Muscovy, Persia, and divers parts of the East-Indies*. Translated by M. Powis, J. Warcus, London 1759 (folio).

1873 K. de Bruin, *Puteshestvie cerez Moskoviju Kornelija de Brujna*, Moskou 1873.

1996 Cornelis de Bruijn, *Reizen over Moskovie. Een Hollandse schilder ontmoet tsaar Peter de Grote*. Ingeleid en van commentaar voorzien door Kiki Hannema, Amsterdam 1996.

ARCHIVALIA

A.R.A. Algemeen Rijksarchief Den Haag:
Collectie Cuperus 1.10.24, nrs. 12, 13 (brieven Cuper-Colyer, Calckberner en Hochepied).

Br. Mus. British Museum Londen:
Manuscript Department, Brit. Mus. Additional MS 39, 860 (Kings Letter, letter-book of W. Blathwayt 1695-1701).

G.A.A. Gemeentearchief Amsterdam:
Notariële archieven, nrs. 6455, 8292, 4654, 3354.

G.A.D.H. Gemeentearchief Den Haag:
Notariële archieven, nr. 940.
Doop- en begraafregisters.

G.A.Z. Gemeentearchief Zeist:
Familiearchief Van der Mersch, III, stukken betreffende het geslacht Van Mollem.

K.B. Koninklijke Bibliotheek Den Haag:
Afdeling handschriften, collectie Cuper, 72 G 19 (brieven Cuper-De Bruijn).

R.K.D. Rijksbureau Kunsthistorische Documentatie, Den Haag:
Afdeling archivalia, collectie Hofstede de Groot.
Afdeling archivalia, collectie Bredius.

U.B.A. Universiteitsbibliotheek Amsterdam:
Be 68 b (brieven Witsen-Cuper).

U.B.L. Universiteitsbibliotheek Leiden:
Brievencollectie, PBL 2899.

BIBLIOGRAFIE

Acta 1719

Acta eruditorum. Prostant apud Johan. Grossi Haeredes, Joh. Frid. Gleditschii B. Fil. & Thomam Fritschium. Typis Bernardi Christoph. Breitkopfii: Lipsiae 1719.

Adams 1962

Percy G. Adams, *Travel and Travel Liars, 1660-1800*, Berkeley/Los Angeles/London 1962.

Arndt 1984

H. Arndt, *Persepolis. Entdeckungsreisen in die Vergangenheit*, Stuttgart 1984.

Barends-van Haeften 1992

Marijke Barends-van Haeften, *Oost-Indië gespiegeld*, Zutphen 1992.

Barnett 1957

R.D. Barnett, "Persepolis", *Iraq* 19 (1957) 55-77.

Beckmann 1807-1809

Johann Beckmann *Litteratur der älteren Reisebeschreibungen. Nachrichten von ihren Verfassern, von ihrem Inhalte, von ihren Ausgaben und Uebersetzungen. Nebst eingestreueten Anmerkungen über mancherley gelehrte Gegenstände.* 2 Tl., Göttingen 1807-1809.

Bekius 1989

E. Bekius, "Armeense Dhimmi's in Perzië aan het begin van de 18e eeuw. Waarnemingen van een Nederlandse reiziger", in: A.H. de Groot (ed.), *Het Midden-Oosten en Nederland in een historisch perspectief*, Muiderberg 1989, 33-51.

Benveniste 1951

E. Benveniste, "Une Inscription Perse Achéménide de Cabinet des Médailles", *Journal Asiatique* 239 (1951) 261-273.

Van den Berg 1987

Jan Derk van den Berg, *Caylus en Cochin, twee rivalen in de Académie Royale de Peinture et de Sculpture*, doctoraal scriptie Utrecht 1987 (UB Utrecht).

Van den Berg 1989

Jan Derk van den Berg, *De comte de Caylus*, doctoraal scriptie Utrecht 1989 (UB Utrecht).

Bergvelt/Kistemaker, 1992

E. Bergvelt, R. Kistemaker (eds.), *De wereld binnen handbereik. Nederlandse kunst- en rariteitenverzamelingen, 1585-1735*, Zwolle 1992.

Bernard/Smith 1698

E. Bernard, T. Smith, *Inscriptiones Graecae Palmyrenorum, cum Scholibus & Annotationibus Edwardi Bernardi et Thomae Smithi*, Trajecti ad Rhenum 1698.

Biographie universelle 1811-1862

Biographie universelle, ancienne et moderne, ou histoire, par ordre alphabétique, de la vie publique et privée de tous les hommes qui se sont distingués par leurs écrits, leurs actions, leurs talents, leurs vertus ou leurs crimes. Nouv. éd. tomes 1-52 1811-1828; 3 tomes 1832-1833; 30 suppls. (tomes 56-85) 1834-1862. Paris 1811-1862.

Blankwaard 1944

W. Blankwaard, "Cornelis de Bruijn (1652-1719)", *Historia* 10 (1944) 69-72.

Bogaert 1711
Abraham Bogaert, *Historische reizen door d'oostersche deelen van Asia; Zynde eene historische beschryving dier Koninkryken en Landschappen, door hem bezocht en doorwandelt, beneffens een nauwkeurig ontwerp van de Zeden, Drachten, Wetten en Godtsdienst der zelve Inwoonders, en wat verder wegens de Dieren, Planten, Vruchten, enz. in die Gewesten aanmerkenswaardig is: Mitsgaders Een omstandig verhaal van de Bantamsche inlandschen oorlog, het verdryven der Francoizen uit het Koninkryk Siam, en 't geen aan Kaap de goede Hoop in den jaare 1706 is voorgevallen, tot aan het opontbod des Gouverneurs Willem Adriaan van der Stel*, Nicolaas ten Hoorn: t'Amsterdam 1711 (kwarto; 604 en [8] blz.). Met titelprent; gegr. portr. door A. de Blois en 15 gravures, enkele gesigneerd door J. Herrewyn.

Bonnerot 1972
O.H. Bonnerot, "Perspectives nouvelles sur Jean Chardin (1643-1713)", *Travaux de linguistique et de littérature publiés par le centre de Philologie et de litteratures romanes de l'Université de Strasbourg* 10 (1972) 81-88.

Bonnerot 1988
O.H. Bonnerot, *La Perse dans la littérature et la pensée françaises au XVIIIe siècle. De l'Image au Mythe*, Paris/Genève 1988.

Borger 1975
R. Borger, "Grotefends erste Praevia", in: R. Borger, W. Hinz e.a., *Die Welt des alten Orients. Keilschrift - Grabungen - Gelehrte*, Göttingen 1975², 157-184.

Bots 1974
H. Bots (ed.), *Pieter Rabus en de Boekzaal van Europe 1692-1702. Verkenningen binnen de Republiek der Letteren in het laatste kwart van de zeventiende eeuw*, Amsterdam 1974.

Bredius 1915-1922
A. Bredius, *Künstler-Inventare. Urkunden zur Geschichte der Holländischen Kunst des XVIten, XVIIten und XVIIIten Jahrhunderts*, 6 dln., Den Haag 1915-1922.

Breukink-Peeze 1989
M. Breukink-Peeze, "'Eene fraaie kleeding, van den Turkschen dragt ontleent.' Turkse kleding en mode 'à la turque' in Nederland", in: H. Theunissen, A. Abelman, W. Meulenkamp (red.), *Topkapi & Turkomanie. Turks-Nederlandse ontmoetingen sinds 1600*, Amsterdam 1989, 130-139.

De Bruijn, Cornelis
Zie lijst van uitgaven van De Bruijn, Appendix II.

Catalogus kabinet Witsen 1728
Catalogus van de uitmuntende en zeer vermaarde Konst en Natuurkabinetten...byeenvergadert en naargelaten door den Wel. Ed. heer en Mr. Nicolaas Witsen..., Amsterdam 1728.

Caylus 1764
A.-Cl.-Ph. comte de Caylus, "Sur les ruines de Persepolis", *Histoire de l'Academie Royale des Inscriptions et Belles Lettres* 29 (1764) 118-148.

Chardin 1711
J. Chardin, *Voyages en Perse, et autres lieux de l'Orient*, Amsterdam 1711.

Chaybany 1967
J. Chaybany, *Les voyages en Perse et la pensée française au XVIIIe siècle*, Paris 1967.

Cederlöf 1988
U. Cederlöf, "Cornelius Loos' Journey to Paradise in the year 1710", *Nationalmuseum Bulletin Stockholm* 12 (1988) 89-101.

Cioranescu 1969
A. Cioranescu, *Bibliographie de la Littérature Française du dix-huitième siècle*. 3 tomes, Paris 1969.

Coüasnon 1974
Ch. Coüasnon, *The Church of the Holy Sepulchre Jerusalem*, Oxford/London 1974.

Cox 1935-1949
Edward Godfrey Cox, *A reference guide to the literature of travel. Including voyages, geographical descriptions, adventures, shipwrecks and expeditions* (University of Washington Publications in Language and Literature 9), 3 vols., Seattle 1935-1949.

Cuper 1742
*Gisbert Cuper. Lettres de critique, d'histoire, de litterature, &c. ecrites a divers savans de l'Europe, par feu Monsieur Gisbert Cuper [...] publiées sur les originaux par Monsieur de B***. Amsterdam: Chez Henri du Sauzet, et Guillaume Smith, 1742.

Curzon 1892
G.N. Curzon, *Persia and the Persian Question*, 2 vols., Londen 1892.

Dapper 1672 [1680]
O. Dapper, *Asia of naeukeurige Beschrijving van het Rijk des Grooten Mogols...beneffens een volkoome Beschrijving van geheel Persie, Georgie, Mengrelie en andere Gebuur-gewesten*, Amsterdam 1672.

Dapper 1676
O. Dapper, *Naukeurige Beschrijvingen der Afrikaensche Gewesten van Egypten, Barbaryen, Lybien, Biledulgerid* etc., Amsterdam 1676.

Dapper 1677
O. Dapper, *Naukeurige beschryving van gantsch Syrie en Palestyn of Heilige Land, behelsende de gewesten van Fenicie, Celesyrie, Kommagene, Pierie, Cyrestika, Seleucis, Kassiotis, Chalibonitis, Chalcis, Abilene, Apamene, Laodicis, Palmyrene &c.: beneffens de landen van Perea of Over-Jordaen, Galilea, byzonder Palestyn, Judea en Idumea etc.*, Amsterdam 1677.

Daulier-Dèslandes 1673
A. Daulier-Dèslandes, *Les Beautez de la Perse*, Paris 1673.

Della Valle 1650
Pietro della Valle, *Viaggi di Pietro della Valle...*, Roma 1650.

Della Valle 1666
P. Della Valle, *De Volkome beschryving der Voortreffelijcke Reizen van de deurluchtige Reisiger Pietro della Valle, Edelman van Romen, in veel voorname gewesten des Werelts, sedert het jaar 1615, tot in 't jaar 1626 gedaan*, (vert. J.H. Glazemaker) Amsterdam 1666.

Drossaers 1974-1976
S.W.A. Drossaers e.a. (bew.), *Inventarissen van de inboedels in de verblijven van de Oranjes daarmede gelijk te stellen stukken 1567-1795*, Rijks Geschiedkundige Publicatiën. Grote serie, dln. 147-149, 3 dln., 's Gravenhage 1974-1976.

Drijvers 1989
J.W. Drijvers, "Deez tekende en schreef niets anders dan hij zag. Cornelis de Bruijn, Nicolaes Witsen en Gysbert Cuper", in: H. Sancisi-Weerdenburg (ed.), *Persepolis en Pasargadae in wisselend perspectief*, *Phoenix* 35.1, Leiden 1989, 63-80.

Drijvers 1991
J.W. Drijvers, "Cornelis de Bruijn and Gisbert Cuper. A skilled artist and a learned discussion", in: H. Sancisi-Weerdenburg & J. W. Drijvers (eds.), *Achaemenid History VII: Through Travellers' Eyes*, Leiden 1991, 89-107.

Drijvers 1993
J.W. Drijvers, "Persepolis as Perceived by Engelbert Kaempfer and Cornelis de Bruijn", in: D. Haberland (ed.) *Engelbert Kaempfer, Werk und Wirkung*, Boethius Band 32, Stuttgart 1993, 85-104.

Von Duhn 1894
F. von Duhn, "Die älteste Ansicht von Palmyra", *Archäologischer Anzeiger* (1894) 112-115.

Van Eeghen 1974
I.H. van Eeghen, *De gilden. Theorie en praktijk*, Bussum 1974[2].

Egmond van der Nyenburg/Heyman 1758
J.A. van Egmond van der Nyenburg, J. Heyman, *Reizen door een gedeelte van Europa, Klein Asien...de Archipel, Syrien, Palestina...Aegypten enz.*, ed. Joh. Wilh. Heyman, Leiden 1758.

Europe 1719
L'Europe savante. Chez A. de Rogissart. La Haye, 1718-1720. [Repr. 2 tom. Genève 1969].

Extract of the Journals 1695
"An Extract of the Journals of two several Voyages of the English Merchants of the Factory of Aleppo, to Tadmor, anciently call'd Palmyra", *Philosophical Transactions* 218 (november/december 1695) 129-160.

Figueroa 1667
Garcias de Silva e Figueroa, *L'ambassade de D. Garcias de Silva Figueroa en Perse* (vert. F. de Wicquefort), Paris 1667.

Fischer von Erlach 1721
J.B. Fischer von Erlach, *Entwurff einer historischen Architektur*, Wenen 1721 [Facsimile uitgave met een nawoord van H. Keller, s.l. s.a. (Die bibliophilen Taschenbücher Nr 18)].

Gabriel 1952
A. Gabriel, *Die Erforschung Persiens. Die Entwicklung der abendländischen Kenntnis der Geographie Persiens*, Wien 1952.

Gebhard 1881-1882
J.F. Gebhard, *Het leven van Mr. Nicolaas Cornelisz. Witsen (1641-1717)*, 2 dln., Utrecht 1881-1882.

Gezisi 1974
Dogu Gezisi, *Le voyage de Cornelis de Bruijn*, Istanbul 1974.

Gibbon 1814
Edward Gibbon, "Mémoire sur la Monarchie des Mèdes", in: *The Miscellaneous Works*, ed. J. Lord Sheffield, vol. III, London 1814, 56-150.

Gibson/Taylor 1994
S. Gibson, J.E. Taylor, *Beneath the Church of the Holy Sepulchre Jerusalem. The Archaeology and early History of traditional Golgotha*, Palestine Exploration Fund Monograph, Series Maior 1, London 1994.

Godenne 1969
R. Godenne, "Agréable diversité des *Oeuvres badines* du comte de Caylus", *Dix-huitième siècle* 1 (1969) 251-266.

Goncourt 1880
E. & J. de Goncourt, *Portraits intimes du dix-huitième siècle*, Paris 1880.

Van Gool 1750-1751
J. van Gool, *Nieuwe Schouwburg der Nederlandsche Kunstenaars*, Utrecht 1750-1751.

Gramm, 1882
J. Gramm, *De Schilderconfrerie Pictura*, 's Gravenhage 1882.

Grelot 1680
Guillaume Josephus Grelot, *Relation nouvelle d'un voyage du Constantinople*, Paris 1680.

Grotefend 1817
G.Fr. Grotefend, "Ueber die Erklärung der Keilschriften, und besonders der Inschriften von Persepolis", als 'Beilage I' verschenen in: A.H.L. Heeren, *Ideen über die Politik, den Verkehr und den Handel der vornehmsten Völker der alten Welt. I. Theil Asiatische Völker. 1. Abteilung: Einleitung. Perser*, Wenen 1817[4], 397-428.

Gruys 1989
J.A. Gruys e.a., *Thesaurus 1473-1800. Nederlandse boekdrukkers en boekverkopers. Met plaatsen en jaren van werkzaamheid. Dutch printers and booksellers. With places and years of activity*, Bibliotheca Bibliographica Neerlandica vol.28, Nieuwkoop 1989.

Habachi 1977
L. Habachi, *The Obelisks of Egypt. Skyscrapers of the Past*, New York 1977.

Halifax 1695
W. Halifax, "A Relation of a Voyage from Aleppo to Palmyra in Syria, sent by the Reverend Mr. William Halifax to Dr. Edw. Bernard (late) Savilian Professor of Astronomy in Oxford, and by him communicated to Dr. Thomas Smith. Reg. Soc. S.", *Philosophical Transactions* 217 (oktober 1695) 83-110.

Halley 1695
E. Halley, "Some Account of the ancient State of the City of Palmyra, with some short Remarks on the Inscriptions found there: With an Observation of the Latitude of Aleppo, and the ascertaining of the Geographical Site of the ancient Aracta, and several Cities in Syria", *Philosophical Transactions* 218 (november/december 1695) 160-175.

Hannema 1994
K. Hannema, *Cornelis de Bruyn "Onsterflyk in vier wereltdeelen"*, Amsterdam 1994 [doctoraalscriptie].

Hannema 1996
K. Hannema, *Cornelis de Bruijn. Reizen over Moskovie. Een Hollandse schilder ontmoet tsaar Peter de Grote*, Amsterdam 1996.

Hartog 1991
F. Hartog, *Le miroir d'Hérodote. Essai sur la représentation de l'autre*, Paris 1991[2].

Hasselquist 1771
F. Hasselquist, *Reize naar Palestina, of het Heilige Land*, Amsterdam 1771.

Herbert 1677
Sir Thomas Herbert, *Some years travels into divers parts of Africa, and Asia the Great. Describing more particularly the Empires of Persia and Industan*, London, Everingham, 1677[4].

Hinz/Koch 1987
W. Hinz, H. Koch, *Elamisches Wörterbuch*, Archäologische Mitteilungen aus Iran, Ergänzungsband 17, Berlijn 1987.

Hoefer 1855-1866
Mr. Hoefer (éd.). *Nouvelle biographie générale depuis les temps les plus recules jusqu'à nos jours, avec les renseignements bibliographiques et l'indication des sources à consulter*, 46 tomes, Paris 1855-1866.

De Hond 1992
Jan de Hond, *'Een grooten lust tot het bezien van vremde landen, volkeren en zeden'. Cornelis de Bruijn, 1652-1727*, Nijmegen 1992 [doctoraalscriptie].

De Hond, 1994
Jan de Hond, "Cornelis de Bruijn (1652-1626/27). A Dutch Painter in the East", in: G.J. van Gelder, E. de Moor (eds.), *Eastward Bound. Dutch Ventures and Adventures in the Middle East (Orientations 2)*, Amsterdam/Atlanta 1994, 51-81.

Hoogewerff 1923
G.J. Hoogewerff, "Bentvogels te Rome en hun feesten", *Mededeelingen van het Nederlandsch Historisch Instituut te Rome* 3 (1923) 223-245.

Hoogewerff 1952
G.J. Hoogewerff, *De Bentvueghels*, 's Gravenhage 1952.

Hotz 1908
A. Hotz (red.), *Journaal der reis van den gezant VOC Joan Cunaeus naar Perzië in 1651-1652*, Utrecht 1908.

Hotz 1911
A. Hotz, "Over afbeeldingen van Persepolis en Palmyra door Nederlanders (Philip Angel - Jan Jansz. Struys - Herbert de Jager - Cornelis de Bruijn - G. Hofsted van Essen)", *Oud Holland* 29 (1911) 1-48.

Houbraken 1721
A. Houbraken, *De Groote Schouburg der Nederlantsche Konstschilders en Schilderessen*, 1721 [herziene druk van P.T.A. Swinkels, Maastricht 1943-1953].

Huygens jr. 1876-1877
C. Huygens jr., *Journaal van Constantyn Huygens, den zoon, van 21 october 1688 tot 2 september 1691* [Werken uitgegeven door het Historisch Genootschap, nieuwe reeks 24 en 25], Utrecht 1876-1877.

Hyde 1760
Th. Hyde, *Veterarum persarum et parthorum et medorum religionis historia*, Oxford 1760[2].

Jenkins 1992
I. Jenkins, *Archaeologists & Aesthetes*, London 1992.

De Jong 1985
E. de Jong, "Zijdebalen: A late seventeenth early eighteenth-century Dutch Estate and its Garden Poem", *Journal of Garden History* 5 (1985) 32-74.

De Jong 1989
J.L. de Jong, "'Tot meerder naeukeurigheit' De runes van Persepolis in prent gebracht" in: H. Sancisi-Weerdenburg (ed.), *Persepolis en Pasargadae in wisselend perspectief*, *Phoenix* 35.1, Leiden 1989, 43-61.

Journal 1715-1726
Journal des Sçavans. Augmenté de divers Articles, tirez des Memoires de Trevoux, Tome 58 (1715), 65 (1719), 72 (1722), 78 (1726). Chez les Janssons à Waesberge, Amsterdam.

Kaempfer 1712
E. Kaempfer, *Amoenitarum Exoticarum Politico-physico-medicarum fasciculi V, quibus continentur variae relationes, observationes et descriptiones rerum persicarum & ulterioris Asiae*, Lemgo 1712.

Kampman 1951-1952
A.A. Kampman, "Van kruisridders en kooplieden. De Nederlanders en de Levant van a.d. 1200-1720", *Jaarbericht van het Vooraziatisch-Egyptisch Genootschap Ex Oriente Lux* 12 (1951-1952) 131-162.

Kent 1953
R.G. Kent, *Old Persian grammar, text, lexicon*, American Oriental Series 33, New Haven 1953[2].

Kleerkoper/van Stockum 1914-1916
M.M. Kleerkoper en W.B. van Stockum, *De Boekhandel in Amsterdam, voornamelijk in de 17e eeuw: biographische en geschiedkundige aantekeningen*, 2 dln., 's Gravenhage 1914-1916.

Kossmann 1937
E.F. Kossmann, *De boekhandel te 's-Gravenhage tot het eind van de 18e eeuw. Biographisch woordenboek van boekverkoopers, uitgevers, boekdrukkers, boekbinders, enz. Met vermelding van hun uitgaven en de veilingen door hen gehouden*, Bijdragen tot de Geschiedenis van den Nederlandschen Boekhandel 13, 's Gravenhage 1937.

Kramm 1857-1864
C. Kramm, *De levens en werken der Hollandsche en Vlaamsche Kunstschilders, Beeldhouwers, Graveurs en Bouwmeesters, van den vroegsten tot op onzen tijd*, Amsterdam 1857-1864.

Kruseman 1893
A.C. Kruseman, *Aanteekeningen betreffende den boekhandel van Noord-Nederland in de 17de en 18de eeuw*, Bijdragen tot de Geschiedenis van den Nederlandschen Boekhandel 6, Amsterdam 1893.

Lecoq 1984
P. Lecoq, "Un problème de religion achéménide: Ahura Mazda ou Xvarnah?", in: *Orientalia J. Duchesne-Guillemin emerito oblata*, Acta Iranica 23, Leiden 1984, 301-326.

Ledeboer 1876
A.M. Ledeboer, *Alfabetische lijst der boekdrukkers, boekverkoopers en uitgevers in Noord-Nederland sedert de uitvinding van de boekdrukkunst tot den aanvang der negentiende eeuw*, Utrecht 1876.

Leguay 1956
P. Leguay, s.v. (2). Caylus', *DBF* VII (1956) 1518-1521.

De Loos Haaxman 1942
J. de Loos Haaxman, *De Landsverzameling schilderijen in Batavia. Landvoogdsportretten en Compagnieschilders*, 2 dln., Leiden 1942.

Lowthorp 1731
J. Lowthorp, *The Philosophical Transactions and Collections to the End of the year MDCC. Abridged and Disposed under General Heads*, Londen: J. Knapton e.a., 1731[4].

Mandelso 1719
J. de Mandelslo, *Voyages du Sr. Jean Albert de Mandelslo considerablement augmentez en cette derniere edition et divisez en deux parties*, (vert. A. de Wicquefort), Leiden 1719.

Melton 1681
E. Melton, *Zeldzaame en gedenkwaardige zee- en landreizen, door Egypten, West-Indien, Perzien, Turkyen...aangevangen in den jaar 1660 en geindigd in den jaare 1677. Vertaald uit d'eigene aanteekeningen en brieven*, ed. G. van Broekhuizen, Amsterdam 1681.

Melton 1702
Eduward Meltons Engelsch Edelmans, Zeldzaame en Gedenkwaardige Zee- en Land-Reizen; door Egypten, West-Indien, Perzien, Turkyen, Oost-Indien, en d'aangrenzende gewesten; behelzende een zeer naauwkeurige beschrijving der genoemde Landen, benevens der zelver Inwoonderen Gods-dienst, Regeering, Zeden en Gewoonten, mitsgaders veele zeer vreemde voorvallen, ongemeene geschiedenissen, en wonderlijke wedervaringen. Aangevangen in den jaare 1660. en geëindigd in den jaare 1677. Vertaald uit d'eigene Aanteekeningen en Brieven van den gedagten Heer Melton, en met verscheidene schoone Kopere Figuuren versierd. t'Amsterdam, by Jan Verjager, Boekverkooper in de Hartestraat, by de Heeregraft, 1702.

Meyer 1893
W. Meyer, "G.Fr. Grotefend's erste Nachricht von seiner Entzifferung der Keilschrift", *Nachrichten von der Königlichen Gesellschaft der Wissenschaften zu Göttingen* 14 (1893) 571-616.

Molhuysen 1911-1937
P.C. Molhuysen e.a. (ed.), *Nieuw Nederlandsch biographisch woordenboek*, 10 dln., Leiden 1911-1937.

Momigliano 1979
A. Momigliano, "Ancient History and the Antiquarian", in: *Contributo alla storia degli studi classici*, Roma 1979, 67-106.

Monconys 1665-1666
Balthasar Monconys, *Journal du voyage de M. de Monconys...*, Lyon 1665-1666.

De Montfaucon 1721-1722
B. de Montfaucon, *Antiquity explained and represented in sculptures*, Londen 1721-1722, [herdruk New York/Londen 1976].

Navorscher 1851-1922
De Navorscher, een middel tot gedachtenwisseling en letterkundig verkeer tusschen allen, die iets weten, iets te vragen hebben, of iets kunnen oplossen, Amsterdam 1851-1922.

Neocorus 1698
L. Neocorus [Ludolphus Kusterus] & H. Sikius, *Bibliotheca Librorum Novorum*, Apud Franciscum Halmam, Guilielmum vande Water, Trajecti ad Rhenum 1698.

Niebuhr 1772
C. Niebuhr, *Beschreibung von Arabien aus eigenen Beobachtungen und im Lande selbst gesammelten Nachrichten*, Kopenhagen 1772.

Niebuhr 1776-1780
C. Niebuhr, *Voyage en Arabie et en d'autres pays circonvoisins*, 2 dln., Amsterdam 1776-1780.

Niebuhr 1776
C. Niebuhr, *Reize naar Arabie en andere omliggende landen*, Amsterdam/Utrecht 1776.

Niebuhr 1778
C. Niebuhr, *Reisebeschreibung nach Arabien*, Kopenhagen 1778.

Noordegraaf/Wijsenbeek-Olthuis 1992
L. Noordegraaf, T. Wijsenbeek-Olthuis, "De wereld ontsloten. Aanvoer van rariteiten naar Nederland", in: E. Bergvelt, R. Kistemaker (eds.), *De wereld binnen handbereik. Nederlandse kunst- en rariteitenverzamelingen, 1585-1735*, Zwolle 1992, 39-50.

Obreen 1877-1890
Fr.D.O. Obreen, *Archief voor Nederlandsche Kunstgeschiedenis: verzameling van meerendeels onuitgegeven berichten en mededelingen betreffende Nederlandse schilders, plaatsnijders...*, Rotterdam 1877-1890.

Paquot 1765-1770
Jean-Noël Paquot, *Mémoires pour servir à l'histoire littéraire des dix-sept provinces des Pays-Bas, de la principauté de Liege, et de quelques contrées voisines*, 18 tomes, Louvain 1765-1770.

Peters 1985
F.E. Peters, *Jerusalem: The Holy City in the Eyes of the Chroniclers, Visitors, Pilgrims and Prophets from the Days of Abraham to the Beginning of Modern Times*, Princeton 1985.

Peters 1989
M. Peters, "Nicolaas Witsen and Gijsbert Cuper. Two Seventeenth-century Dutch Burgomasters and their Gordian Knot", *LIAS* 16 (1989) 111-150.

Pevsner/Lang 1968
N. Pevsner, S. Lang, "The Egyptian Revival", in: N. Pevsner, *Studies in Art, Architecture and Design*, vol. I, London 1968, 212-236.

Porada 1979
E. Porada, "Some thoughts on the Audience Reliefs of Persepolis", in: J.J. Augustin (ed.), *Studies in Classical Art and Archeology. A Tribute to P.H. von Blankenhagen*, Locust Valley 1979, 37-43.

Rabus 1692-1700
Pieter Rabus, *De Boekzaal van Europe*, Rotterdam 1692-1700.

Rabus 1701-1702
Pieter Rabus, *Twee-Maandelykse Uittreksels*. Rotterdam 1701.

Rawlinson 1847/1848
H. Rawlinson, "The Persian Cuneiform Inscription at Behistun, decyphered and translated, with a memoir on Persian cuneiform Inscriptions in general and on that of Behistun in particular", *Journal of the Royal Asiatic Society* 10 (1847) en 11 (1848).

Van Regteren Altena/Van Thiel 1964
I.Q. van Regteren Altena en P.J.J. van Thiel, *De portret-galerij van de Universiteit van Amsterdam en haar stichter Gerard van Papenbroeck 1673-1743*, Amsterdam 1964.

Republyk 1711/1714
Republyk der Geleerden, Of kort begryp van Europa's letternieuws tot hervorminge der weetenschappen, voor den konst en letterminnaars dezer dagen opgemaakt en verbetert, Amsterdam: By R. en G. Wetstein, 1711/1714. Met gewijzigde titel in 1714: *Republyk der Geleerden, Of kort begryp van Europas letternieuws voor den konst en letterminnaaren dezer dagen opgemaakt door verscheide liefhebbers.*

Rietbergen 1985
P.J.A.N. Rietbergen, "Witsen's World: Nicolaas Witsen (1641-1717) between the Dutch East India Company and the Republic of Letters", *Itinerario* 9 (1985) 121-134.

Rocheblave 1889
S. Rocheblave, *Essai sur le comte de Caylus. L'homme — L'artiste — L'antiquaire*, Paris 1889.

Roelevink 1986
J. Roelevink, *Gedicteerd verleden. Het onderwijs in de algemene geschiedenis aan de Universiteit Utrecht, 1735-1839*, Amsterdam 1986.

Root 1979
M.C. Root, *The King and Kingship in Achaemenid Art*, Acta Iranica 19, Leiden 1979.

Ruprechtsberger 1987
E.M. Ruprechtsberger, "Palmyra - Etappen seiner Erforschung im Überblick", in: E.M. Ruprechtsberger (ed.), *Palmyra, Geschichte, Kunst und Kultur der syrischen Oasenstadt. Einführende Beiträge und Katalog zur Ausstellung*, Linz 1987, 16-26.

Rycaut 1667/1670
Paul Rycaut, *The present state of the Ottoman Empire...*, London 1667 (Ned. vertaling: Amsterdam 1670).

Sancisi-Weerdenburg 1989
H. Sancisi-Weerdenburg, "Olifanten en Olympische spelen in Persepolis", in: H. Sancisi-Weerdenburg (ed.), *Persepolis en Pasargadae in wisselend perspectief*, *Phoenix* 35.1, Leiden 1989, 11-41.

Sancisi-Weerdenburg 1991a
H. Sancisi-Weerdenburg, "Introduction. Through travellers' eyes: the Persian monuments as seen by European travellers", in: H. Sancisi-Weerdenburg & J. W. Drijvers (eds.), 1991, 1-35.

Sancisi-Weerdenburg 1991b
H. Sancisi-Weerdenburg, "Nowruz in Persepolis", in: H. Sancisi-Weerdenburg & J. W. Drijvers (eds.), 1991, 173-201.

Sancisi-Weerdenburg/Drijvers 1991
H. Sancisi-Weerdenburg, J.W. Drijvers (eds.), *Achaemenid History VII: Through Travellers' Eyes*, Leiden 1991.

Savage 1977

H.L. Savage, "Pilgrimages and Pilgrim Shrines in Palestine and Syria after 1095", in: K.M. Setton, *A History of the Crusades*, vol. 4 = H.W. Hazard (ed.), *The Art and Architecture of the Crusader States*, Madison 1977, 36-68.

Scheltema 1817-1819

J. Scheltema, *Rusland en de Nederlanden in der wederkerige betrekkingen*, 4 dln., s.l. 1817-1819.

Schmidt 1953

E.F. Schmidt, *Persepolis I, Structures, Reliefs, Inscriptions*, Chicago 1953.

Schmidt 1970

E.F. Schmidt, *Persepolis III. The Royal Tombs and Other Monuments*, Chicago 1970.

Schnapp 1993

Alain Schnapp, *La conquête du passé. Aux origines de l'archéologie*, Paris 1993.

Schuster-Walser 1970

S. Schuster-Walser, *Das Safawidische Persien im Spiegel Europäischer Reiseberichte (1502-1722). Untersuchungen zur Wirtschafts- und Handelspolitik*, Baden-Baden 1970.

Seller 1696

Ab. Seller, *The Antiquities of Palmyra, containing the History of the City and its Emperors, etc. With a Commentary on the Inscriptions lately found there*, London 1696.

Seznec 1957

Jean Seznec, *Essais sur Diderot et l'Antiquité*, Oxford 1957.

Shahbazi 1985

A.Sh. Shahbazi, *The Old Persian Inscriptions*, Corpus Inscriptionum Iranicarum, part I, volume I, portfolio I, London 1985.

Smith 1678

Thomas Smith, *Remarks upon the manners, religion and government of the Turks. Together with a survey of the seven churches of Asia ...*, London 1678.

Smits 1988

J. Smits, *De Verenigde Nederlanden op zoek naar het Oude Egypte (1570-1780): de traditie gevolgd en gewogen*, Groningen 1988.

Spon 1677/1689

Jacob Spon, *Voyage d'Italie, de Dalmatie, de Grece et du Levant...*, Lyon 1677 (Ned. vertaling: Amsterdam 1689).

Stolze/Andreas 1882

F. Stolze & F.C. Andreas, *Persepolis*, Berlin 1882.

Syndram 1989

Dirk Syndram, "Das Erbe der Pharaonen. Zur Ikonographie Ägyptens in Europa", in: G. Sievernich, H. Budde (eds.), *Europa und der Orient 800-1900*, Berlijn 1989, 18-57.

Tavernier 1679

J.B. Tavernier, *Les six voyages de Jean Baptiste Tavernier, Ecuyer Baron d'Aubonne, en Turquie, en Perse et aux Indes*, suivant la copie imprimée à Paris, [Holland?] 1679.

Taylor 1948

F.H. Taylor, *The Taste of Angels. A History of Art Collecting from Rameses to Napoleon*, Boston 1948.

Theunissen/Abelman/Meulenkamp, 1989

H. Theunissen, A. Abelmann, W. Meulenkamp (red.), *Topkapi & Turkomanie. Turks-Nederlandse ontmoetingen sinds 1600*, Amsterdam 1989.

Thévenot 1664
J. de Thévenot, *Voyage au Levant*, Parijs 1664.

Thévenot 1689
J. de Thévenot, *Suite du voyage de Mr. de Thévenot au Levant*, Paris, Charles Angot, 1689, seconde partie.

Thévenot 1682 (1723)
J. de Thévenot, *Gedenkwaardige en zeer naauwkeurige Reizen van de Heere De Thevenot* etc. (vert. G. Broekhuizen), Amsterdam 1682, tweede druk Amsterdam 1723.

Thieme 1992
Begründet von Ulrich Thieme und Felix Becker. H. Vollmer u.a. (red.), *Allgemeines Lexikon der bildenden Künstler von der Antike bis zur Gegenwart*, 37 Bde. + 6 Nachtr., Leipzig 1992 (Unveränd. Nachrdr. der Orig. Ausg. Leipzig 1907-1962).

Tiele 1884
P.A. Tiele, *Nederlandsche bibliographie van land- en volkenkunde*, Bijdragen tot eene Nederlandsche Bibliographie uitgegeven door het Frederik Muller-Fonds 1, Amsterdam 1884.

Tilia 1987
A.B. Tilia, *Studies and Restorations at Persepolis and other Sites of Fars* II, Roma 1987.

Tourneuz 1885-1902
Tourneuz, s.v. Caylus, in: *La grande Encyclopédie* (1885-1902) t. IX, 993vv.

Von Uffenbach 1754
Z.C. von Uffenbach, *Merkwürdige Reisen durch Niedersachsen, Holland und Engelland*, 3 dln., Ulm 1754.

Valentijn 1726
F. Valentijn, *Oud en Nieuw-oostindiën*, 5 dln., V. *Keurlyke Beschryving van Charomandel, Pegu, Arrakan, Bengale, Mucha, Van 't Nederlandsch Comptoir in Persien, en eenige fraaje zaaken van Persepolis Overblijfzelen etc.* Dordrecht/Amsterdam, Joannes van Braam/Geraard onder de Linden, 1726.

Valentijn 1856-1858
F. Valentijn, *François Valentijns Oud en Nieuw Oost-Indië*, 's Gravenhage 1856-1858.

Vansleb 1677
J.M. Vansleb, *Nouvelle relation en forme de journal, d'un voyage fait en Egypte en 1672 et 1673*, Paris 1677.

Van der Veen 1992
J. van der Veen, "Met grote moeite en kosten. De totstandkoming van zeventiende-eeuwse verzamelingen", in: E. Bergvelt, R. Kistemaker (eds.), *De wereld binnen handbereik. Nederlandse kunst- en rariteitenverzamelingen, 1585-1735*, Zwolle 1992, 51-69.

Vickers 1991
M. Vickers, "The views of Persepolis by William Marshall and Wenceslaus Hollar in Sir Thomas Herbert's *Travels*", in: H. Sancisi-Weerdenburg, J.W. Drijvers (eds.), *Achaemenid History VII. Through Travellers' Eyes*, Leiden 1991, 59-69.

Voyage au Levant 1974
Le Voyage au Levant de Cornelis de Bruijn, Istanbul 1974.

Wagenvoort 1926
Maurits Wagenvoort, *Karavaanreis door Zuid-Perzië*, s.l. 1926.

Wagner 1953-1990
F. Wagner u.a. (red.), *Neue Deutsche Biographie*, 16 Bde., Berlin 1953-1990.

Waterbolk 1959
E.H. Waterbolk, *Reacties op het historisch Pyrrhonisme*, Den Haag 1959.

Wereld binnen handbereik, catalogus 1992
De wereld binnen handbereik. Nederlandse kunst- en rariteitenverzamelingen, 1585-1735, Catalogus, Amsterdam 1992.

Weissbach 1911
F.H. Weissbach, *Die Keilinschriften der Achämeniden*, Leipzig 1911.

Weyerman 1729-1769
Jacob Campo Weyerman, *De levens-beschryvingen der Nederlandsche konst-schilders en konst-schilderessen...*, Dordrecht 1729-1769.

Wheler 1682/1689
George Wheler, *A journey into Greece...*, London 1682; [Ned. vertaling: Amsterdam 1689].

Wiesehöfer 1991
J. Wiesehöfer, "Engelbert Kaempfer in Naqš-i Rustam und Persepolis", in: H. Sancisi-Weerdenburg, J.W. Drijvers (eds.), *Achaemenid History VII. Through Travellers' Eyes*, Leiden 1991, 71-87.

Wilkinson 1972
John Wilkinson, "The Tomb of Christ. An Outline of its Structural History", *Levant. Journal of the British School of Archaeology in Jerusalem* 6 (1972) 83-97.

Van Wijngaarden 1946
W.D. van Wijngaarden, "Cornelis de Bruijn in Egypte en Perzië", *Historia* 11 (1946) 217-224.

De Wilt 1955-1957
A. de Wilt, "Een boek-prospectus uit de 17e eeuw", *Het Boek*, nieuwe reeks 32 (1955-1957) 199-205.

Witsen 1705
N. Witsen, *Noord en Oost Tartarije, ofte bondig ontwerp voor enige dier landen en volken welke voormaels bekend zijn geweest*, 2 dln., Amsterdam 1692, 1705[2]

Zadoks-Josephus Jitta 1948
A.N. Zadoks-Josephus Jitta, "De Comte de Caylus als archeoloog", *Tijdschrift voor Geschiedenis* 61 (1948) 290-297.

Zadoks-Josephus Jitta 1949
A.N. Zadoks-Josephus Jitta, "De Comte de Caylus in Holland", *Oud-Holland* 64 (1949) 172-175.

LIJST VAN ILLUSTRATIES

INDEX

PRINTED ON PERMANENT PAPER • IMPRIME SUR PAPIER PERMANENT • GEDRUKT OP DUURZAAM PAPIER - ISO 9706
ORIENTALISTE, KLEIN DALENSTRAAT 42, B-3020 HERENT